最新版

美しい住宅をつくる方法

How to design the beautiful premium houses

杉浦 英一
Eiichi Sugiura

X-Knowledge

目次

01 住宅のかたち　5
——骨格のしっかりした住宅をつくる——

「中庭をかこむ家」
中庭のある暮らし　６
家の中心に暖炉を据える　８
リビング、中庭で暖炉を楽しむ　１０
中庭の向こうに応接スペース　１２
リズミカルな階段の中庭　１４
部屋を結ぶダイナミックな中庭　１６
オリジナルの全館空調で心地よく住まう　１８
庭へ開く明るい吹抜け　２０
中庭も気持ちいいリビングに　２１
土間と庭がひとつにつながる　２２
どこにいても緑が見える住まい　２４
中庭のシンボルツリーとともに暮らす　２６
サルスベリの木が寄り添う暮らし　２８
中庭とリビング、一体感の仕掛け　２９
中庭デッキまで床が大きく広がる　３０
５つの個室を独立させた家　３１
「動きやすい家」
２つの階段で自由な動線をつくる　３２
木造フレームでつくったスキップフロア　３３
「田の字プラン」
大黒柱が中心の現代住宅　３４
立体的に部屋がつながる　３６
丸太柱の階段でつないだスキップフロア　３８
よい距離感を保つ親子の家　３９
「スパイラルプラン」
木の表情ゆたかな内巻きの別荘　４０
うず巻きの外壁でかこむ　４１
「ボックスカルバート」
大開口のワンボックス　４２
抜けのある中空のワンルーム　４３
２つのスペースごとに大開口をつくる　４４

02 住宅の顔　４５
——周囲となじむ住宅をつくる——

「ファサード」
外に閉じ、内に開く　４６
ガラスブロックの壁で包み込んだ家　４８
出窓がアクセント　５０
雰囲気が伝わる外観　５１
やわらかく光を通すファサード　５２
ハニカムガラスが光を通し、視線を遮る　５４
強くて美しい斜めルーバー　５５
陶製ルーバーと特注タイルの高い質感　５６
ＦＲＰグレーチングでほどよい透過を演出　５７
「アプローチ・エントランス」
ガラス張りの玄関　５８
深い軒に導かれて　５９
跳ね出しバルコニーで軒下をつくる　６０
印象深いシーンをつくる　６１
中庭をたどるアプローチ　６２
格子のリズムでつくるアプローチ　６４
暮らしを守る通り庭　６６
コンクリート柱の連なりで境界を描く　６８

03 緑を住まいに　６９
——住宅と緑を結びつける——

リビング、玄関からも緑を見通したい　７０
緑の借景に恵まれた暮らし　７２
やすらぎは豊かな緑、池のながめ　７４
樹木に包まれて暮らす　７６
バルコニーにたっぷりの緑　７８
建物の顔をつくる植栽　７９
いろいろな樹種のハーモニー　８０
表通りからワンクッション　８２

04 暮らしの中心　８３
――生活の核となる場をもつ住宅をつくる――

「リビング・ダイニング」
リビングルームが暮らしをつなぐ　８４
半屋外にもうひとつのリビング　８６
芝生庭へ思い切り開く　８８
３方向に景色が広がる　９０
見晴らしを取り入れる　９２
コンパクトな暮らし方　９３
南の空に向かって開くリビング　９４
家の中はゆったりしたワンルーム　９６
ルーフテラスと連続したリビング　９８
ハイサイドライトが明るさの決め手　９９
光井戸で陽光を取り込む　１００

「キッチン・ダイニング」
折戸で仕切れるキッチン　１０２
キッチンとつながるダイニングテーブル　１０３
手触りがうれしい無垢材のカウンター　１０４
囲炉裏で食を楽しむ　１０５
土間を中心に広がる暮らし　１０６
跳ね出すパーティーカウンター　１０８

05 こだわりの部屋　１０９
――プラスαのスペースづくり――

「ホームシアター」
地下に理想のＡＶルーム　１１０
半地下の快適なシアタールーム　１１２

「カースタジオ」
カーマニアのための書斎　１１４

「ワークスペース＆ギャラリー」
吹抜けをめぐるようなワークスペース　１１５
遥かにビューが開ける　１１６
ギャラリーが引き立つ中庭のゆとり　１１７
屋外ギャラリーにもなる中庭　１１８

「子供の部屋」
子供たちがこもらない間取り　１１９

「仕事場と住まい」
ガラス張りの写真スタジオ　１２０

「和室」
和の開放感をいっぱいに　１２２

「地下室」
光が射し込む地下のワンルーム　１２４

06 浴室　１２５
――楽しい水廻りをつくる――

御影石づくしの浴室　１２６
樹木に包まれ、お風呂三昧　１２８
有孔レンガでやさしくつなぐ　１３０
庭とリビングにつながった浴室　１３２
ヒノキの肌合い、香りにやすらぐ　１３４
広く感じさせるパウダールーム　１３６
空に向かって開く階段サニタリー　１３７
中庭のシンボルツリーを楽しみながら　１３８

07 美しい階段　１３９
――部屋を上下につなぐデザイン――

ゆるやかに部屋をつなぐ　１４０
暮らしの場に一体感をつくる階段　１４２
捻り手摺子が優雅に連なる　１４４
シンプルで美しい跳ね出し回り階段　１４５
インテリアに映える螺旋階段　１４６
視線が抜ける木製の階段　１４８
スロープで回遊するギャラリーのような家　１５０
ガラスと鉄の階段　１５２
浮かぶ階段　１５４

08 インテリア・家具・収納 155
—身近に触れる部分をきちんとつくり込む—

「生成りの素材感」
ナラ材とライムストーンのダイニング 156
無垢の自然素材をふんだんに 158
和室、床の間も珪藻土の左官仕上げ 159
木の存在感を内外にあらわす 160

「インテリア」
アンティークな色と木目で演出する 161
やわらかな光が降り注ぐテント屋根 162
ガラス床を通して下階に採光 163
展望台のような家 164
おおらかな吹抜けに畳の縁側 165
V字屋根の家はインテリアも楽しい 166
コンクリート打放しと木の調和 167
長大な化粧梁でオープンなリビングダイニングに 168
くつろぎ感がアップする木製サッシュ 169
細長い玄関ホールに開放感を与える 170
意外なトイレ 171

「家具」
リビングが広くなる家具デザイン 172
家の特徴を取り入れた家具デザイン 173

「収納」
ミニマルデザインの玄関収納 174
キッチンの上にもロフト収納 175
オープンキッチンに、物が隠れる引戸収納 176
壁の中に扉を隠す 177
タモ材をランダムにデザインした壁面収納 178
階段とセットの壁面収納 180
扉が目立たない階段収納 181
シンボルがそびえる家 182

09 多世帯住宅 183
—世帯間の距離感を大切にする—
独立しながら向かい合う 184
離れと母屋を結ぶ2世帯住宅 185
上下に住んで、ほどよくつながる 186
中庭の空気感でつながる 187
親子世帯がリビングで集合 188
陽当りのいい3階に親世帯 189

あとがき・著者プロフィール 190
掲載住宅INDEX 191

デザイン・編集協力 笠置秀紀　図版作成 岡崎拓海 古賀陽子　印刷・製本 シナノ書籍印刷

01 住宅のかたち

骨格のしっかりした住宅をつくる

住宅のプランニングで最も重要なことは、その骨格を決めることである。ここで、骨格と言っているのは、構造の骨組みだけではなく、それも含めた住宅のスペース全体の構成のことを指している。建物の基本となる「かた」とも言うべきもので、建て主の要望、敷地の条件、周辺の環境など、さまざまなものを読み解いて、最もふさわしい解答を導き出すべきものである。これがうまくできるかどうかで、よい住宅になるかどうかの半分以上が決まってしまうと言っても過言ではない。

よい住宅は明快で単純な構成をもっている。シンプルでありながら機能的にも破綻がなく、またインテリアとエクステリアが自然に結びつき、さまざまな生活のシーンを無理なく受け止めることのできる住まいをつくり出すことが、設計者に求められていると考える。

中庭のある暮らし

アウトドアリビングも兼ねる中庭
3間の間口を持つリビングと繋がる中庭は第2のリビングとして十分活用できるスペース。
庭先は人口木のルーバー材を用いて閉塞感なく外部と区切る。

「庭」は暮らしを豊かにする。木々を愛でたり、子供がたわむれたり、時にはホームパーティなどの舞台へと様変わりし、日常に彩を与える。

住宅が密集する都市部でプライベートな庭を所有するための有効な手段として、「中庭」をもつコートハウスのご要望は多い。その「中庭」をより魅力的な空間として仕上げるには多くの工夫が必要だが、まず基本的な庭のしつらえを押えることが大切である。シンボルツリー、室内と一体感のある床仕上げ、温もりを感じる木製サッシュ。一つ一つのしつらえに気を配ることで、居心地のよい「中庭」が生まれる。

中庭に溢れる温かみ

夕暮れ時、大きな吹き抜けを伴うリビングダイニングから照明光と共に、暮らしの温かみが中庭に溢れ出す

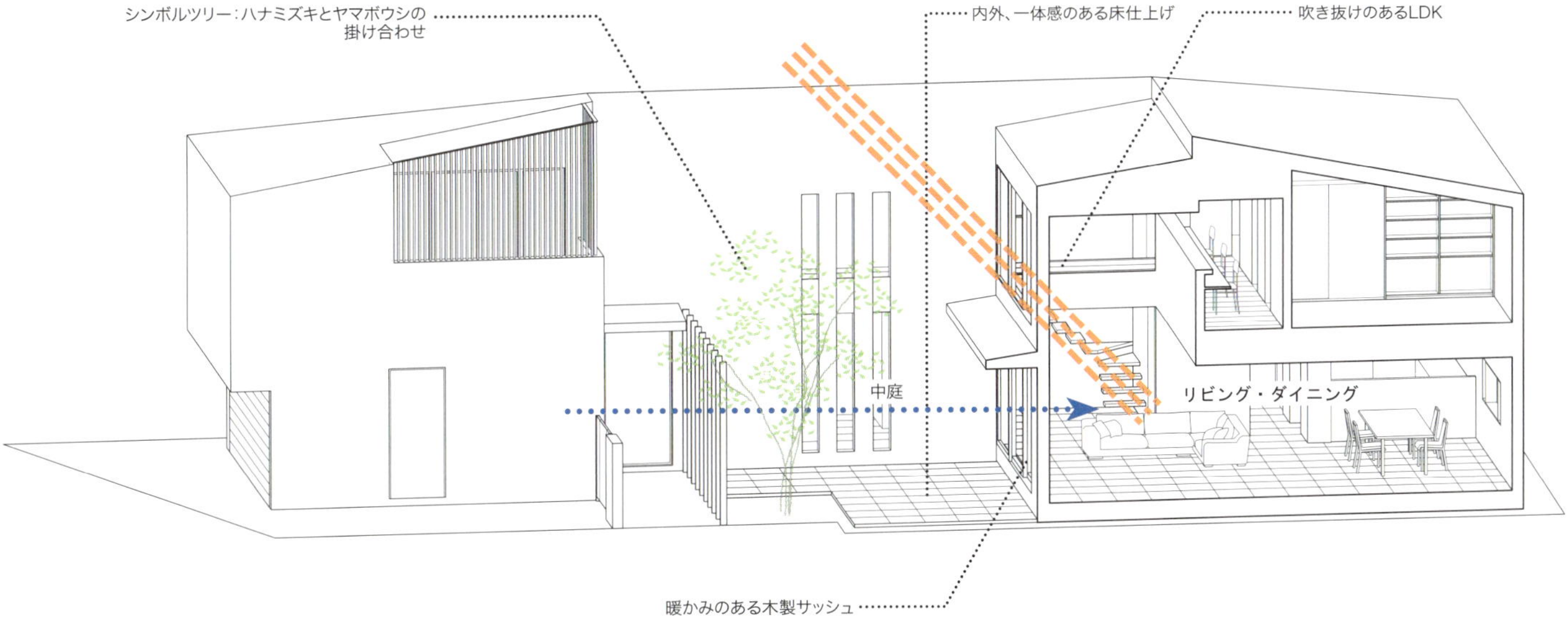
シンボルツリー：ハナミズキとヤマボウシの掛け合わせ
内外、一体感のある床仕上げ
吹き抜けのあるLDK
中庭
リビング・ダイニング
暖かみのある木製サッシュ

家の中心に暖炉を据える

暖炉は壁際にあるものかというと、決してそんなことはない。窓際に面して設置することにより、外部からの光や、窓から見える風景を感じながら火を楽しむことができる。この住宅は、家の中心に中庭を設けたコートハウスで、「レースのカーテンが不要な家」というテーマで設計された。他人の視線を気にすることなく、吹抜けに面した大きな開口部を開け放し、太陽の光を導き入れながら楽しむことのできる暖炉は格別である。

暖炉のある暮らし
大きな吹抜けのあるリビングダイニング。中庭の緑や陽光を暖炉の火と一緒に楽しむ贅沢な組合せ。

中庭に向かって開放
外からの視線は届かない。カーテンをかけずに暮らせる純粋なコートハウス

［リビングと中庭を結ぶ暖炉］

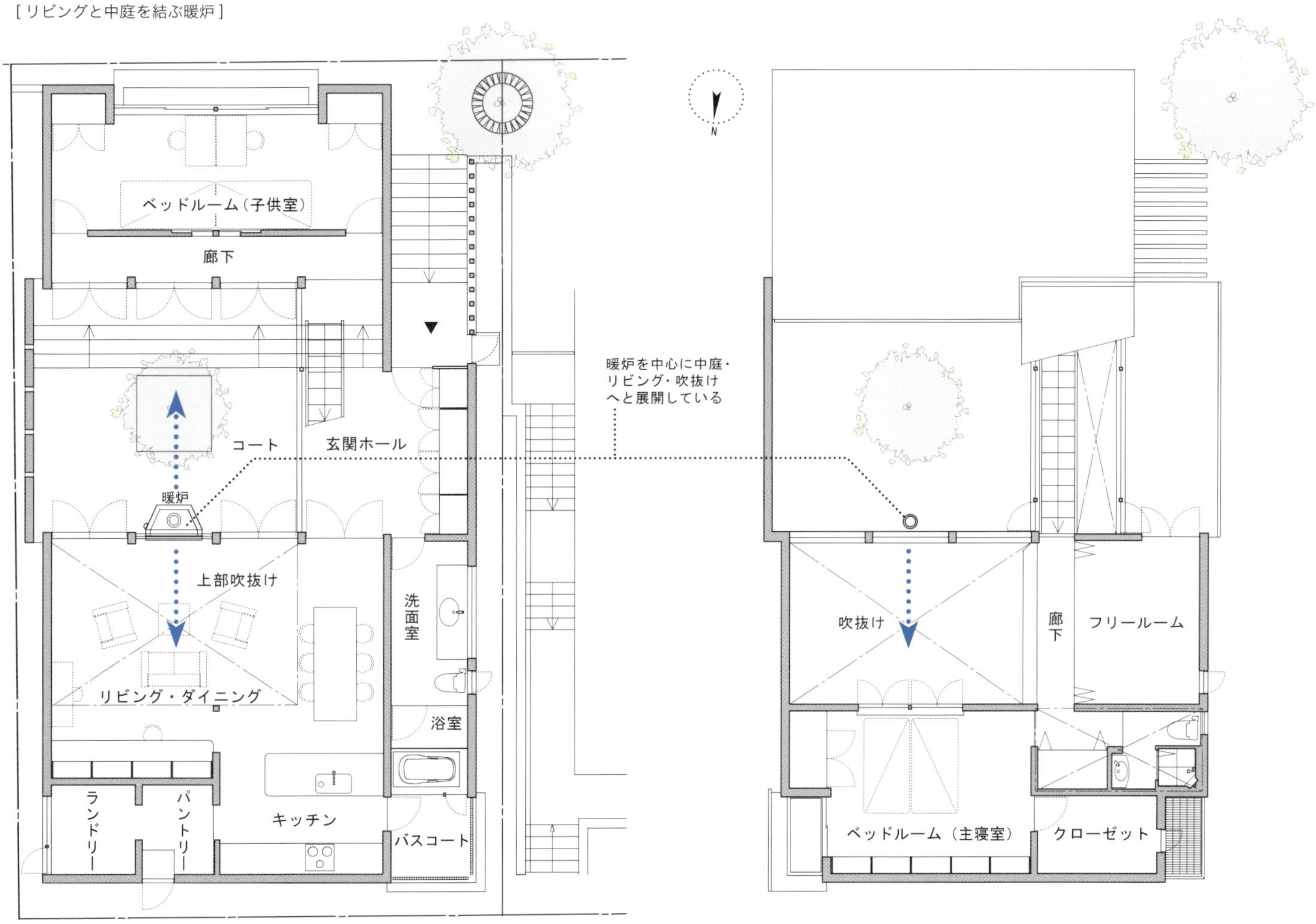

ベッドルーム（子供室）
廊下
コート
玄関ホール
暖炉
上部吹抜け
洗面室
リビング・ダイニング
浴室
ランドリー
パントリー
キッチン
バスコート
暖炉を中心に中庭・リビング・吹抜けへと展開している
N
吹抜け
廊下
フリールーム
ベッドルーム（主寝室）
クローゼット

リビング、中庭で暖炉を楽しむ

夕暮れ時のリビング
日が暮れると暖炉の存在が映えてくる。重心の低い灯りが家に落ち着いた雰囲気と温かみを与えてくれる

家の中心に中庭を設け、各部屋がそれに面して配置されているコートハウスである。中庭は外部ではあるが、それに続くリビングルームや居室などと同じ床仕上げとすることで連続感のあるスペースとし、あたかも「屋根のない部屋」のような雰囲気をつくり出した。中庭とリビングのガラス窓部分の中心に暖炉を設け、家のどこにいても火の気配が感じられるようにした。この暖炉はあえて開口が表裏の両面につくられており、リビングだけでなく、反対側の中庭からも火を楽しむことができるつくりとなっている。炎が揺れる景色は、人の生活の営みを感じさせ、見る人を温かい気持ちにさせてくれる。

中庭側にも暖炉の火口
リビング側と中庭側の両面から火を眺められる

［スペースのつながり］

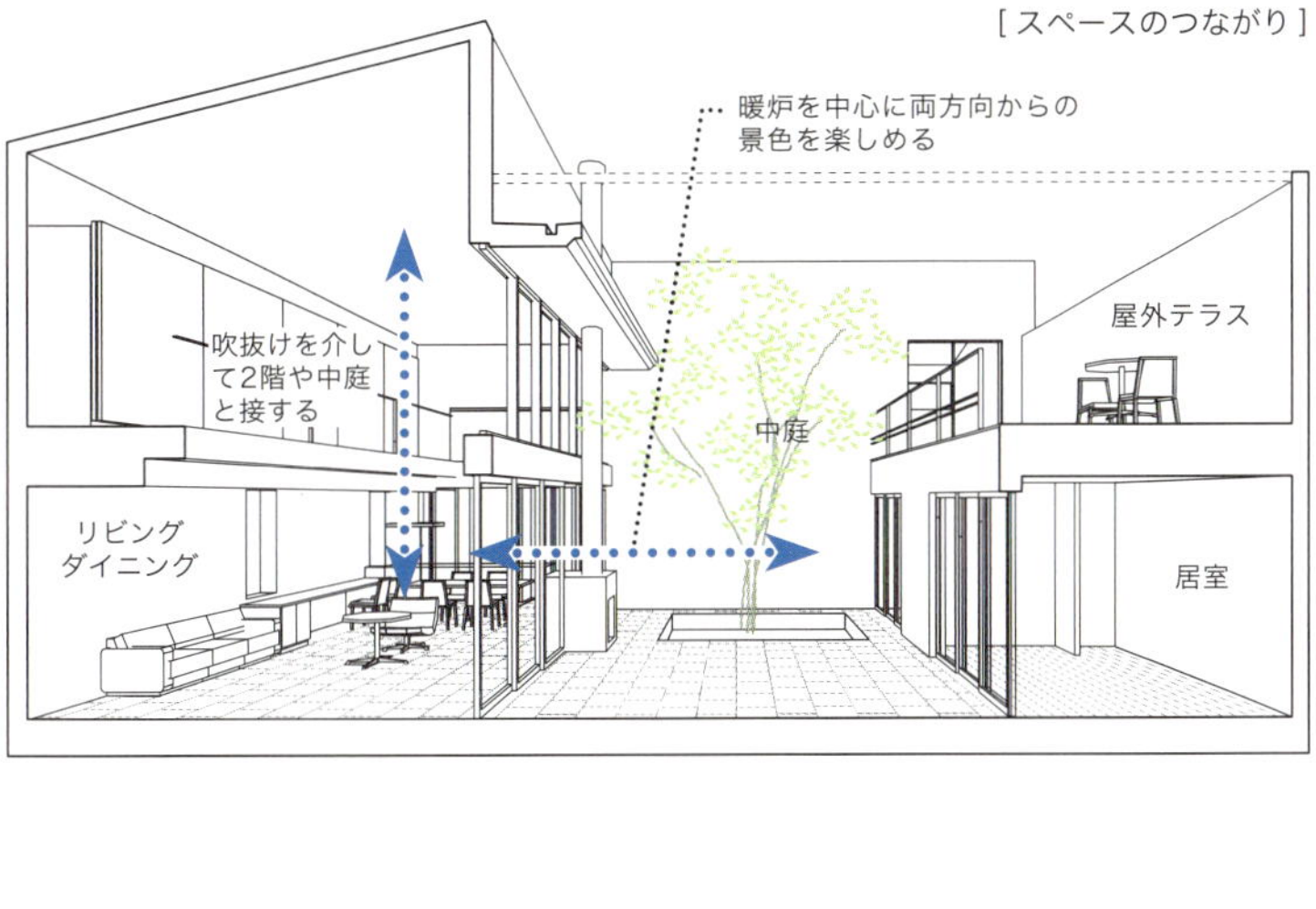

中庭の向こうに応接スペース

おだやかな中庭風景
広大な自然環境にふさわしい住まいとしてつくられた。建物全体に自然になじむ材料を使っている

和風の応接室
中庭を挟んで家族のリビングが見える

家族のためのスペースと、来客のためのスペースは、可能であれば分離することが望ましい。この住宅では、中庭を設けてその2つのスペースを配置し、それぞれをつなぐ部分を玄関とした。これにより、来客と家族の動線を分離して整理することが可能となった。また、来客ゾーンを平屋建てとし、家族のゾーンの中心にあるリビングを吹抜けをもつ部屋とすることで、敷地南側からの覗き込みを防ぎつつ、明るい太陽の光が存分に降り注ぐようにした。中庭デッキの中心に植えられた、株立ちのヤマモミジは、この家のシンボルであり、訪れる人に季節感を感じさせてくれる。

柳窪の家

［広い家を中庭で分ける］

南北に家族と来客のゾーンに分かれる。来客ゾーンは平屋なので、２階建ての家族のゾーンはゆったり開かれた環境にある

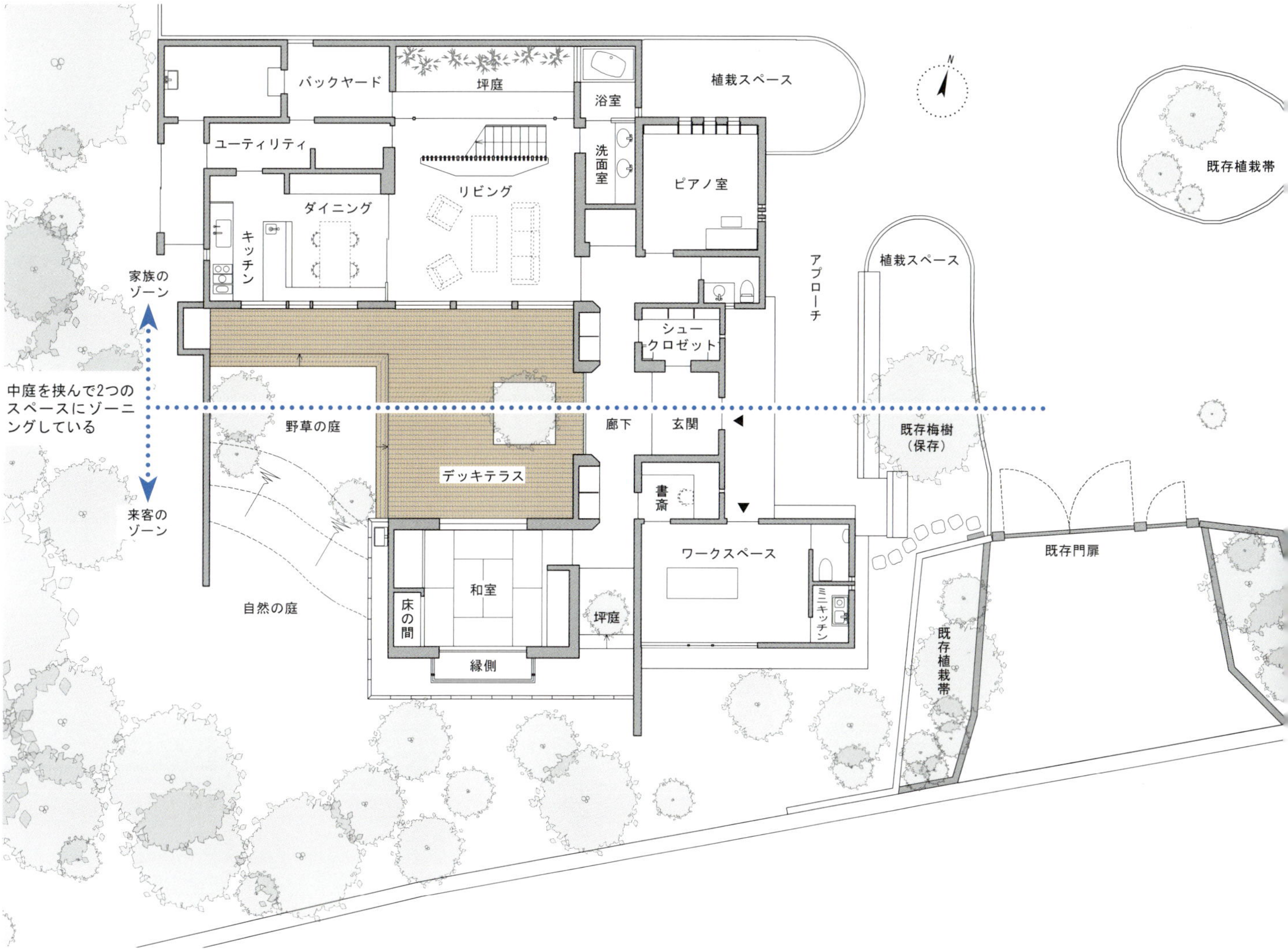

ダイニングにも中庭から充分な光が入る

ケヤキの大木が何本も残る自然の中に建つ

リズミカルな階段の中庭

スキップフロアで明るく

中庭をもつスキップフロアの家。リビングは中庭の向こうに見える個室より半層分高いので、たっぷりと日差しが入る

[スキップフロアの高低差]

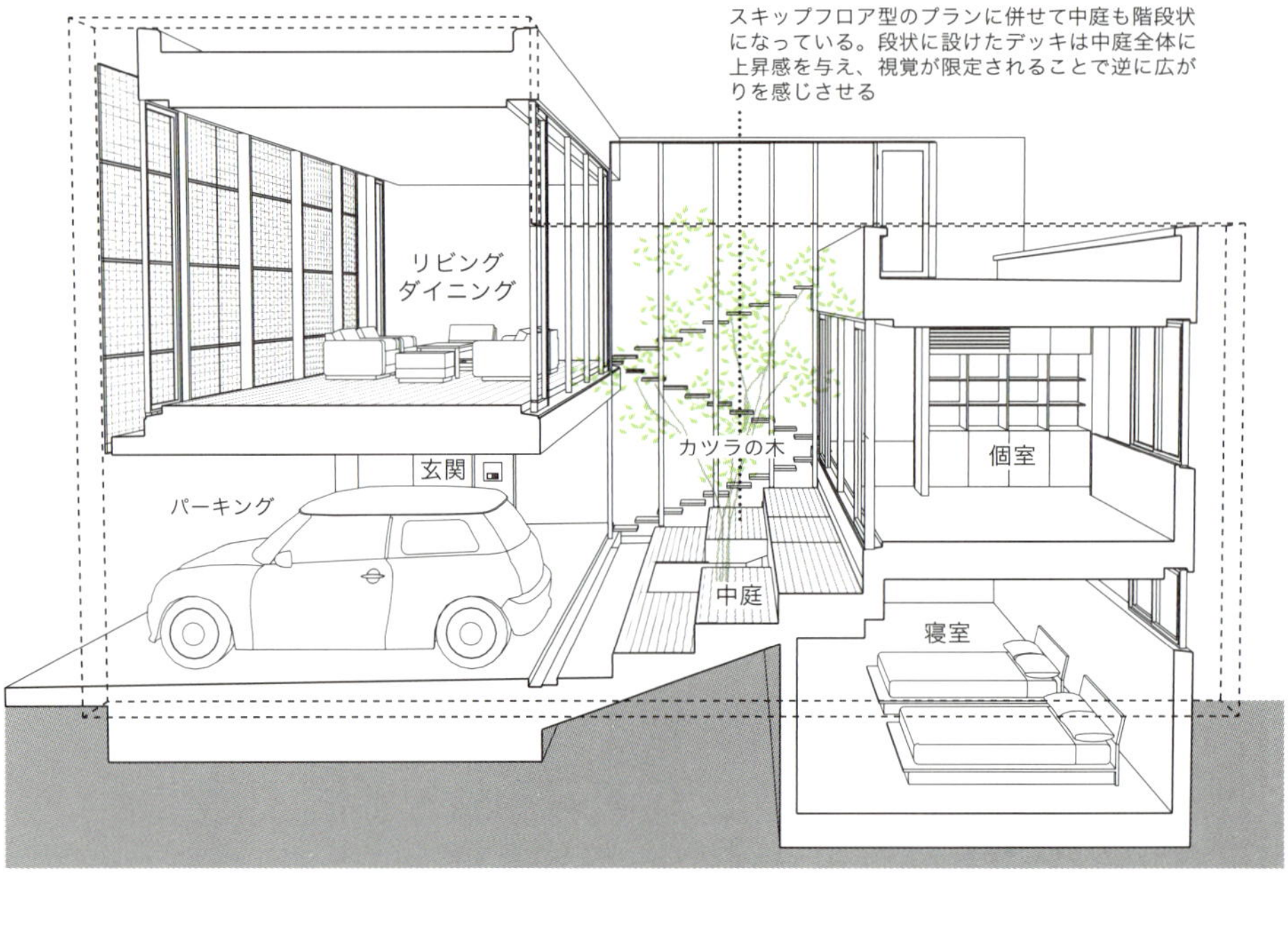

スキップフロア型のプランに併せて中庭も階段状になっている。段状に設けたデッキは中庭全体に上昇感を与え、視覚が限定されることで逆に広がりを感じさせる
リビング
ダイニング
玄関
パーキング
カツラの木
個室
中庭
寝室

烏山の家

各室が中庭を挟んで半層ずつずれたスキップフロア形式の住宅である。中庭スペースがあることで、家の隅々まで光が行き渡り、なおかつ半層ずつずれて向かい合った各室からは、さまざまな生活のシーンを見ることができる。中心にはカツラの木をシンボルツリーとして植え、家のどこにいても緑を感じられるようにした。また、中庭は木製デッキによる段状のスペースとして、パーキングスペースと寝室スペースをつないでいる。

階段に勢いよくカツラの木
階段の中庭ではカツラの木が空に向かって伸び、室内の階段が上っていく様子も見えて、上昇感と広がりを感じる

部屋を結ぶダイナミックな中庭

中庭の高い壁に守られて暮らす
屋根のないリビングのような中庭が室内と連続する。中庭の高い壁がプライバシーを守っている

千駄木の家

都市部では、大開口部をせっかく設けても、隣家の視線が気になって、結局レースのカーテンを掛けっぱなしということがよくある。この住宅では、敷地に隣接して3階建ての建物が迫ってきており、そちらからの視線をなんとか遮る必要があった。そのために、中庭を完全に壁で囲い込み、かつすべての部屋が中庭に顔を向けた構成をもたせた。リビングで過ごしていると、中庭を挟んで向かい合った2階の子供室の雰囲気を何となく感じることができる。また、高い壁で囲われた中庭は、屋根のないリビングルームのようだ。

中庭のシンボルツリー

シンボルツリーのカツラの木は、リビングから一番よい姿が見えるように枝葉の形を何度も確かめながら向きを決めた

［中庭に向かって部屋をつくる］

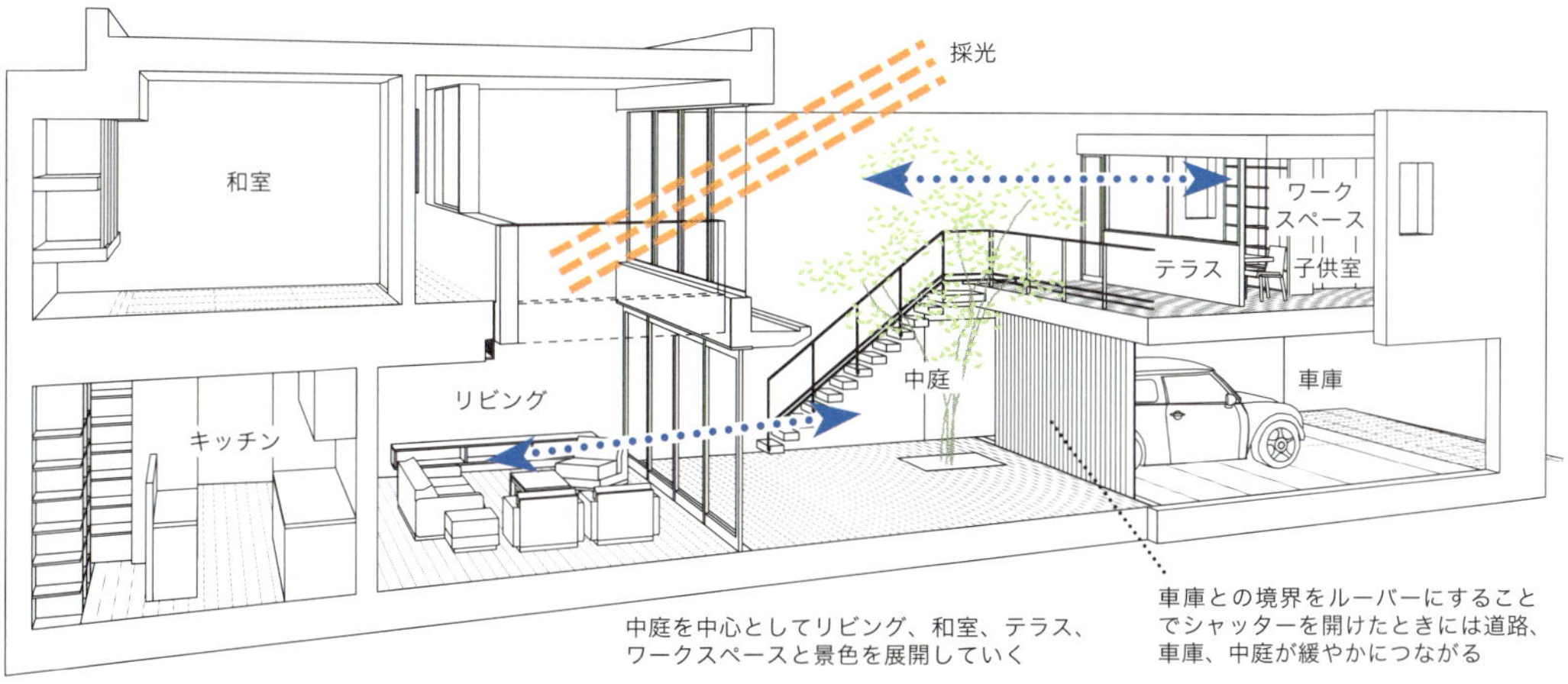

中庭を中心としてリビング、和室、テラス、ワークスペースと景色を展開していく

車庫との境界をルーバーにすることでシャッターを開けたときには道路、車庫、中庭が緩やかにつながる

オリジナルの全館空調で心地よく住まう

ぬくもりを感じる素材感

チーク材のフローリングに佐久石の土間が庭へと繋がり、ぬくもりを感じるLDKとなっている。庭の植栽にはモミジ、ソヨゴなどを用いて四季を通じて楽しめる

ワンルーム型プランは、間仕切りの少ない空間のつながりが魅力的だが、温熱環境の観点からは不利な構成となる。そこで家全体を空調空間ととらえる発想から、夏季と冬季で空調の流れを逆転するシステムを考案した。夏季は吹き抜け上部に吊るしたソックダクト（通気性のあるポリエステル袋状のダクト）より冷気がにじみ出し、降下した後に1階床にスリットに導かれる。一方、冬期は1階床スリットから暖気が湧き上り、ソックダクト差込み口へと導かれる。この方式により空気の性質を活かした効率的な空調を実現している。

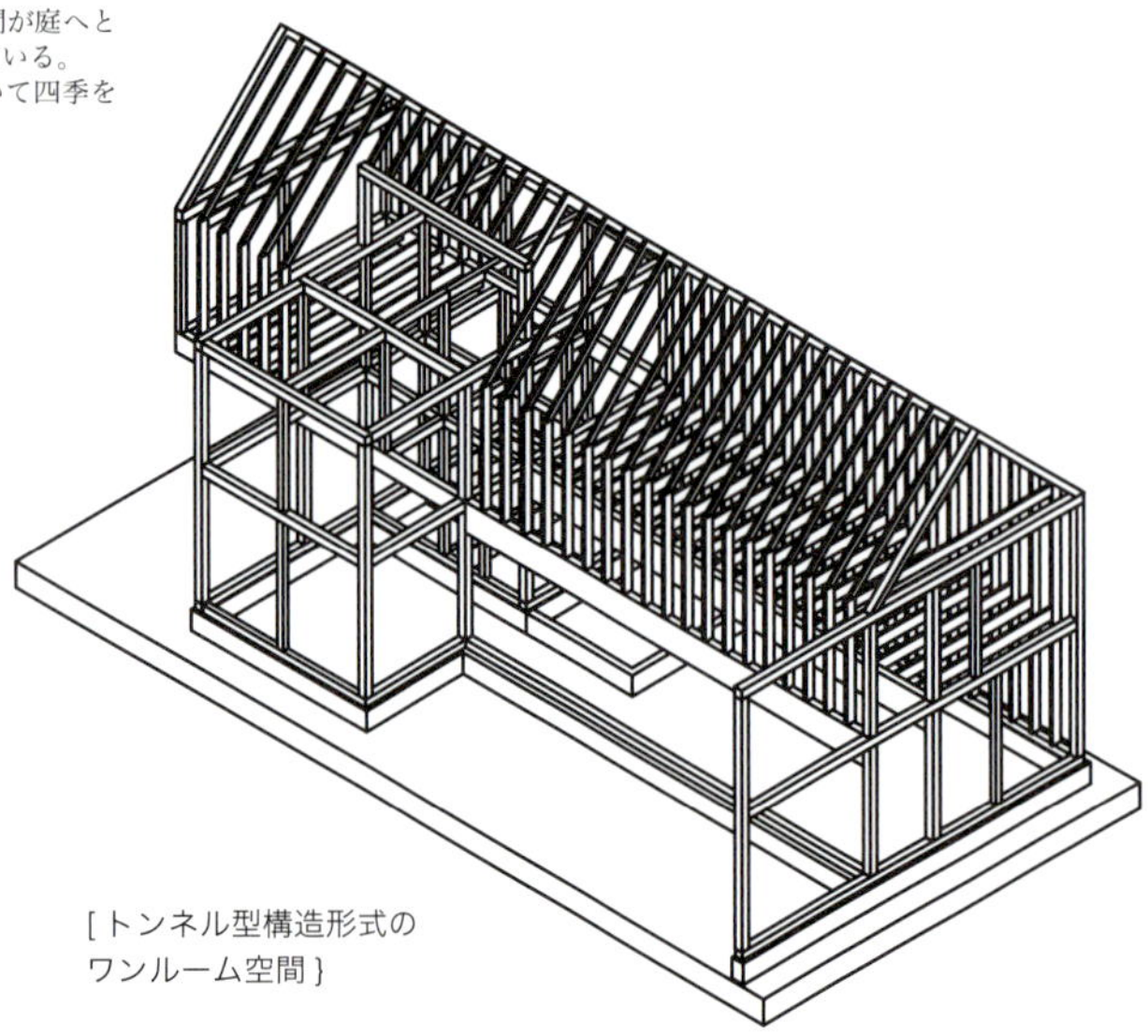

［トンネル型構造形式のワンルーム空間］

夏期

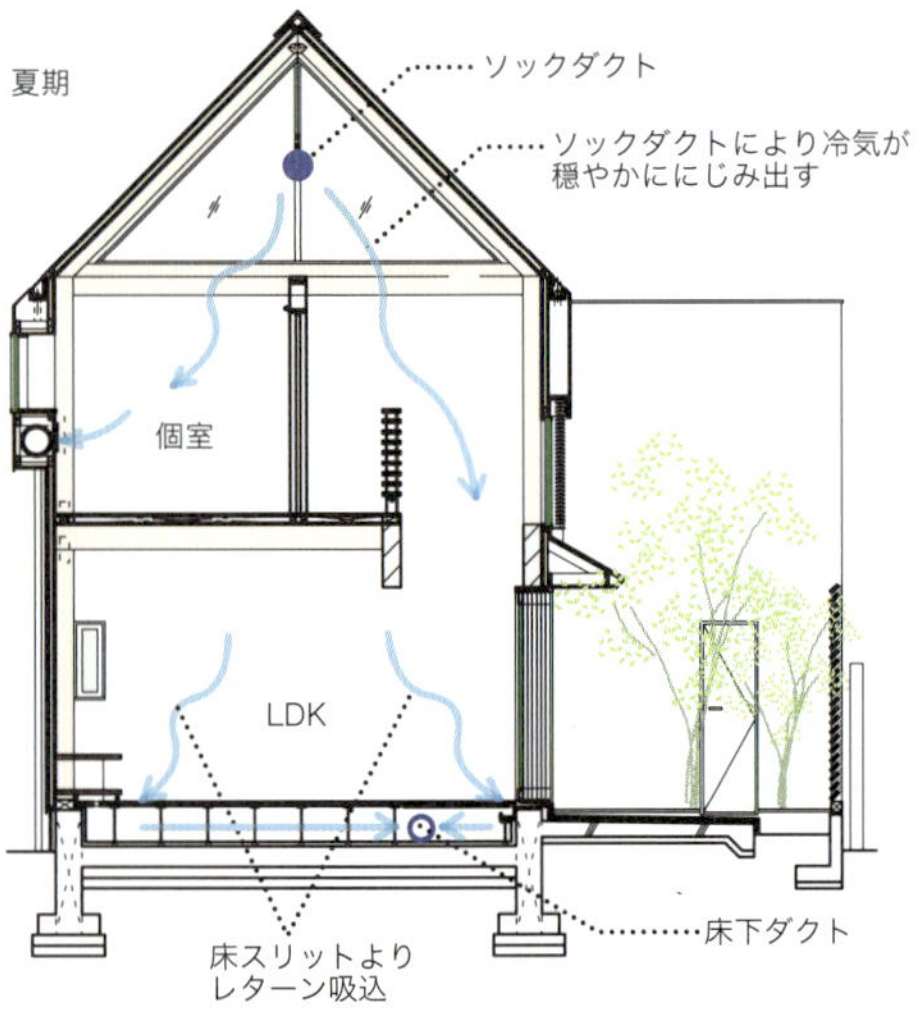
ソックダクト
ソックダクトにより冷気が穏やかににじみ出す
個室
LDK
床スリットよりレターン吸込
床下ダクト

冬期

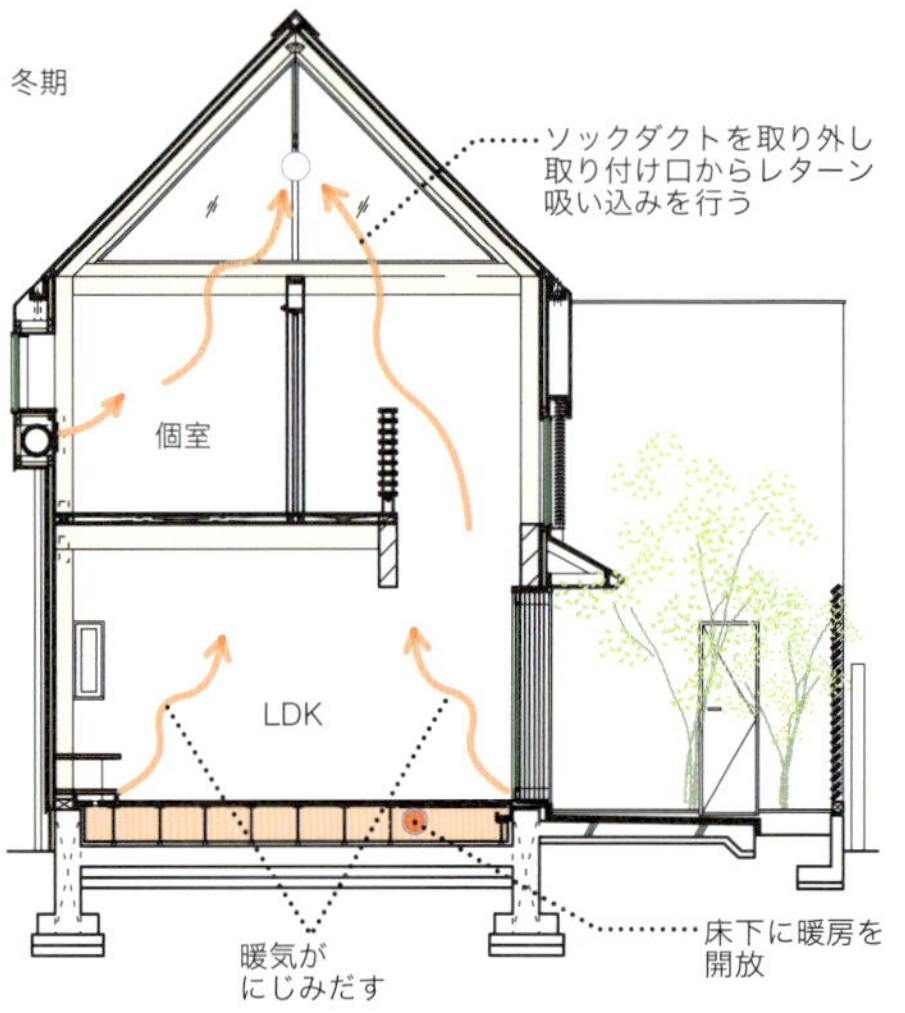
ソックダクトを取り外し取り付け口からレターン吸い込みを行う
個室
LDK
暖気がにじみだす
床下に暖房を開放

中浦和の家

庭へ開く明るい吹抜け

南北に長い家
両端に吹抜けを設けているため、中央に位置するリビングダイニングにも光が運ばれる

特に都市部においては、自然光に満ちあふれたリビングスペースは、何にも増して望まれるものである。限られた敷地条件の中で、最大限の明るさを確保するために有効な方法の一つは、外部に面して吹抜けを設けることである。これにより、太陽高度の低い冬の時期であっても、部屋の奥まで光を導くことが可能になり、かつ開放性の高い建具を使用することで、庭と吹抜け、リビングスペースが一体となる。

目黒の家2

[庭に面する吹抜け]

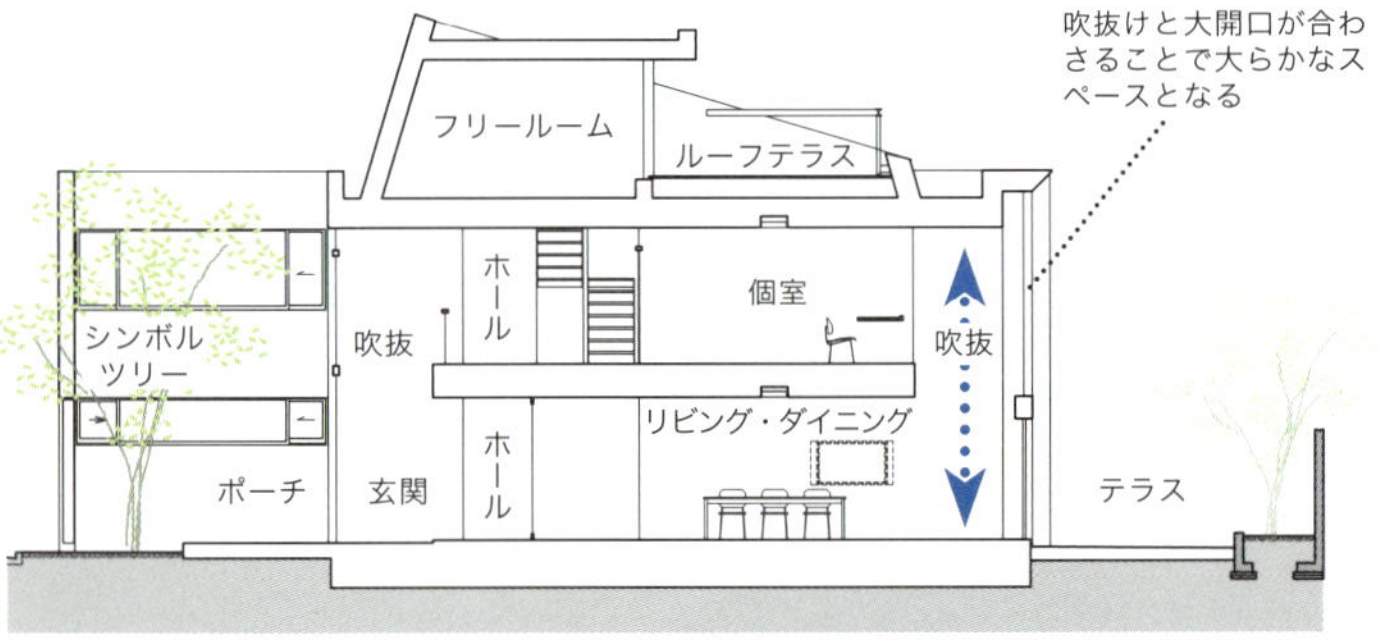

中庭も気持ちいいリビングに

下井草の家

建ぺい率の限られた貴重な敷地に建物を計画するうえで、最も重要なのは、「敷地の隅々までを生活スペースとして利用する」ということである。なんとなく外部スペースができてしまい、庭としても中途半端になってしまうのはとても残念である。まとまった形で取り、部屋に連続させ、床などの仕上げも工夫することで、外部といえども立派なリビングスペースとなりうる。できれば、そこに一本の木を植えれば、心地よい木陰ができ、外部的な雰囲気の中で食事ができたり、子供が遊んだりする楽しい場所になる。

［連続する床］

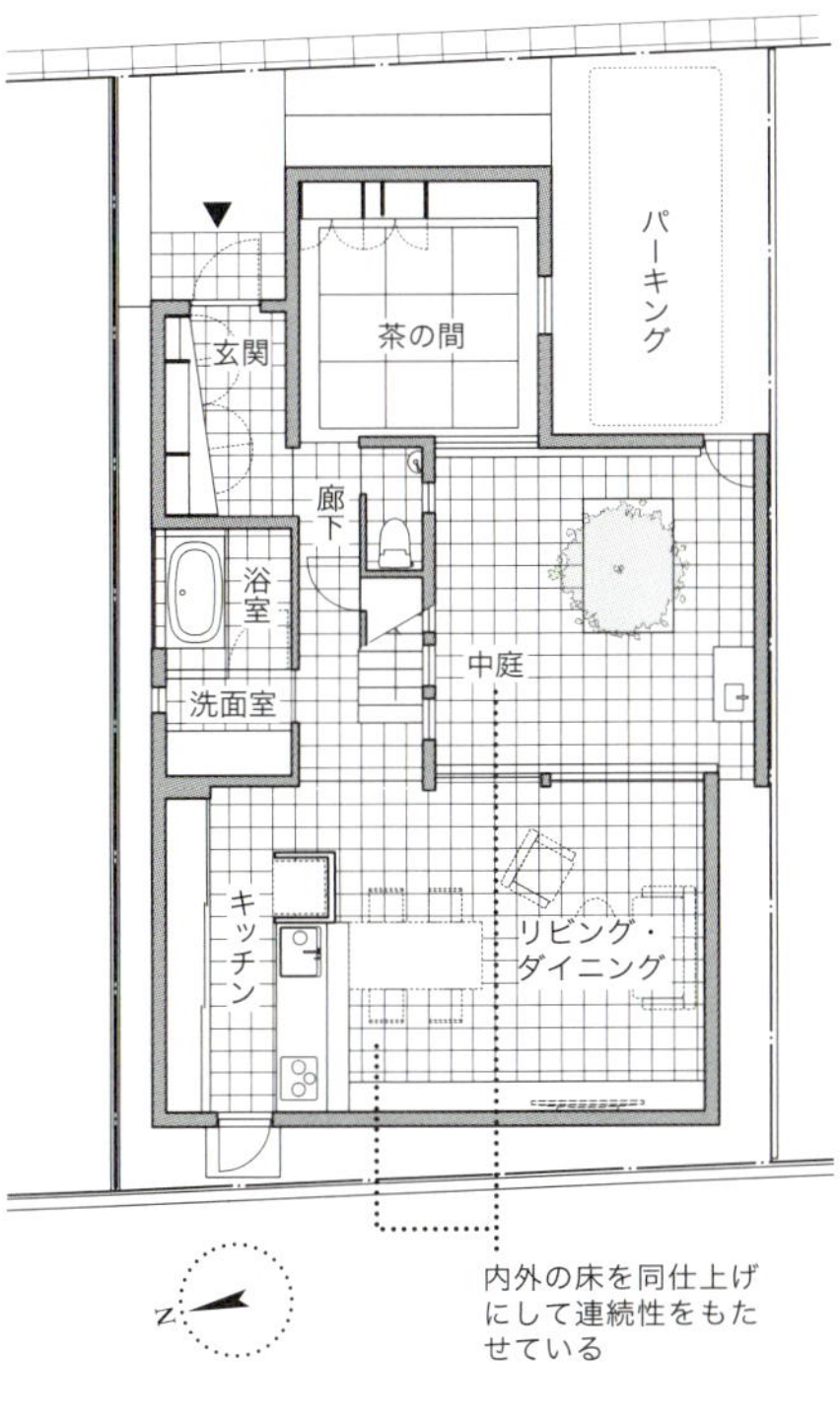

パーキング
茶の間
玄関
廊下
浴室
中庭
洗面室
キッチン
リビング・ダイニング
N
内外の床を同仕上げにして連続性をもたせている

吹抜けも一体感を生む
中庭とリビングダイニングの床は同じタイルで仕上げている

土間と庭がひとつにつながる

室内と室外が連続した住まいというものは、気持ちのよいものである。ただ、ダイレクトに結びつけるのではなく、そこに「室内的な室外」あるいは「室外的な室内」を介在させることで、2つのスペースをより有機的に結びつけることが可能となる。これは日本の伝統的な考え方で、日本人は、この曖昧なスペースを上手に利用することで、春夏秋冬それぞれの季節に応じた住まい方をし、かつ自然に寄り添ったエコな暮らしをしてきた。現代住宅においても、この考え方を住まいに活かしていくことができる。

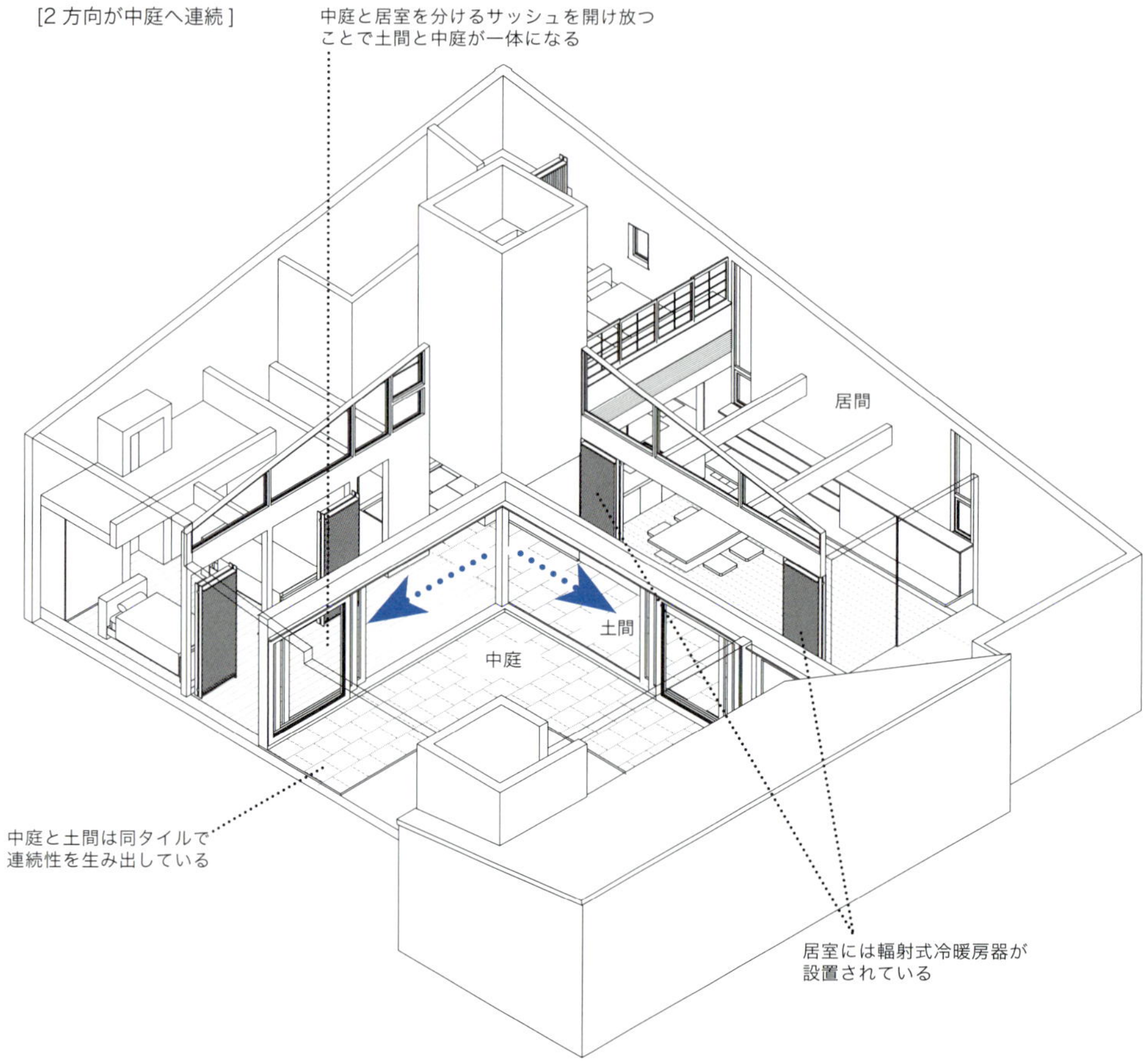
[2方向が中庭へ連続]
中庭と居室を分けるサッシュを開け放つことで土間と中庭が一体になる
居間
土間
中庭
中庭と土間は同タイルで連続性を生み出している
居室には輻射式冷暖房器が設置されている

代田の家2

和風のしつらえ
床を低くした居間から土間、さらに中庭へと自然に連続する心地よい風景。土間で薪ストーブも楽しめる

どこにいても緑が見える住まい

建物の周囲にさまざまに性格付けをされた庭を配置して、それぞれの庭が室内に対して積極的に働きかけ、気持ちのよい住まいをつくり出すことを考えた。見て楽しむ庭、人が入り込んで緑の中での生活を楽しむ庭、通過しながら雰囲気を楽しむ庭など、さまざまな性格をもった庭は、暮らし方に奥行きを与え、緑のある生活の豊かさを感じさせてくれる。

ピクチャーウィンドウ
エントランスホールから眺める坪庭が美しい

[5つの庭がある家]

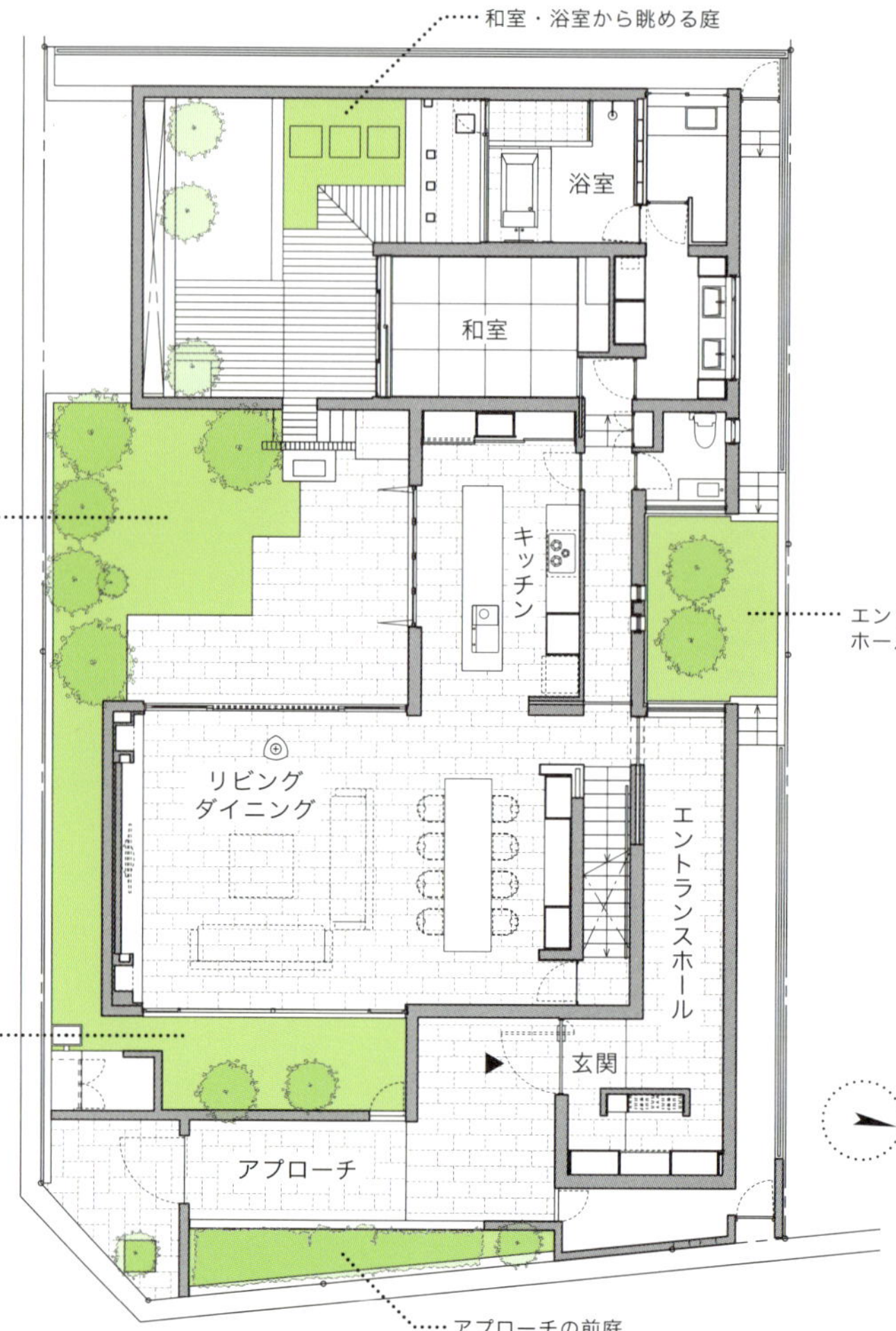
和室・浴室から眺める庭
浴室
和室
LDKから
眺める庭
キッチン
エントランス
ホールの坪庭
リビング
ダイニング
エントランスホール
DKから
眺める庭
玄関
アプローチ
アプローチの前庭

光あふれるリビング
リビングダイニングは吹抜けや中庭に面した開口以外に、左に見える地窓からも光が入る

中庭のシンボルツリーとともに暮らす

シャラの木が家のシンボル
力強い存在感をもつ自然の樹形。中庭を囲むすべての部屋から眺めることができる

前橋の家

来客の記憶に残るシーン
玄関からまっすぐに見通せるシンボルツリー。この姿が家の格調をより一層高めてくれる

[3つの棟と玄関で中庭をかこむ]

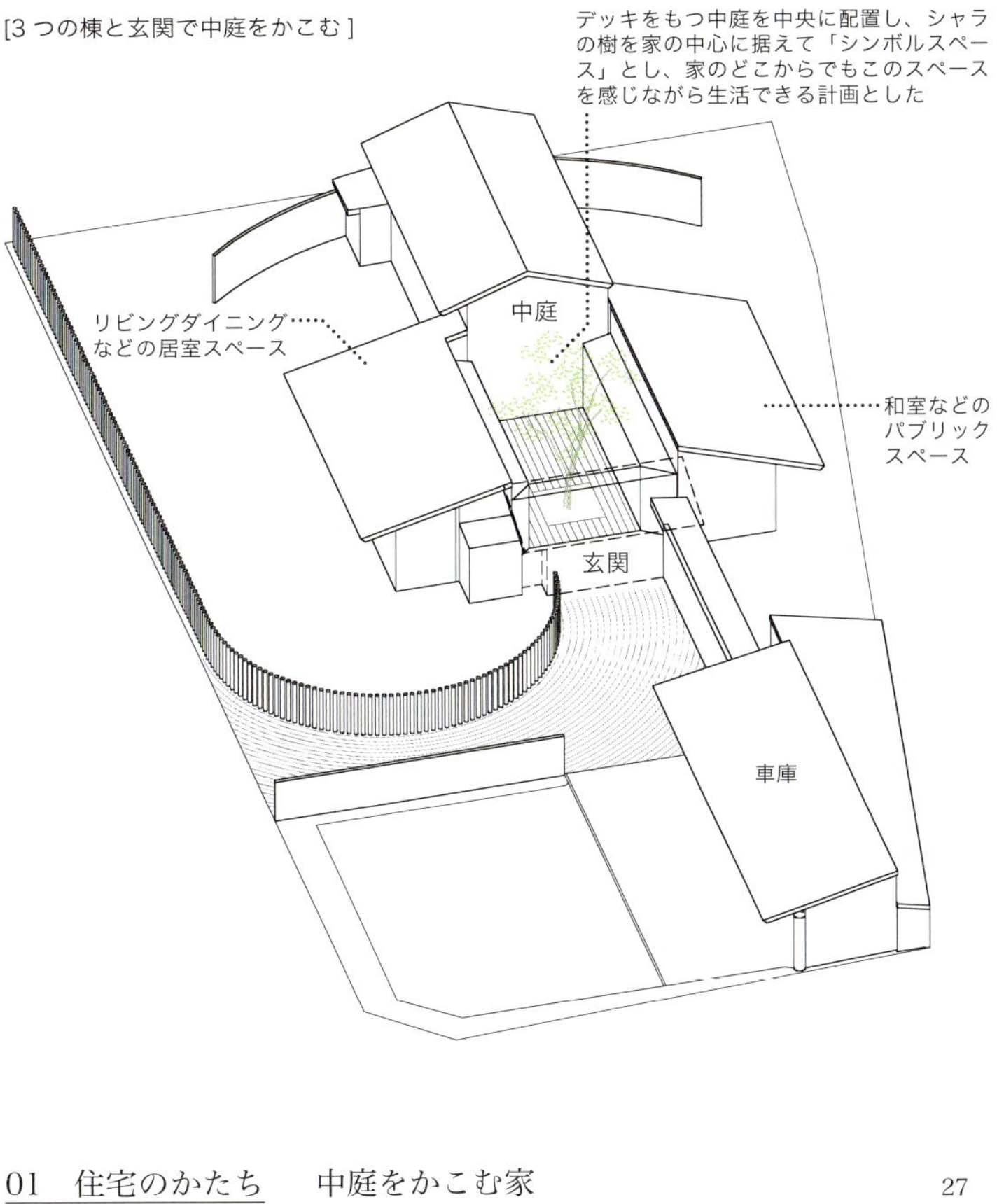
デッキをもつ中庭を中央に配置し、シャラの樹を家の中心に据えて「シンボルスペース」とし、家のどこからでもこのスペースを感じながら生活できる計画とした
リビングダイニングなどの居室スペース
中庭
和室などのパブリックスペース
玄関
車庫

サルスベリの木が寄り添う暮らし

樹木は生き物だから、当然世話が必要である。木が好ましい形で成長するためには、何より住まい手が好む種類の樹木を植えることが最も大切である。樹形、花、葉の形、香りなど、樹木はそれぞれに応じた性格をもっている。好きな樹種を植えれば、自然と住まい手は愛情を注ぐことになり、樹木はすくすく成長して世話をした人好みの姿を見せてくれるようになる。

開放的なリビング
緑が好きな建て主の要望に応えて、既存の樹木を含めながら、外部と調和する暮らしを提案した

夏を彩るサルスベリ
サルスベリは夏の間赤い花を咲かせ、周辺の人々の目も楽しませてくれる。右は街に開放された山桜の木

[2本の樹木を活かしたプラン]

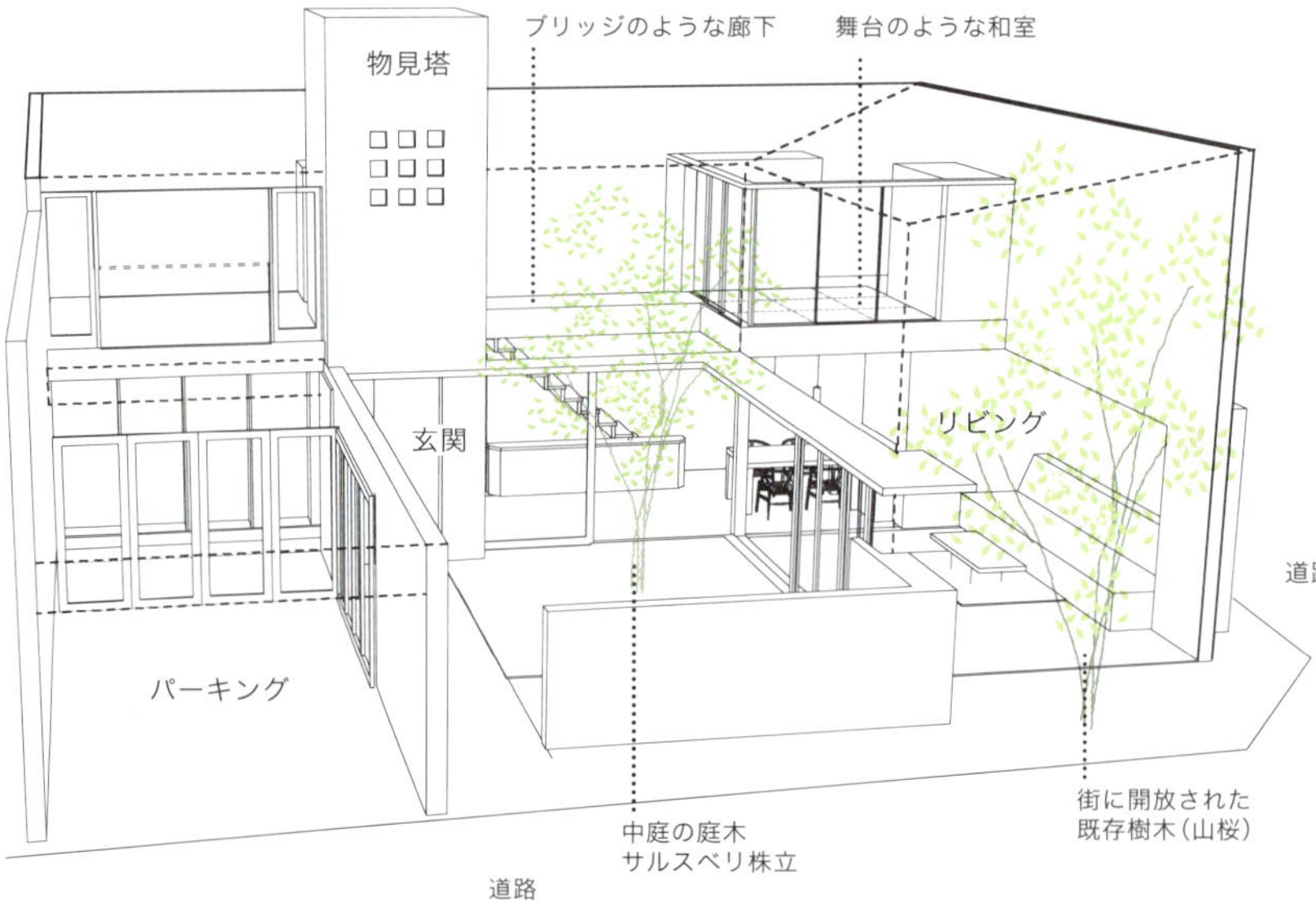

稲田堤の家

中庭とリビング、一体感の仕掛け

比較的小さな中庭であっても、壁を明るい色で彩色することで、光に満ちたスペースをつくり出すことが可能である。室内の壁と中庭の壁に同一の色彩を施すことで、室内と外部は一体化し、広がりを与えることができる。この住宅では、特にアルミサッシュなどを採用せず、枠の存在感を消したサッシュを使用して、連続感をより大きなものとしている。

光庭になる中庭
半地下室から3層の建物が中庭に面している。中庭は光庭となって家の中に陽光を運び込む

[視線が通る中庭]

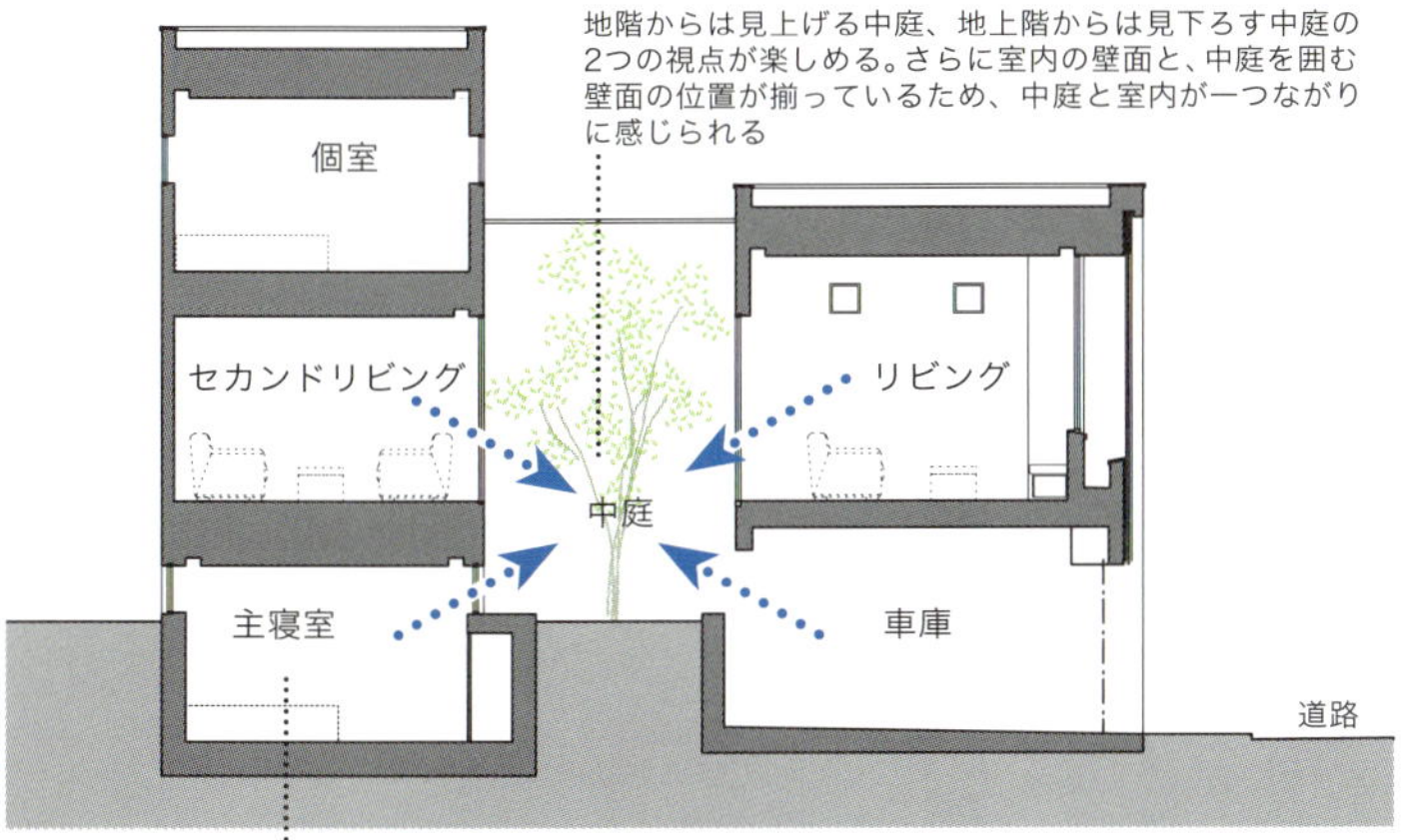
地階からは見上げる中庭、地上階からは見下ろす中庭の2つの視点が楽しめる。さらに室内の壁面と、中庭を囲む壁面の位置が揃っているため、中庭と室内が一つながりに感じられる
個室
セカンドリビング
リビング
中庭
主寝室
車庫
道路
敷地の形状により地階の半分が地下に埋もれており、中庭は地階から半層上がった位置にある

中庭と部屋の壁の連続感
セカンドリビングから中庭を通して、向かいのリビングを見る。動線となる廊下や階段も視線が通るデザイン

中庭デッキまで床が大きく広がる

自分の家から自分の家が見えるというのは楽しいものである。自分のいる場所から、向こうには外部を隔てて生活の場が広がり、家族の動きを感じ取ることができる。リビングから子供室の様子もなんとなくわかり、隣接もしていないため距離感が近すぎることもない。天気のよい日は、サッシュを全開にすると、部屋と中庭デッキがつながり、これまで思いもよらなかったような生活の楽しみが見えてくる。屋外で暮らすことは、何も特別なことではなく、日常生活の延長にあることを気づかせてくれる。

木製サッシュがなじむ
中庭の3方を囲むサッシュはすべてオーダーの木製サッシュ。メンテナンスが必要だが、建て主は大切に扱っている

野外で過ごす楽しみ
中庭を囲むサッシュを全開すると、デッキまで一体となる開放的な暮らしを楽しめる

[木の床が連続する家]

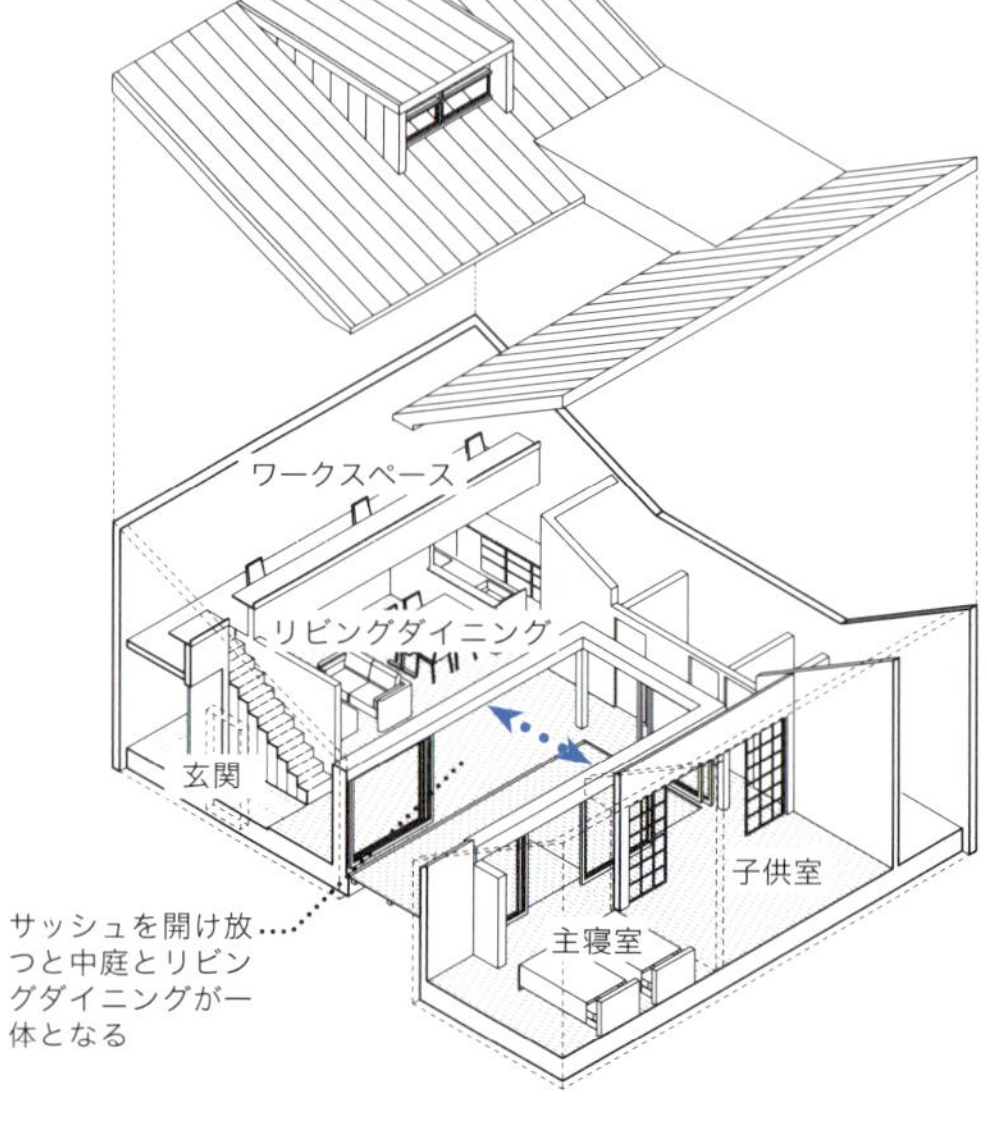

菊名の家

5つの個室を独立させた家

家族が集まるリビングダイインング
5つの個室がギャラリーを兼ねる廊下と、外部のデッキでつながっており、家の中心にリビングダイニングがある

絶妙な距離感
右はリビング、奥は個室2・3。木製デッキが独立した各個人の生活を緩やかにつなぐ

［シェア住居のようなプラン］

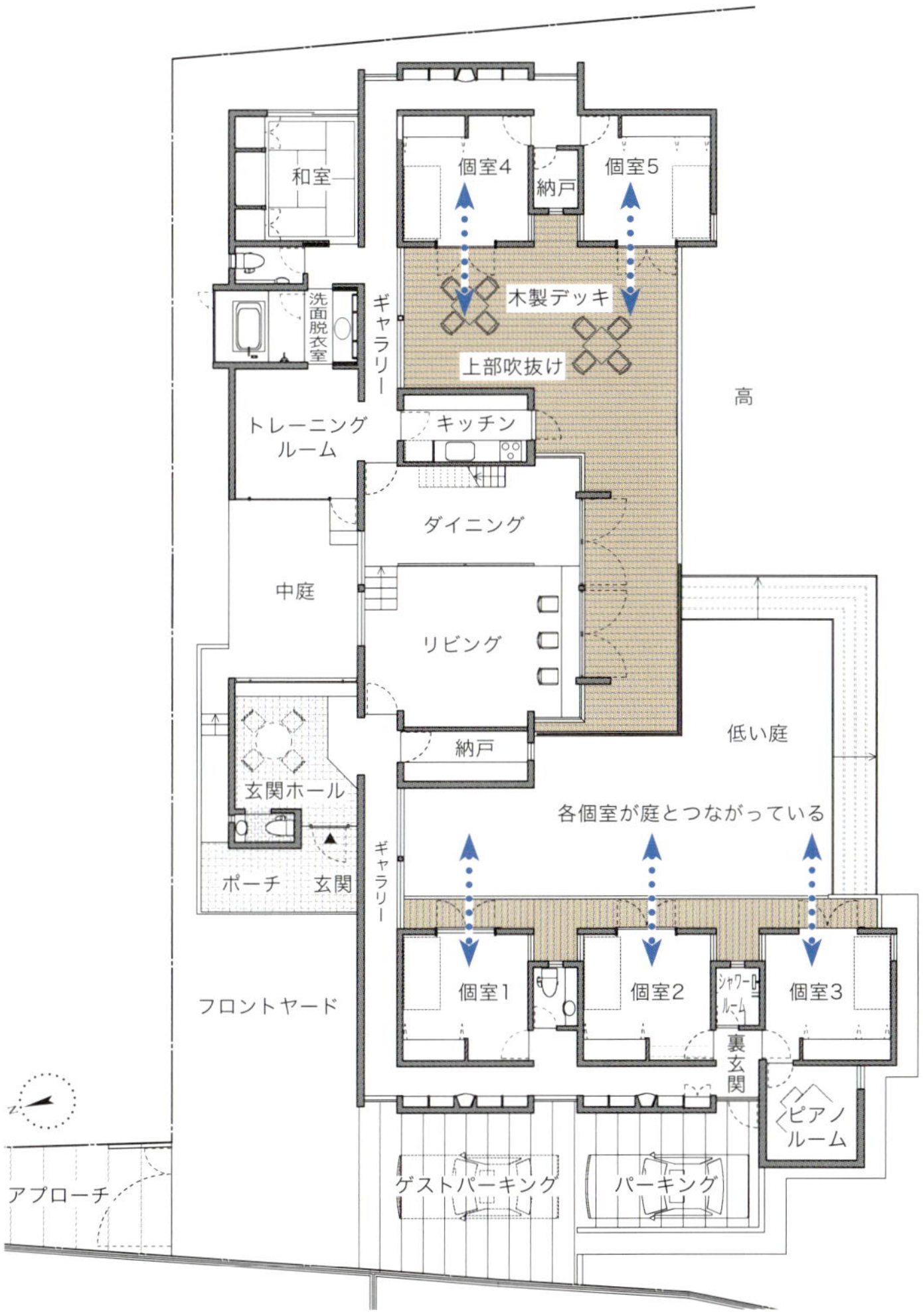

夫婦も含めて、成人した5人のための住宅である。成人した各人にとって、プライバシーの守られた個室は重要である。壁一枚で隣室と接して物音を気にして生活するのではなく、各個室の間に収納や水廻りスペースを挟むことで、独立性はより高まる。多少の音なら隣室に聞こえないし、また心理的な距離感も心地よい。逆に個室以外の場所は、家族全員の共有スペースである。なるべく家族の一体感が感じられ、かつ広がりのあるスペースが好ましい。視線が遠くまで届くことは、かつての日本の回廊式の住居につながるところがあり、その距離感が生活の奥行きを表現する。すべての部屋は庭につながり、緑の存在をより近く感じることができる。このケースでは、敷地が広いために平屋建てとすることができた。庭と一体となった住まいを考えるとき、平屋建てで住宅をつくることはひとつの理想であると同時に、ある意味とても贅沢なことでもある。

北鎌倉の家

2つの階段で自由な動線をつくる

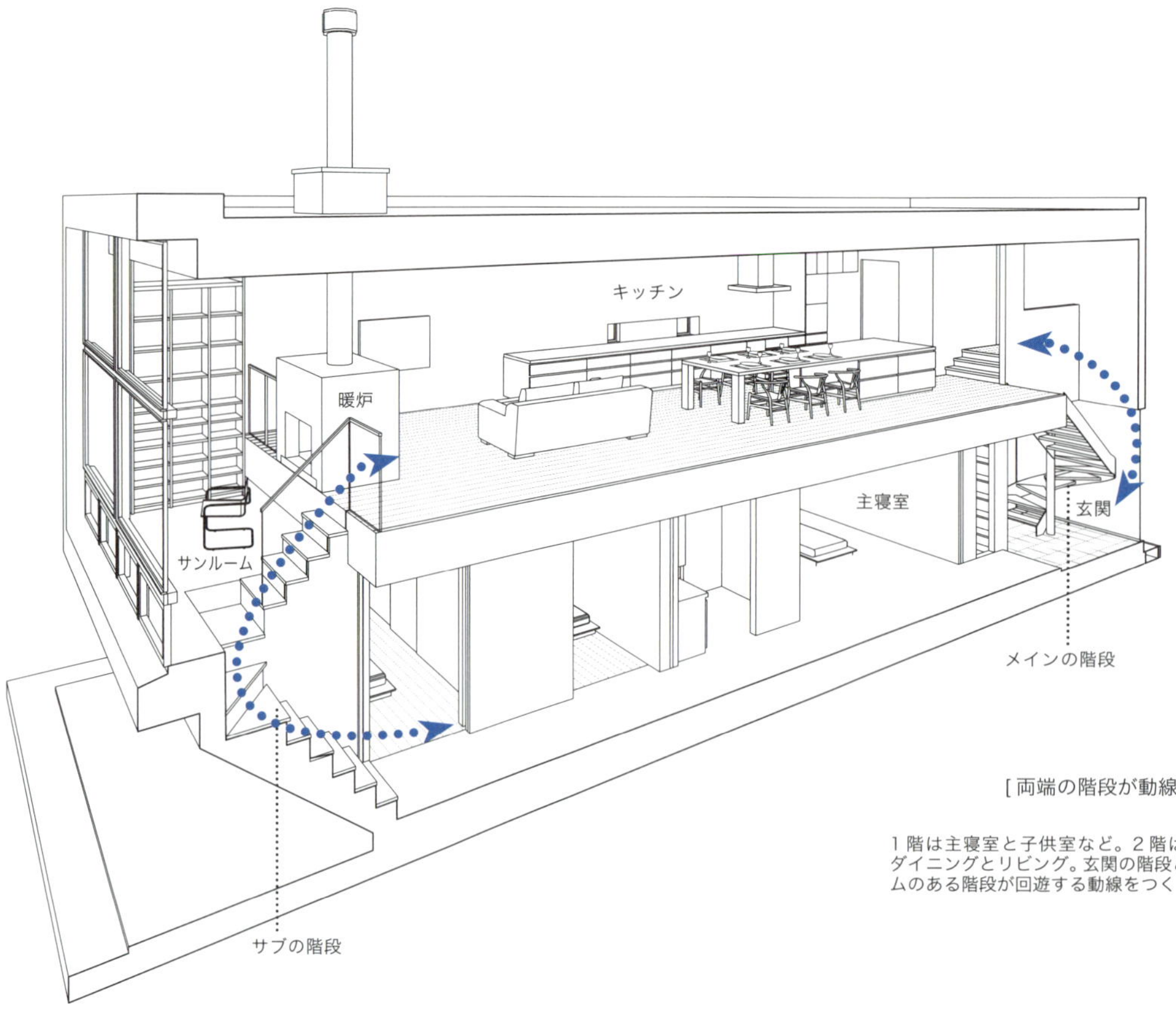

［両端の階段が動線をつなぐ］

1階は主寝室と子供室など。2階はキッチン、ダイニングとリビング。玄関の階段と、サンルームのある階段が回遊する動線をつくっている

サンルームの大開口

サンルームを上がったリビングに暖炉を設けている。日が暮れると暖炉の火が浮かび、暖かみを醸し出す

細長い形状の家の場合、各室を結ぶ廊下を設けると、家中が廊下ということになってしまう場合がある。この住宅では、細長い家の両端に2つの階段を設けることで廊下を省略し、それぞれの居室が少しでも広い面積を確保できるようにした。また、家の動線が「回遊式」になることで、住まいとしての奥行きを感じることができ、さまざまな生活のシーンへの対応が可能になる。「行き止まり」がない家というのは、すべてのスペースが有効に活用されやすく、実際よりも広く感じるものである。

代田の家

木造フレームでつくったスキップフロア

骨組みもインテリアに
手前のキッチンダイニングから、一段上がった高さにあるリビングの眺めも新鮮

敷地の条件などにより、南北に目いっぱいの開口部を設け、東西にはあまり開口部を設けないようなプランに対して、木造フレーム構造は有効である。木造フレームは、通常の在来木造構造に比べて、かなり大きな柱と梁が必要になるので、それをあえて隠さずに室内に見せてしまい、インテリアの一部として表現する。この住宅では、スキップフロアを採用して、各階に連続感をもたらし、全体としてワンルームになる住まいを目指した。大きな開口部から入ってくる自然光がワンルーム的な室内を満たしている。

［左手はダイニング、右手はリビング］

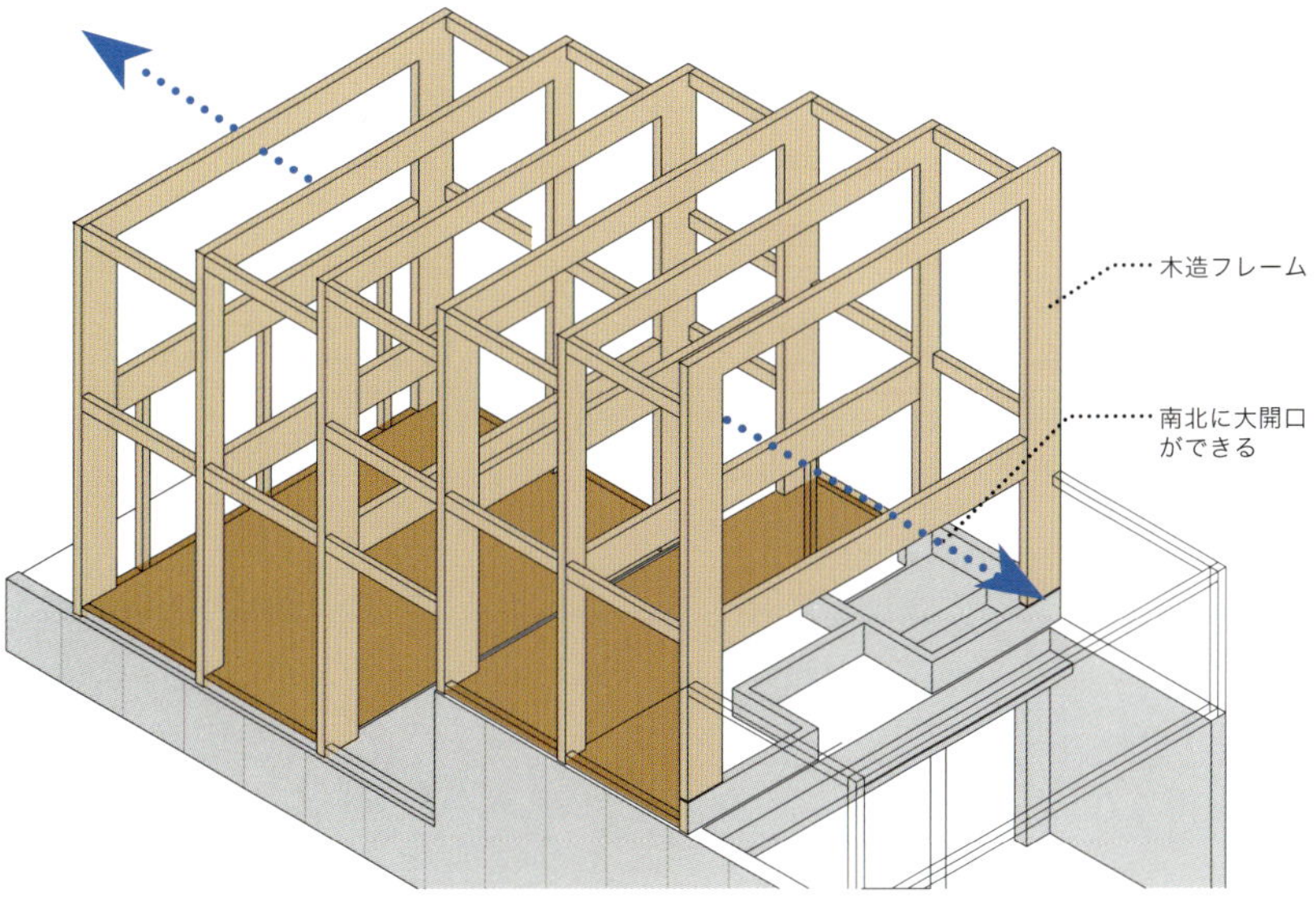

松ノ木の家

現代の田の字プラン
田の字プランの一角を大きく吹き抜ける外部スペースにして、現代版にアレンジしている

大黒柱が中心の現代住宅

大黒柱が中心にある「田の字」プランの家は、伝統的な日本家屋の様式の一つである。現代の住まいに「田の字」プランをアレンジし、立体的に各階を結びつけることを考えた。中心には太い丸太を大黒柱として使用している。貴重な敷地をなるべく有効に活用するため、容積率不算入になる地下階をつくっているが、ドライコートに面しており、かつ吹抜けにもなっているために、明るく、風通しもよく、まったく生活環境としては問題がない。

[3層の田の字プラン]

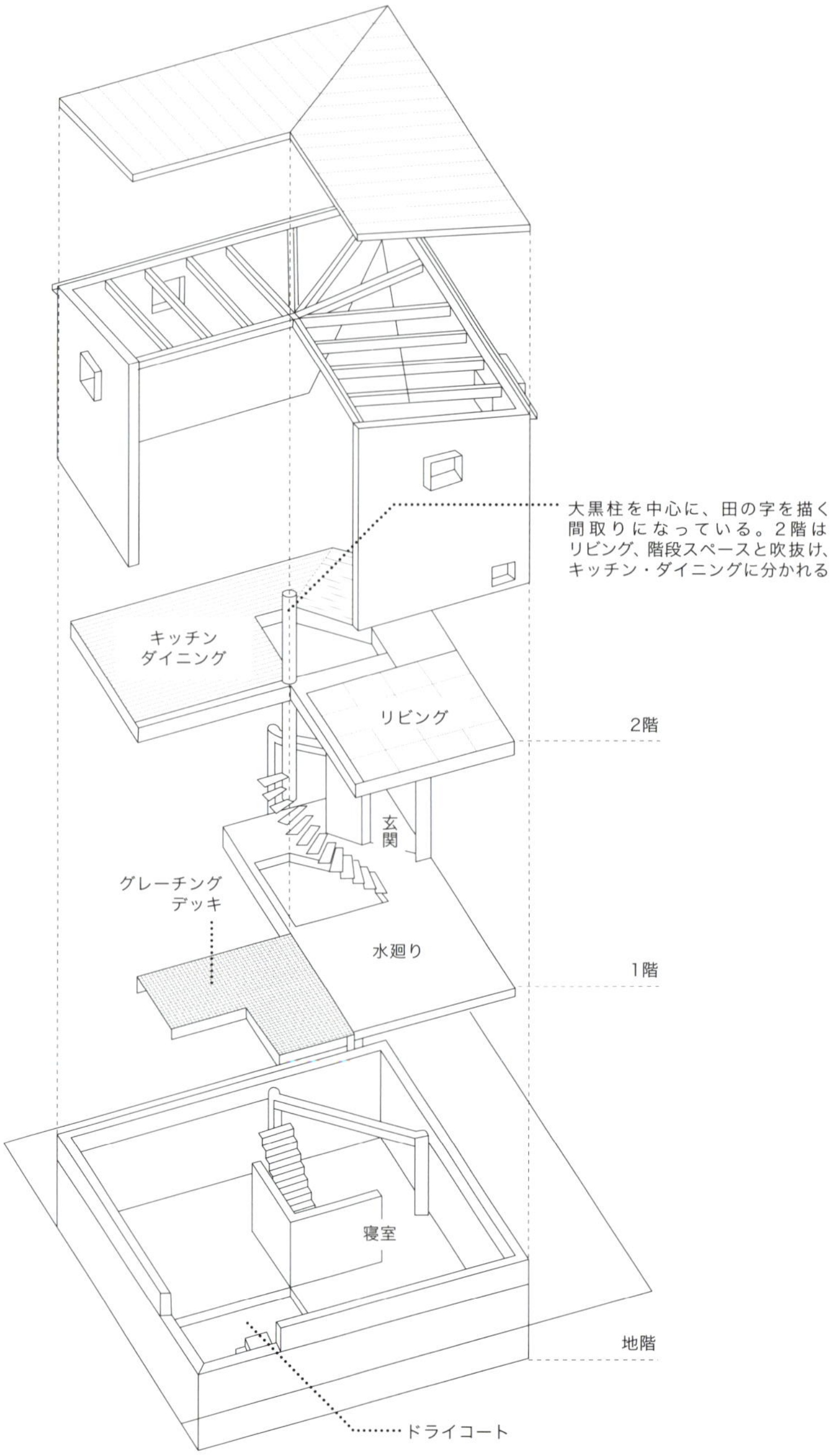

大黒柱を中心に、田の字を描く間取りになっている。2階はリビング、階段スペースと吹抜け、キッチン・ダイニングに分かれる
キッチン
ダイニング
リビング
2階
玄関
グレーチング
デッキ
水廻り
1階
寝室
地階
ドライコート

小平の家

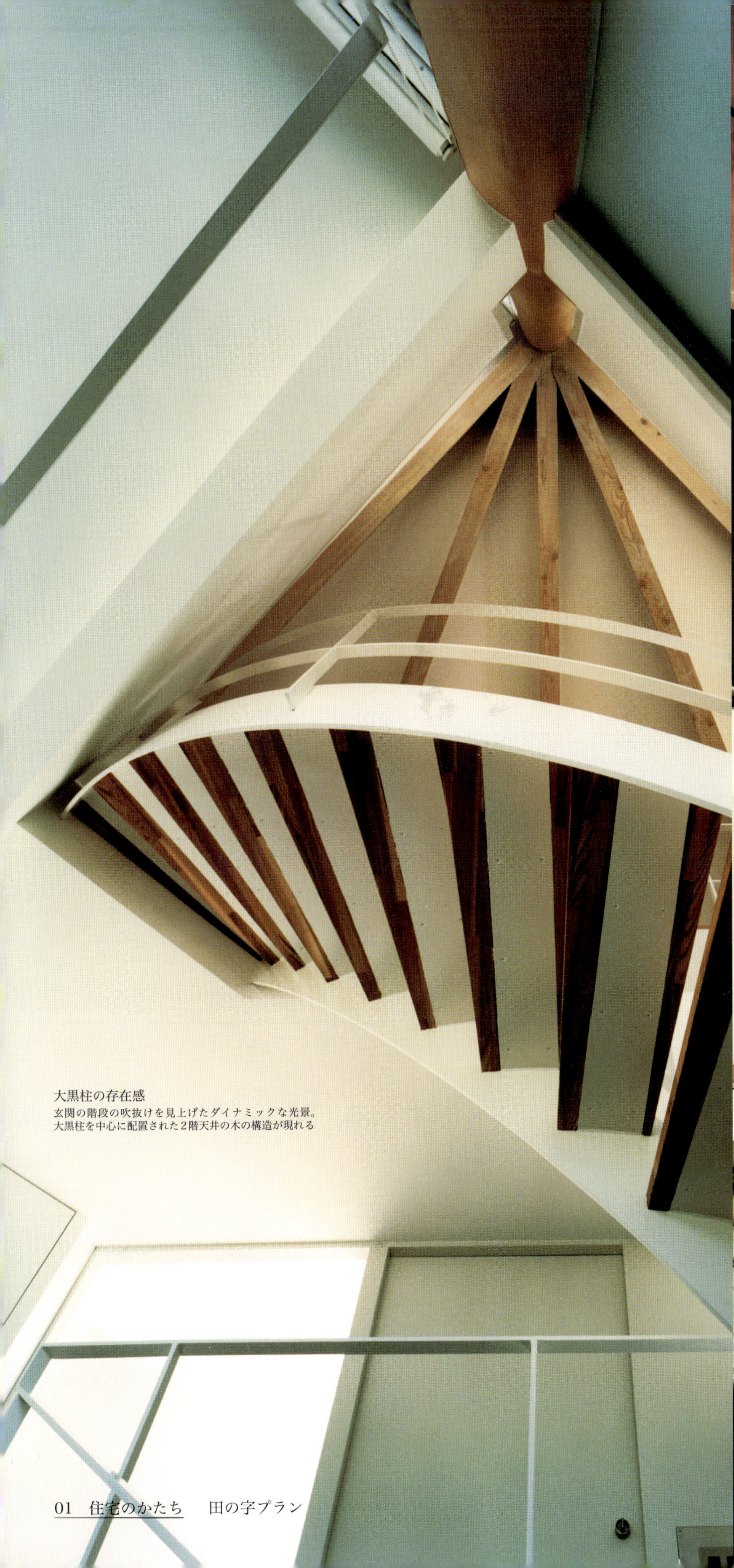

大黒柱の存在感
玄関の階段の吹抜けを見上げたダイナミックな光景。
大黒柱を中心に配置された２階天井の木の構造が現れる

立体的に部屋がつながる

漢字の「田の字」の形を平面プランに採用した住宅である。ただし、平面的な田の字プランではなく、正方形の各スペースをスキップフロアとすることで、立体的に部屋がつながるようにした。一番下のレベルから、書斎・倉庫・浴室・リビング・インナーデッキ・ダイニング・寝室が少しずつ視覚的に重なり合いながら連続し、一番上部の「塔」につながってゆく。少しずつレベルが変わってゆくために、上の階に行くという意識のないままに、自然とたどり着いてしまう。また、屋根は白いテフロンテント(東京ドームとほぼ同じ材質)で覆われ、自然光が降り注ぐ明るい住まいである。

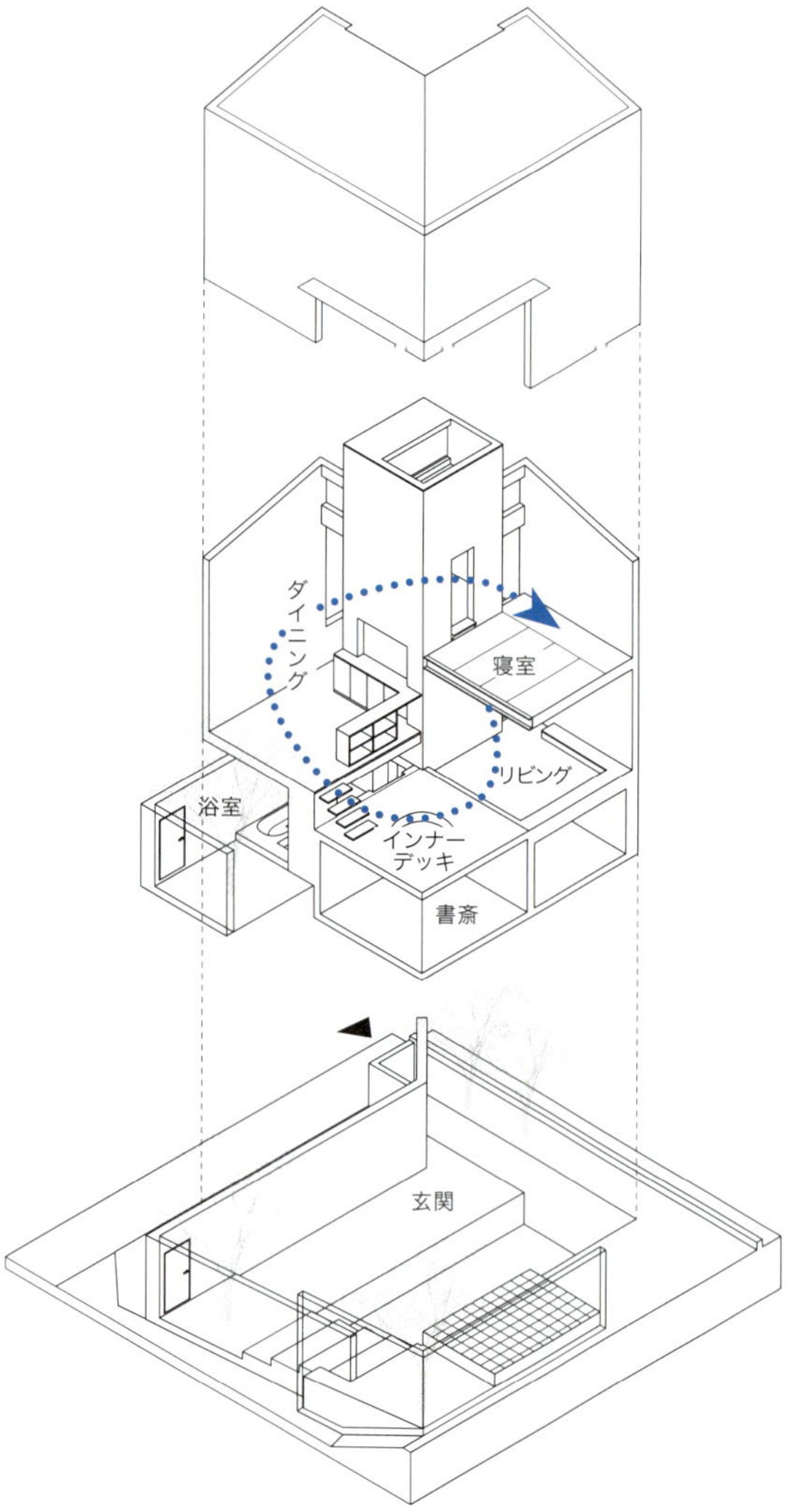

[立体田の字プラン]

リビング・ダイニング・寝室などが、スパイラル状につながる立体田の字プランとなっている

スキップフロアの田の字プラン

手前はインナーデッキ、数段上がるとダイニング。田の字プランが立体的に展開してゆく

斜めラインのインテリア
フローリングや塔の仕上げ材も上昇感のあるプランに即して斜めに張っている。塔の内部はキッチン

丸太柱の階段でつないだスキップフロア

力強く印象的な丸太柱
4本の丸太柱の周りをリビングダイニング、寝室が上昇しながらぐるりと囲む。丸太柱の間に輻射式冷暖房機を設置

［階段が中心の田の字プラン］

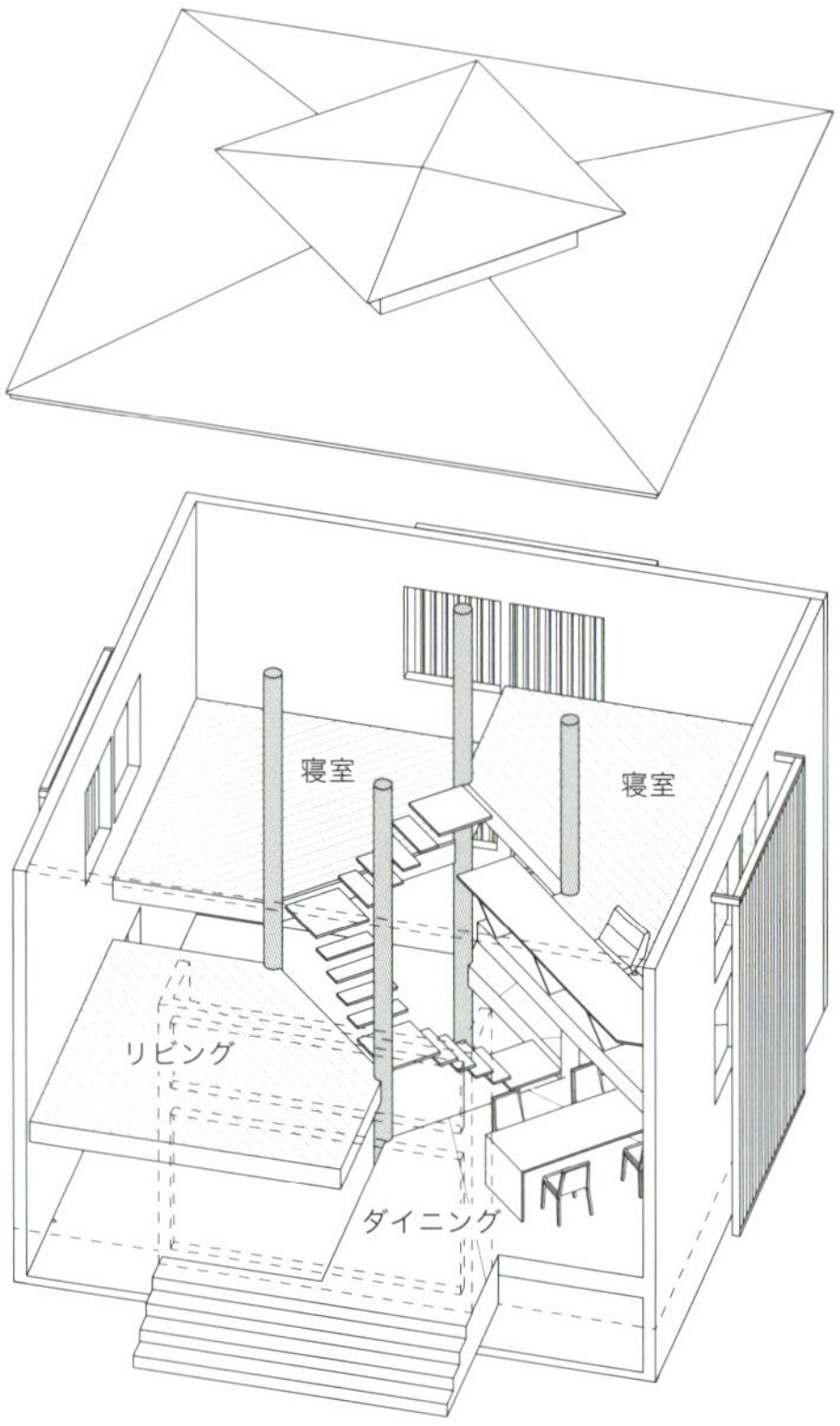

4本の丸太柱と階段を中心に各スペースがスキップフロアとして展開する

階段は本来、各室をつなぐ脇役的なスペースであるが、この住宅では、ワンルームの室内の中心に階段を設けて、家の主役としている。この階段を中心にして、少しずつレベルの違うフロアを配置して、それぞれリビング、寝室といった部屋にしている。いわば大きな階段室の中に住んでいるような住宅で、全体がワンルームでありながらも、さまざまなスペースが組み合わさった、視覚的にも動線的にも楽しい家となることを意図した。空調は輻射式の冷暖房を採用して、ワンルームであっても四季を通じて快適な室内環境となっている。

柏の家

よい距離感を保つ親子の家

親と子の世帯が住むときに、一つの理想はそれぞれに独立した住居が寄り添って建つ形式である。棟別に2軒に分かれているから階下に対する音を気にする必要がなく、お互いの生活を尊重することができる。なおかつ2軒の間のスペースをデッキテラスでつなげば、周囲から守られた屋外のスペースができ、孫世代も安心して遊ばせることができる。また、デッキを通じて隣家の雰囲気も感じ取ることができる。２つの相似形の「田の字プラン」の家が寄り添うように建つ、親子のための家である。

2世帯が向き合う

奥に子世帯、手前は親世帯。それぞれが中庭を挟んで独立している。お互いの生活感を感じる距離がちょうどよい

[2軒の田の字プラン]

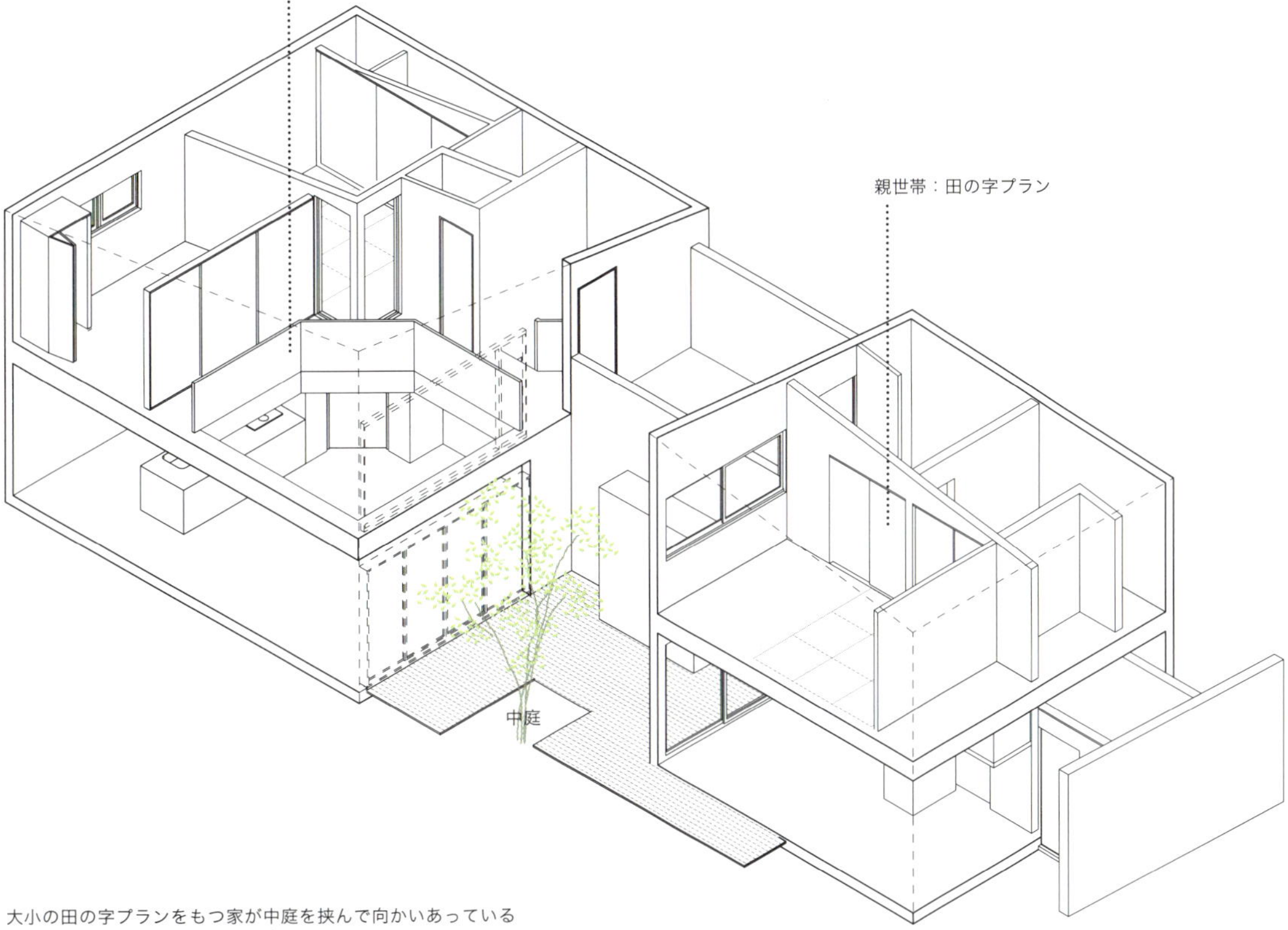
子世帯：吹抜けのある田の字プラン
親世帯：田の字プラン
中庭

大小の田の字プランをもつ家が中庭を挟んで向かいあっている

南阿佐ヶ谷の家

木の表情ゆたかな内巻きの別荘

スパイラルボックスの家

勾配のついた一枚の壁を螺旋状に巻き込み、中央に塔のあるワンルームをつくり出した小さな別荘である。壁の外側は黒く着色した杉板張り、内側は黄色い塗装で仕上げられており、室内にも外部の表情、室外にも内部の表情が現れ、スペースの連続感を表している。屋根の木の構造体も、螺旋状の表情で、人を奥に導き入れ、塔のようになった2階部分につながるようにした。塔の上部にはロフトがあり、遠くの景色を見ることができるようになっている。非日常を楽しむことを目的とした別荘である。

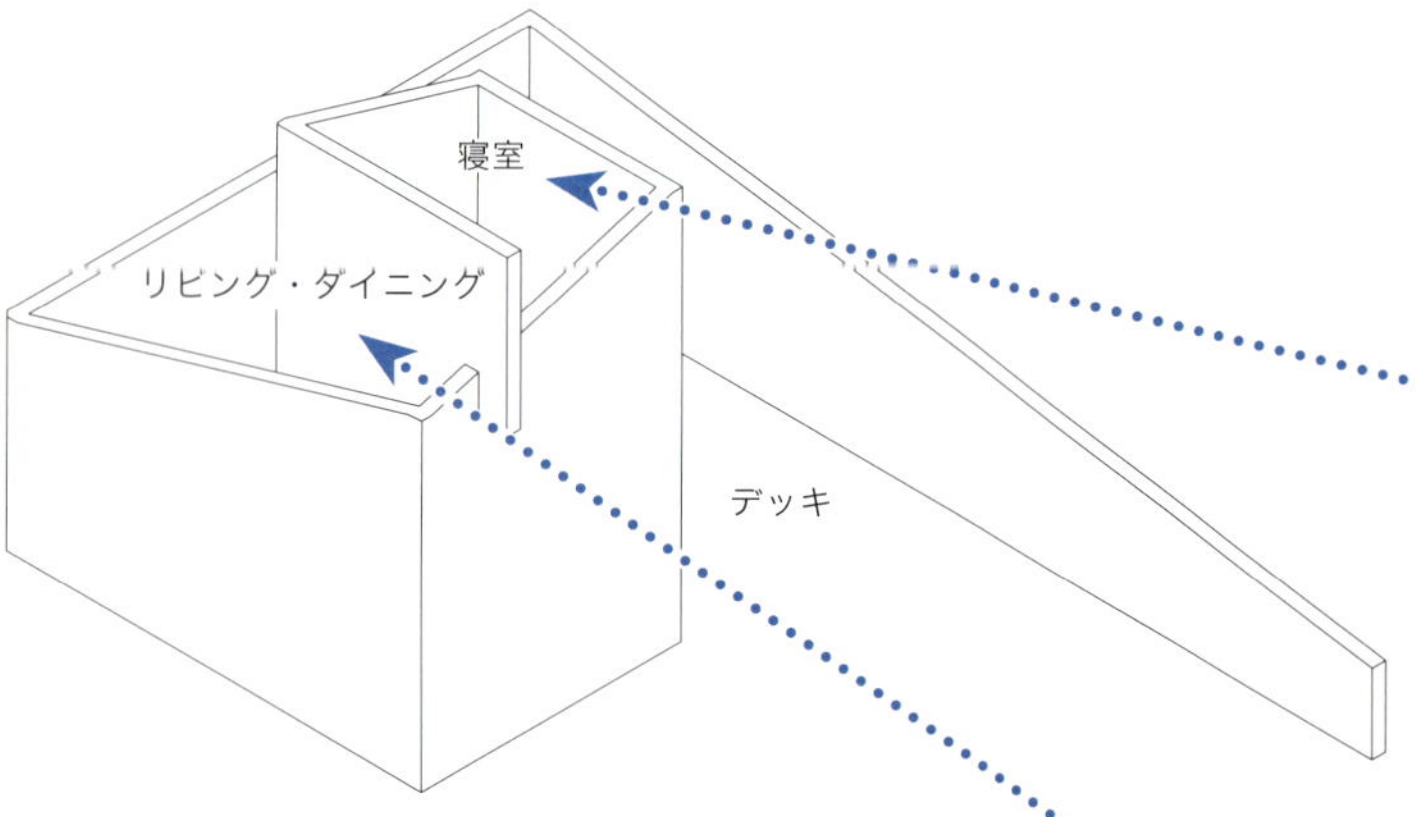

うず巻く外壁の中に生活の場が展開する

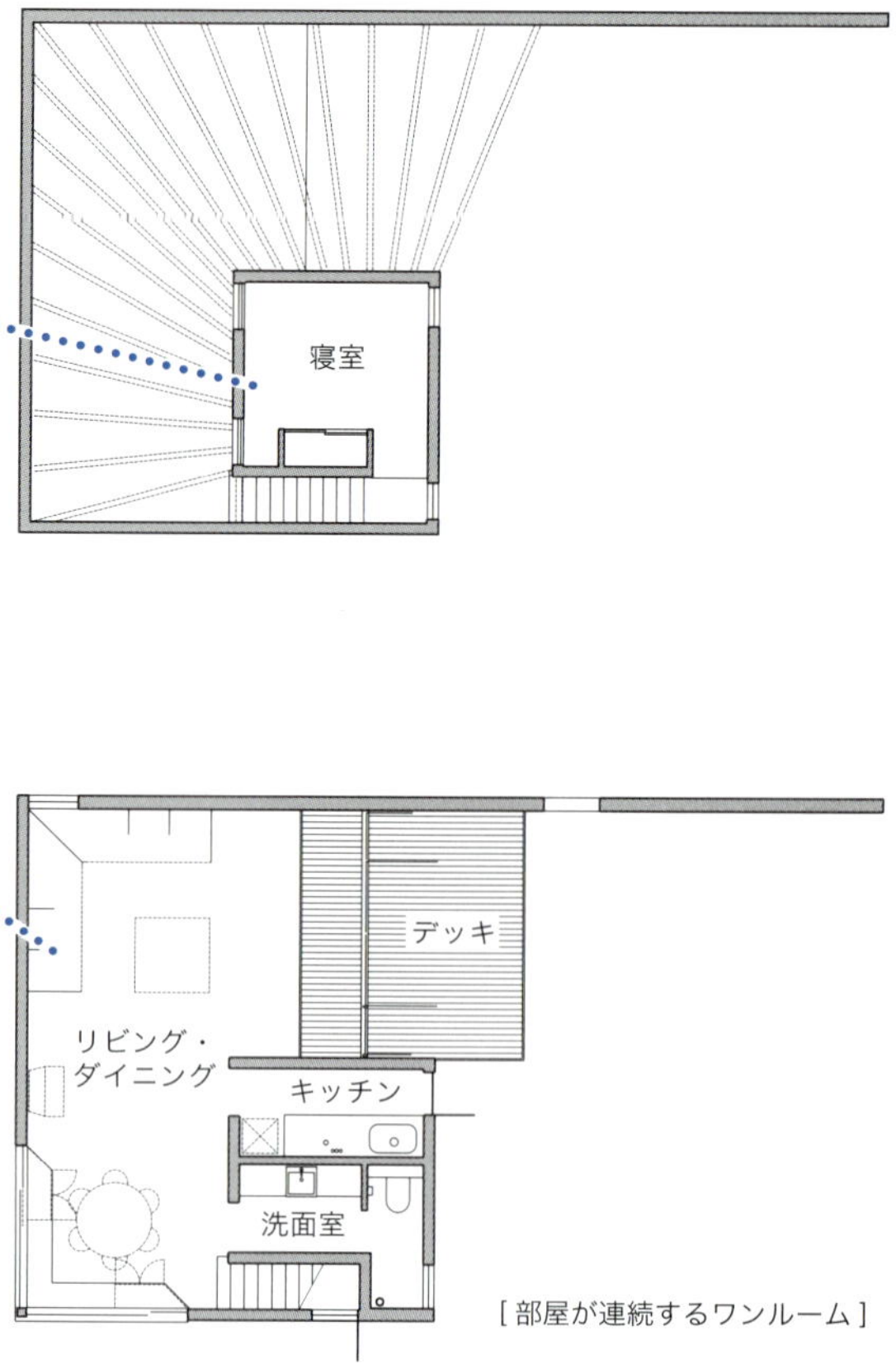

[部屋が連続するワンルーム]

日常を離れて楽しむ

うず巻く外観が特徴。最上部がロフトスペースとなっており、大きな川を眺望できる

うず巻きの外壁でかこむ

スパイラルウォールの家

外部に対してはある程度閉鎖的でありながら、南面には大きな開口部を設けることをテーマとしたコンクリートの住宅である。一枚の壁を折り紙のように立体的に折り曲げて、うず巻状の形をつくり、建物の基本的な骨格とした。各室はこの骨格の中に組み込まれており、斜めにせり上がっている部分は階段状の水廻りスペースとなっている。塀と外壁が連続して一体となり、立体的な造形によって、建物にランドマークのような効果をもたせることができた。木造や鉄骨造などでは、なかなかこの形はできず、コンクリート造ならではの造形である。

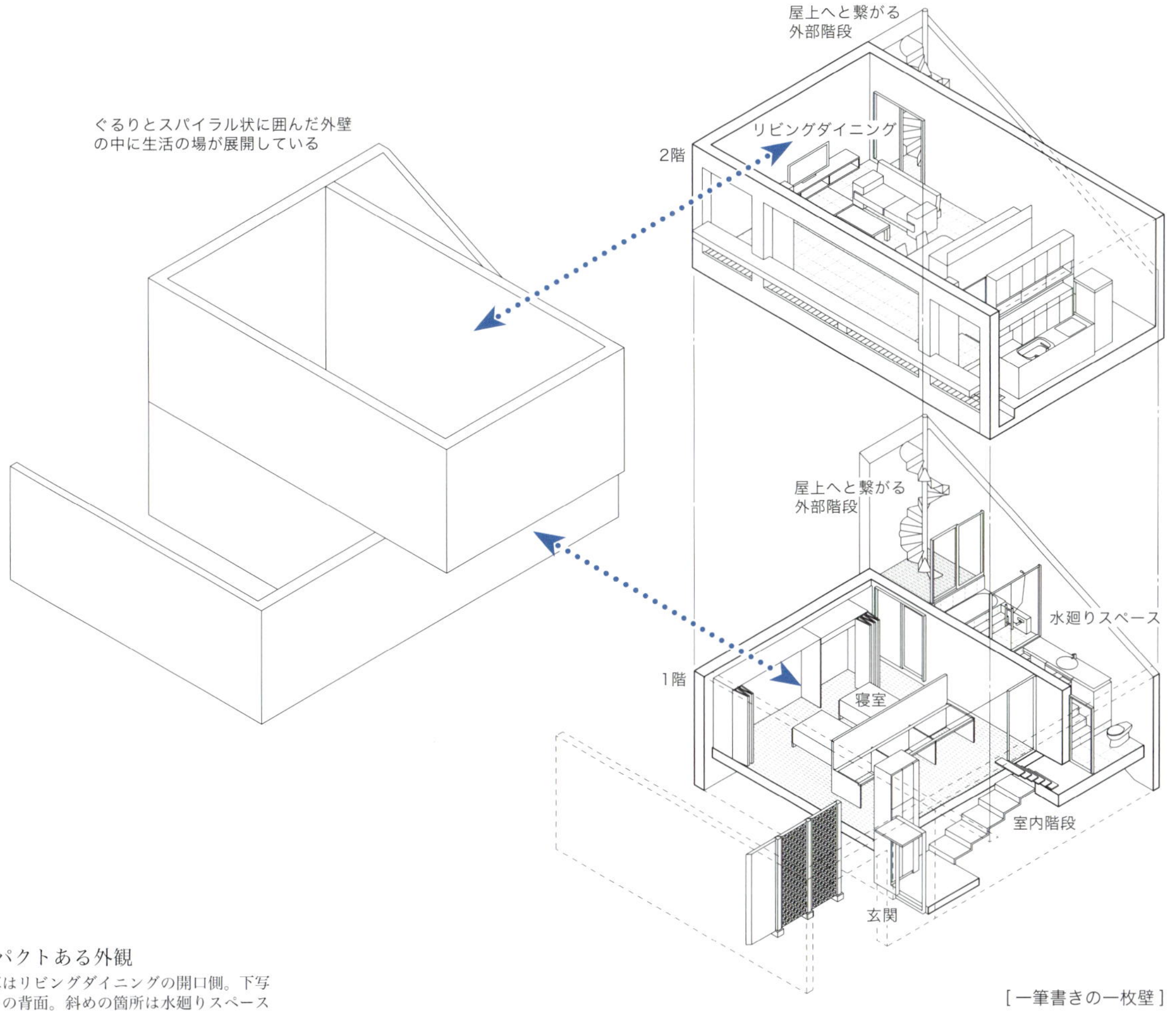

ぐるりとスパイラル状に囲んだ外壁
の中に生活の場が展開している
屋上へと繋がる
外部階段
リビングダイニング
2階
屋上へと繋がる
外部階段
水廻りスペース
1階
寝室
室内階段
玄関

[一筆書きの一枚壁]

インパクトある外観

上写真はリビングダイニングの開口側。下写真はその背面。斜めの箇所は水廻りスペース

大開口のワンボックス

大開口の中はリビングの吹抜け
ボックスカルバート構法で、建物の前面に大きな開口ができる。庭もある

最大限の開口部を設けて外の景観を取り込むために、ボックスカルバート構法でつくった住宅である。室内は柱がなく、ワンルームの広がりのある部屋となっており、家族に一体感をもたらすようにした。道路側には緑豊かな庭をつくり、道路からの距離感を確保して、プライバシーに留意している。ただ、極端に開放的な住まいは、かえって道行く人が遠慮して室内を覗かないとの住まい手からの感想もあった。

西大泉の家

［ボックスカルバート構法のメリット］

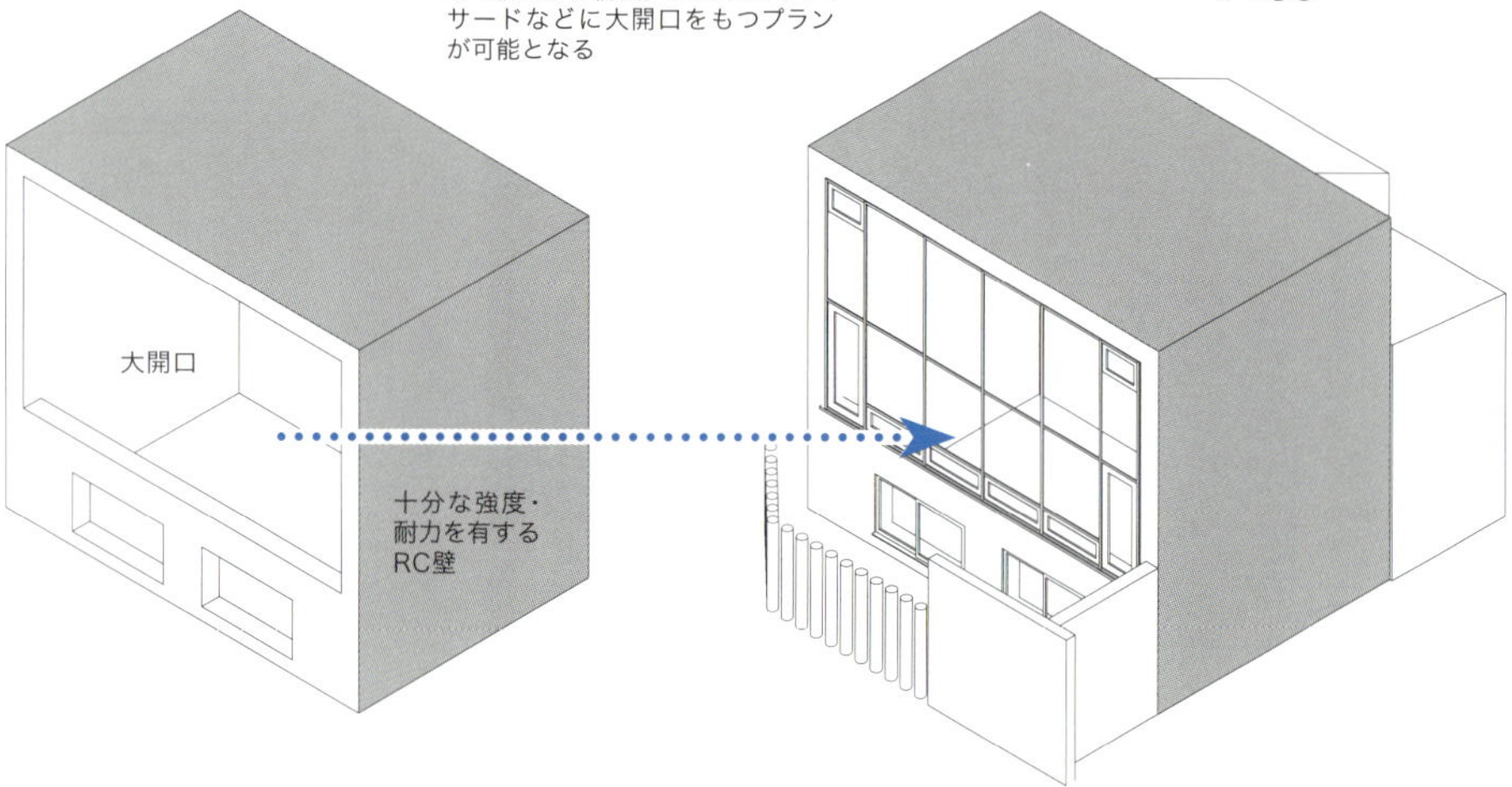

ボックスカルバートは十分な強度・耐力のあるコンクリートで壁・天井を構成する構法。これによりファサードなどに大開口をもつプランが可能となる
大開口
十分な強度・耐力を有するRC壁
ボックスカルバート内では開放的なプランとすることができる

抜けのある中空のワンルーム

浮遊するリビング
ファサードの透過性のある表情はFRPグレーチングによる

ボックスカルバート構法を採用することで、道路と中庭の両方に開放して抜けのあるリビングスペースをつくり出した。道路側にはクリアタイプのファイバーグレーチングをはめ込んで、スダレのような効果をもたせ、道行く人からの視線をある程度コントロールできるようにした。同時に、この家の顔となるファサードを特徴づけている。反対側はシンボルツリー（カツラの木）のある段状の中庭となっており、室内に明るい光と風を導くとともに、他の部屋にいる家族の動きを感じ取ることができるようにした。

［前後に大きく抜けができる］

ボックスカルバート構法により、無粋になりがちな小壁を設ける必要がなくなり、9.5mスパンの柱がない大きな室内と開放性を実現した

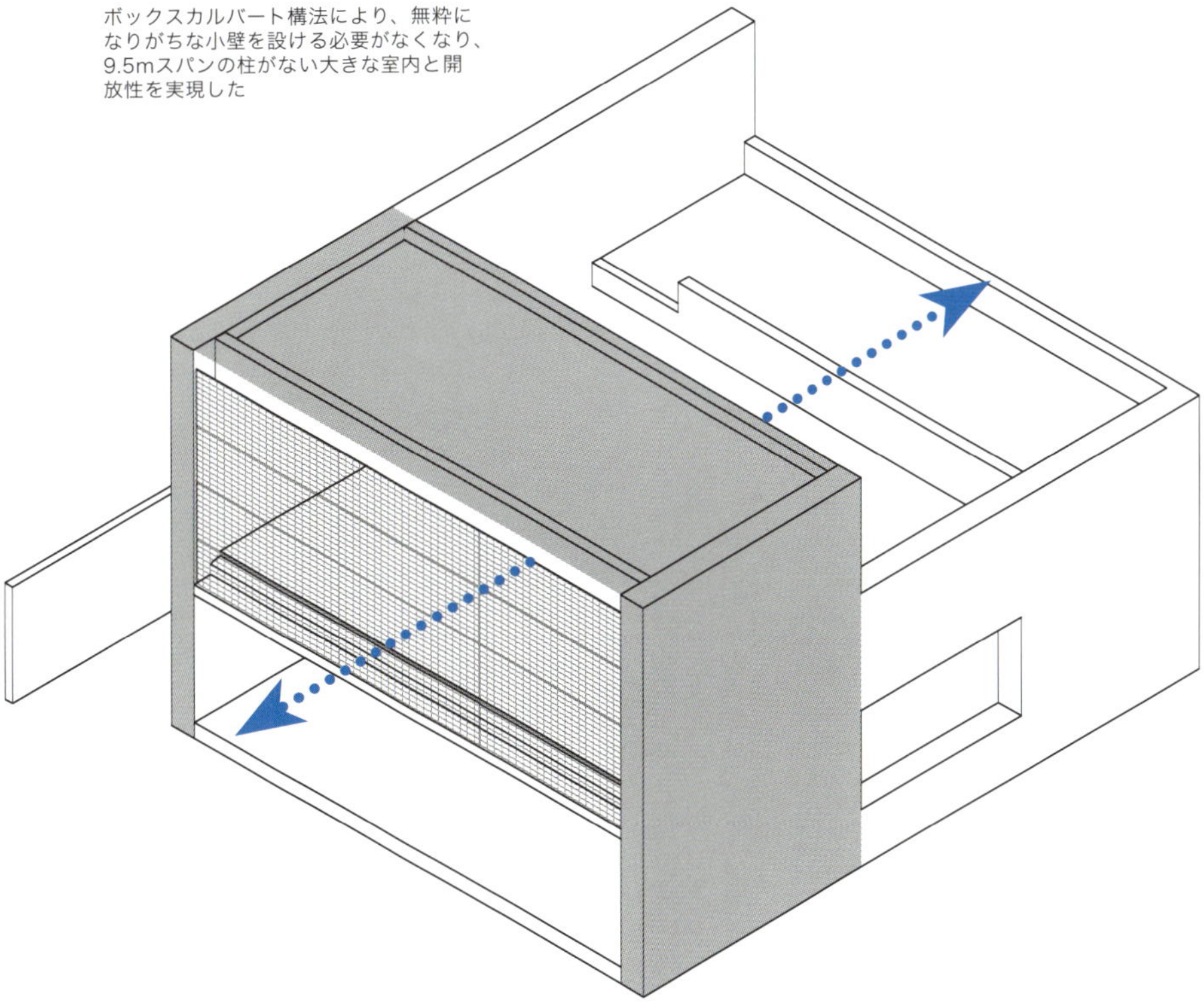

烏山の家

２つのスペースごとに大開口をつくる

自然になじむシンプルな外観
床・壁・天井を同一の厚さの鉄筋コンクリートで囲むことで大開口を実現している

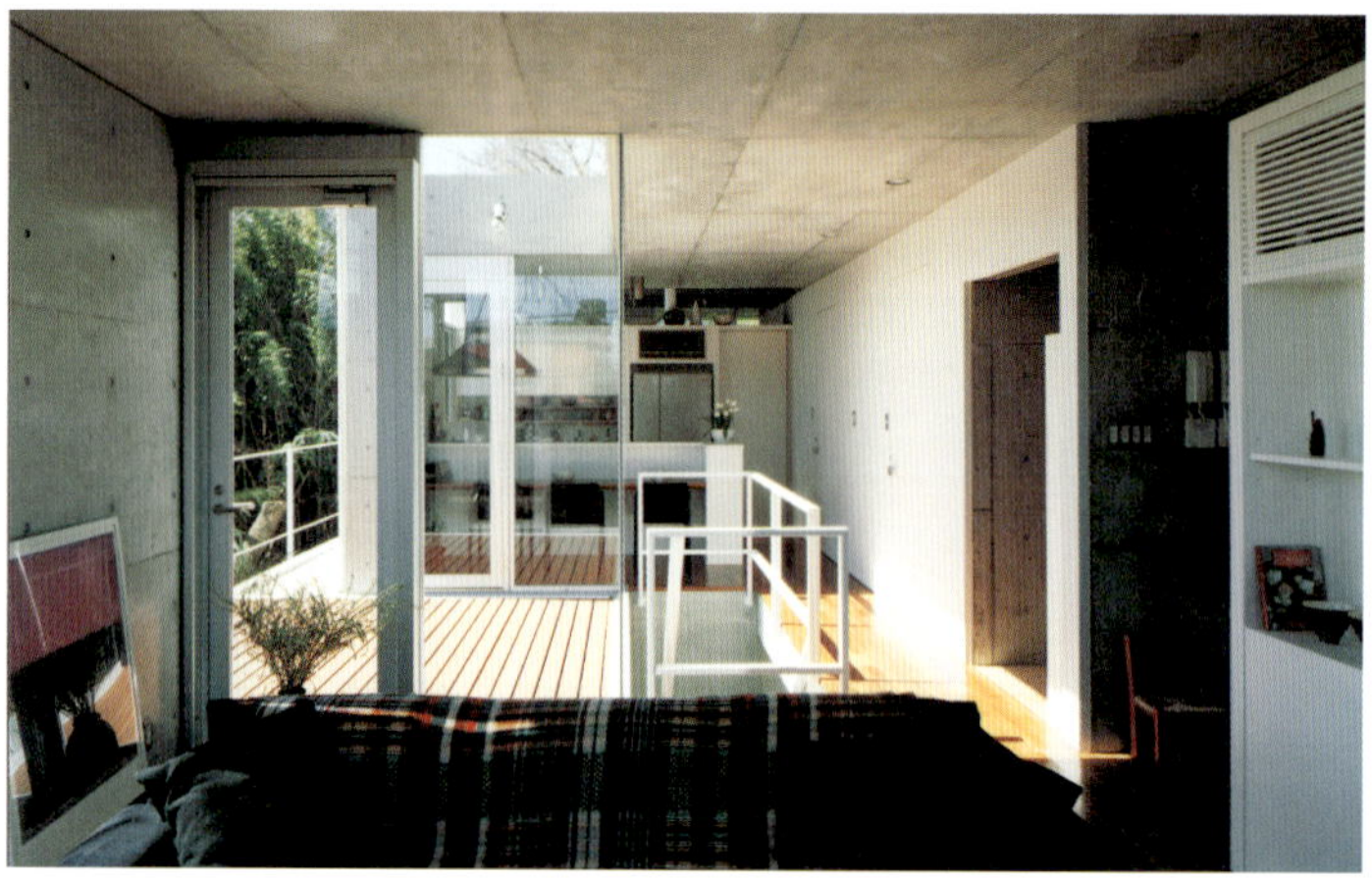

中間をつなぐデッキテラス
手前はリビング。テラスの向こうはキッチン・ダイニング。建物の中間部分の開口も見通しがよい

上野毛の家

風致地区に立地する住宅は、建物と周辺の良好な環境との間で、いかに調和する関係性をつくり出すかがポイントとなる。既存の樹林を意識して開口部の形状を決め、なおかつシンプルな暮らしをしたいという建て主の要望に応えるために、コンクリート打放しによるボックスカルバート構法を採用した。２つの大きな固まりに分離して、中間をテラスやバルコニーとして利用している。

[ツインのボックスカルバート]

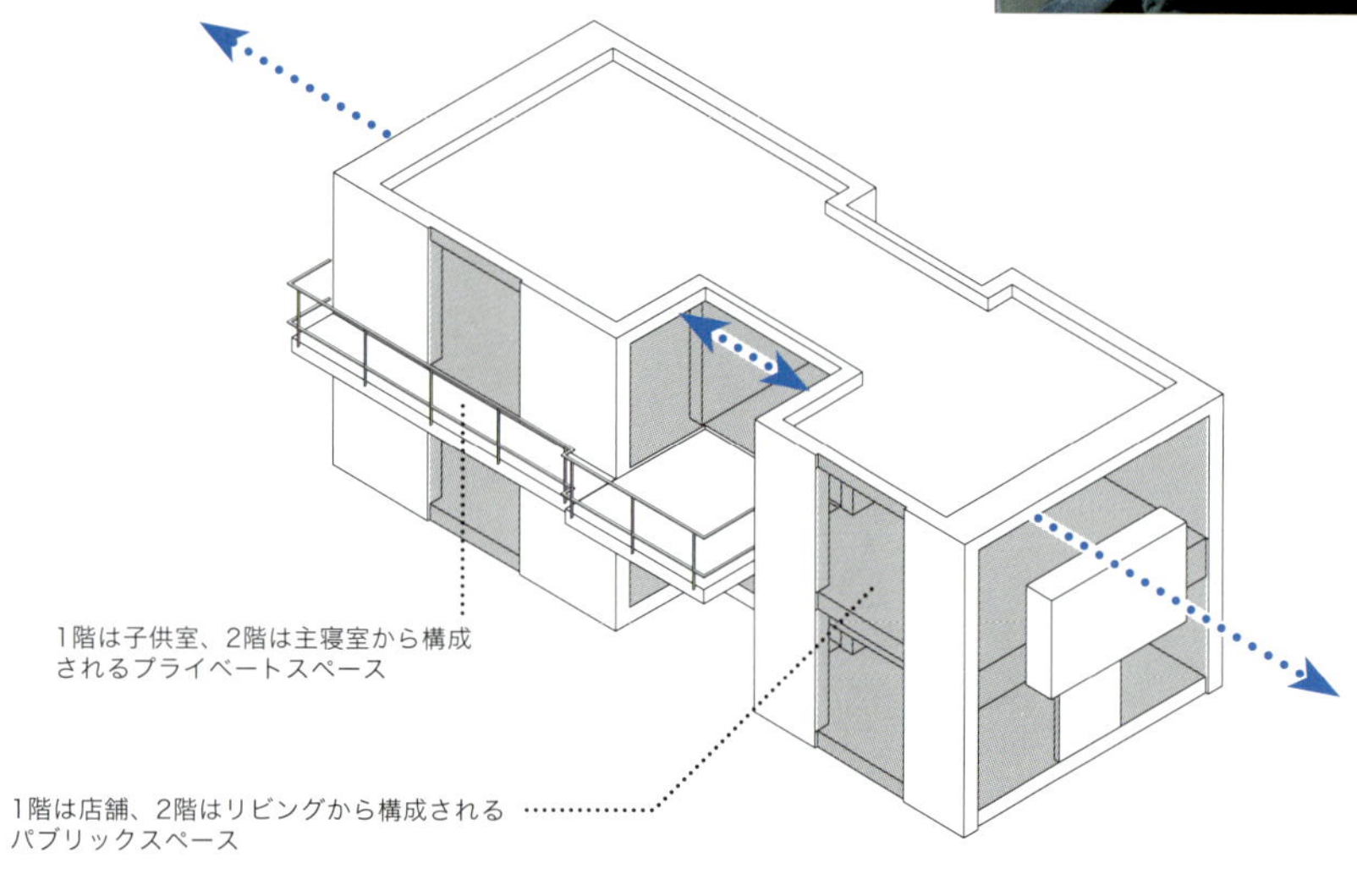
1階は子供室、2階は主寝室から構成されるプライベートスペース
1階は店舗、2階はリビングから構成されるパブリックスペース

ボックスカルバート構法により、東西のプライベートスペース、パブリックスペースともに大開口のあるプランを可能にした

02

住宅の顔

周囲となじむ住宅をつくる

その住宅が建っている環境と、住宅そのものの関係はとても重要である。人間社会を例にとれば、個人と社会の関わりのようなもので、健康的な生活を送るためには、両者の良好な関係なしでは成り立たない。

都市住宅の場合は、近隣に人が住み、また街路にも人が行き交う。きわめてプライバシーの高さを要求される「住まい」と、周辺環境の距離感をどのようにしてとるかということは、住まいやすさに大きく関わってくる。周囲の環境に対して「閉じる」だけでは心地よい住まいはできず、同時に「開く」という、一見して二律背反にも見える要素が重要になる。

また、よい建物は、その周囲の環境の価値を高める力をもっている。その建物が建ったことで、周辺も含めて雰囲気がよりよくなっていく。良好な周辺環境に支えられた住まいにより、人は健康的な生活を送れるのだと思う。

外に閉じ、内に開く

浴室や寝室の窓というものは、外部からも何となくそれと察することのできるものである。外部に対して必要以上に生活感を感じさせないことは、住まい手のプライバシーへの配慮であり、なおかつ建物の品格を高める。一方、建物の内部はオープンで、太陽の光や風といった自然を感じ取れるものであってほしい。閉じつつ、開くというのは一見矛盾するようであるが、さまざまな手法により可能であるし、都市の中での住まい方を考えると、そんな家が好ましいと思える。

軽やかに舞い降りた白い箱
2つの直方体が重なっているような外観。重厚なコンクリートの固まりを軽やかに表現することをテーマとした

玉川田園調布の家

大きく開かれた内部

外部からは想像できない開放的なスペース。手前と奥の2つの中庭がリビングを挟んでいる。2階は子供室。周囲から覗き込まれない高さの外壁で囲まれている

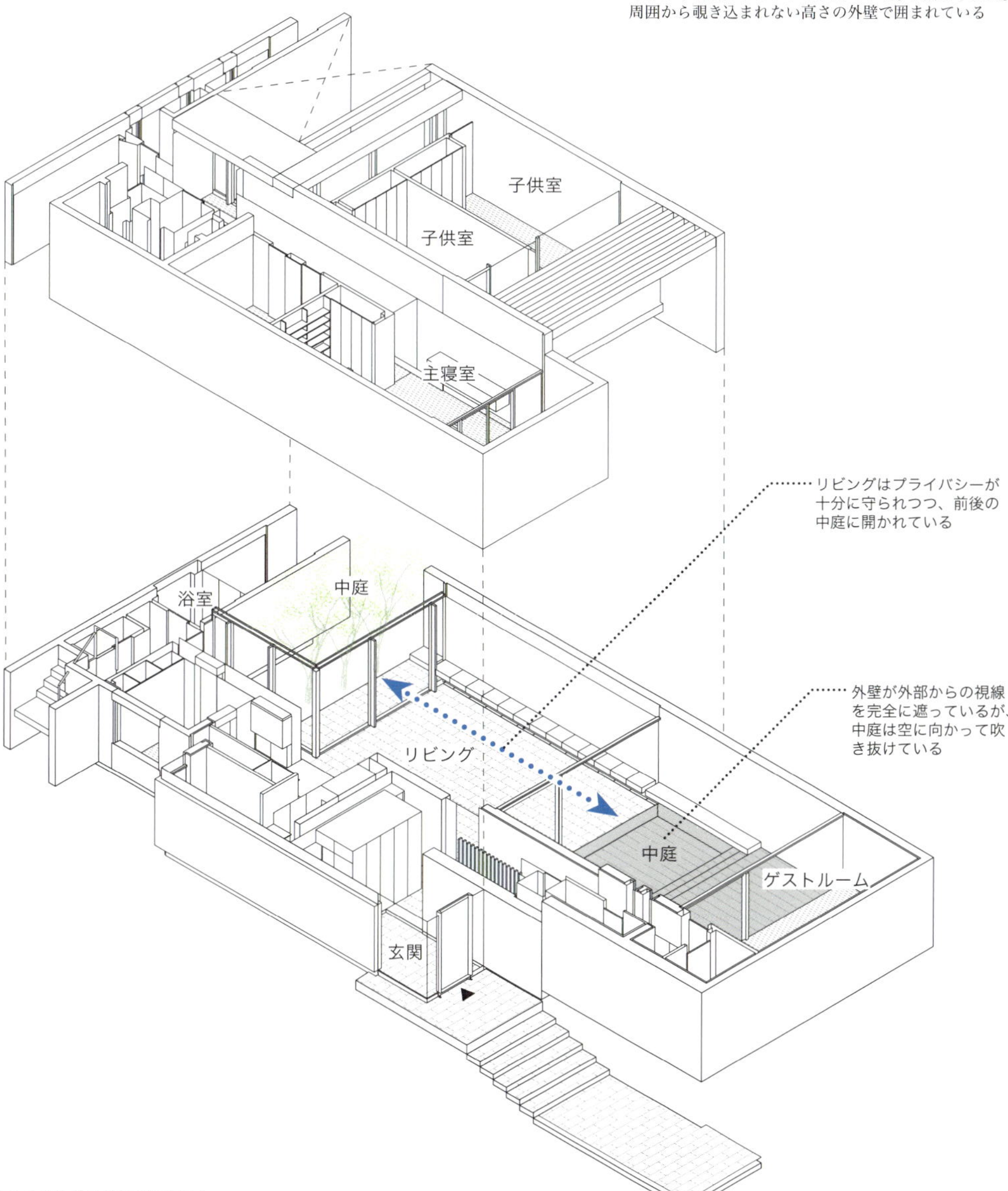
子供室
子供室
主寝室
リビングはプライバシーが十分に守られつつ、前後の中庭に開かれている
浴室
中庭
外壁が外部からの視線を完全に遮っているが、中庭は空に向かって吹き抜けている
リビング
中庭
ゲストルーム
玄関

[2つの中庭で部屋を挟む]

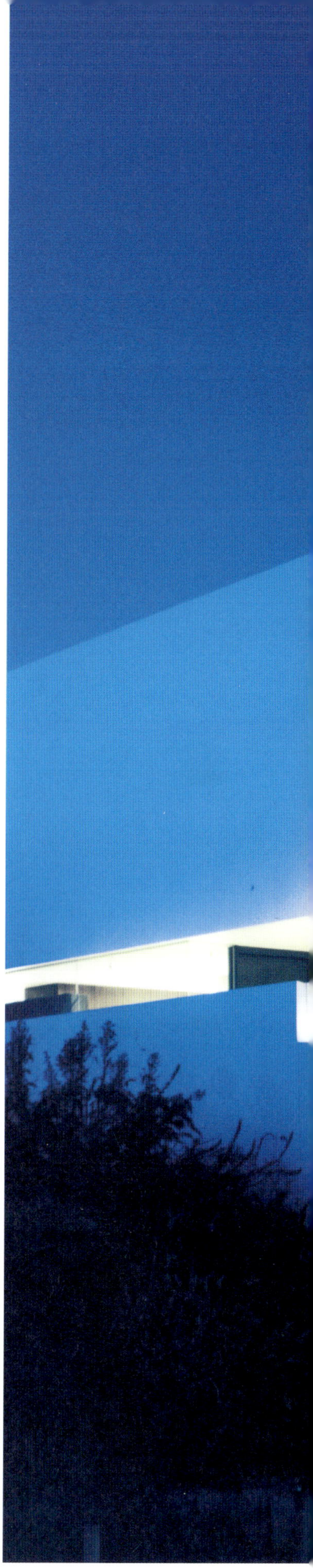

ガラスブロックの壁で包み込んだ家

全面が光を通す壁
リビングダイニングの側面は全面ガラスブロック。中庭から離れた奥の部屋にも陽光をもたらしてくれる

新座の家

［2層の高さのガラスブロックで覆う］

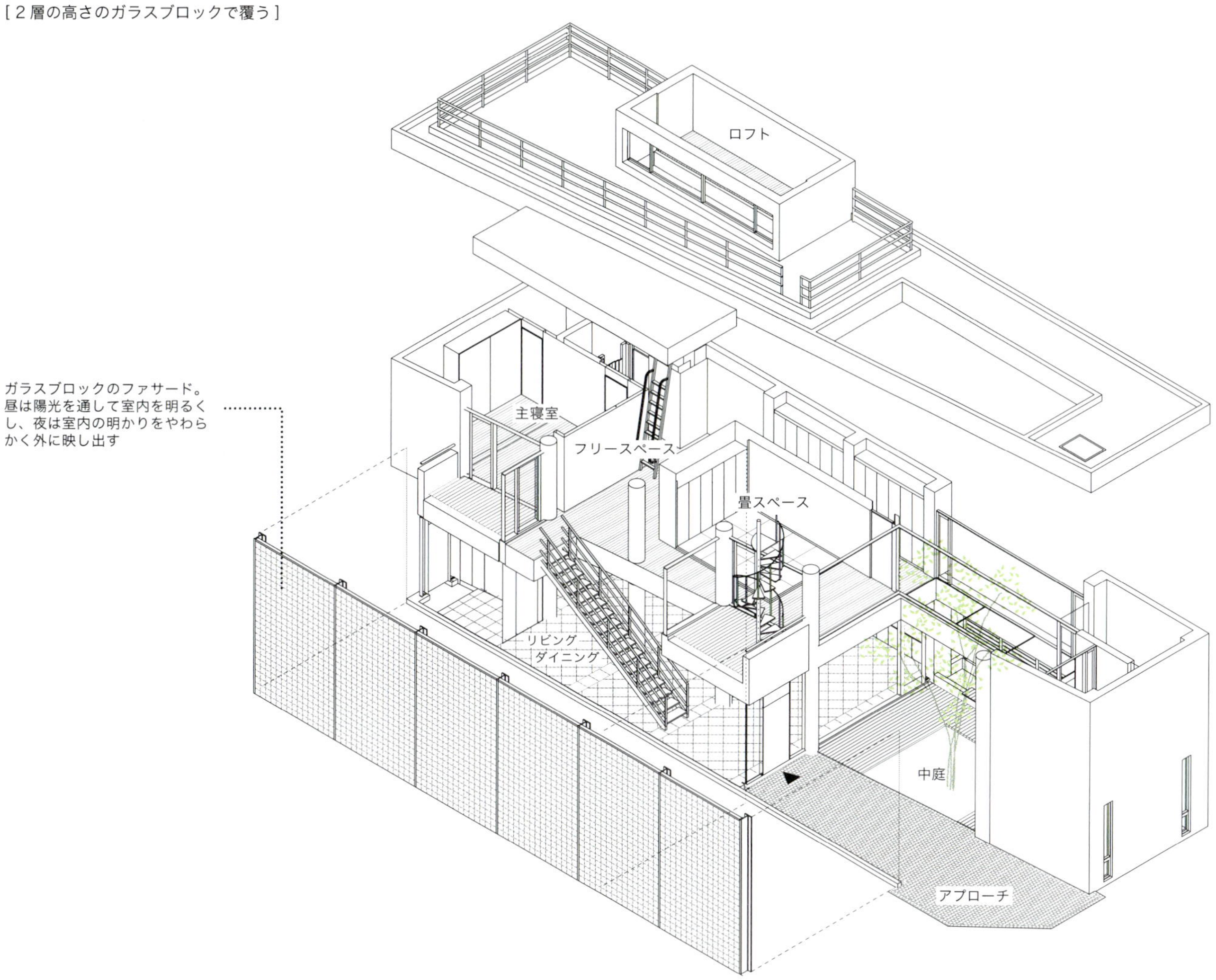
ロフト
ガラスブロックのファサード。
昼は陽光を通して室内を明るくし、夜は室内の明かりをやわらかく外に映し出す
主寝室
フリースペース
畳スペース
リビング
ダイニング
中庭
アプローチ

開かれたアプローチ

周辺に対してさりげなく住まい手の気配を感じさせる。室内の足元の照明が美しく立ち上がる

特に、道路に面する部分が大きい住宅では、その部分の表情をどのようにつくるかがポイントとなる。この住宅では、道路に面して2階分のガラスブロックの壁を設けている。この壁は光を通しつつも、音と視線をカットし、また街路と敷地の結界としての「塀」の役割ももっている。中庭をもつ室内を、そっくりガラスブロックで包み込むことで、明るく、かつプライバシーが守られる住まいをつくった。

出窓がアクセント

プリティフェイス
階段や構造を見せる大開口と、コンパクトにまとまる出窓がかわいらしい。小物やグリーンを飾り、ショーケースのようにも利用できる

北側が道路を隔てて緑豊かな公園になっているため、そちら側のファサードがたいへん重要な住宅である。北側ではあるが大きな開口部を設け、景観を室内に取り込んでいる。また、これとは別に小さなショーケースのような出窓を設け、そこから室内に光を取り込むと同時に、外部に対してもディスプレイスペースとしての意味をもたせ、家に彩りを感じさせるようにした。また夜間は、家全体があたかも外部に対して大きな照明器具のようにも見え、周辺環境を明るく照らしている。

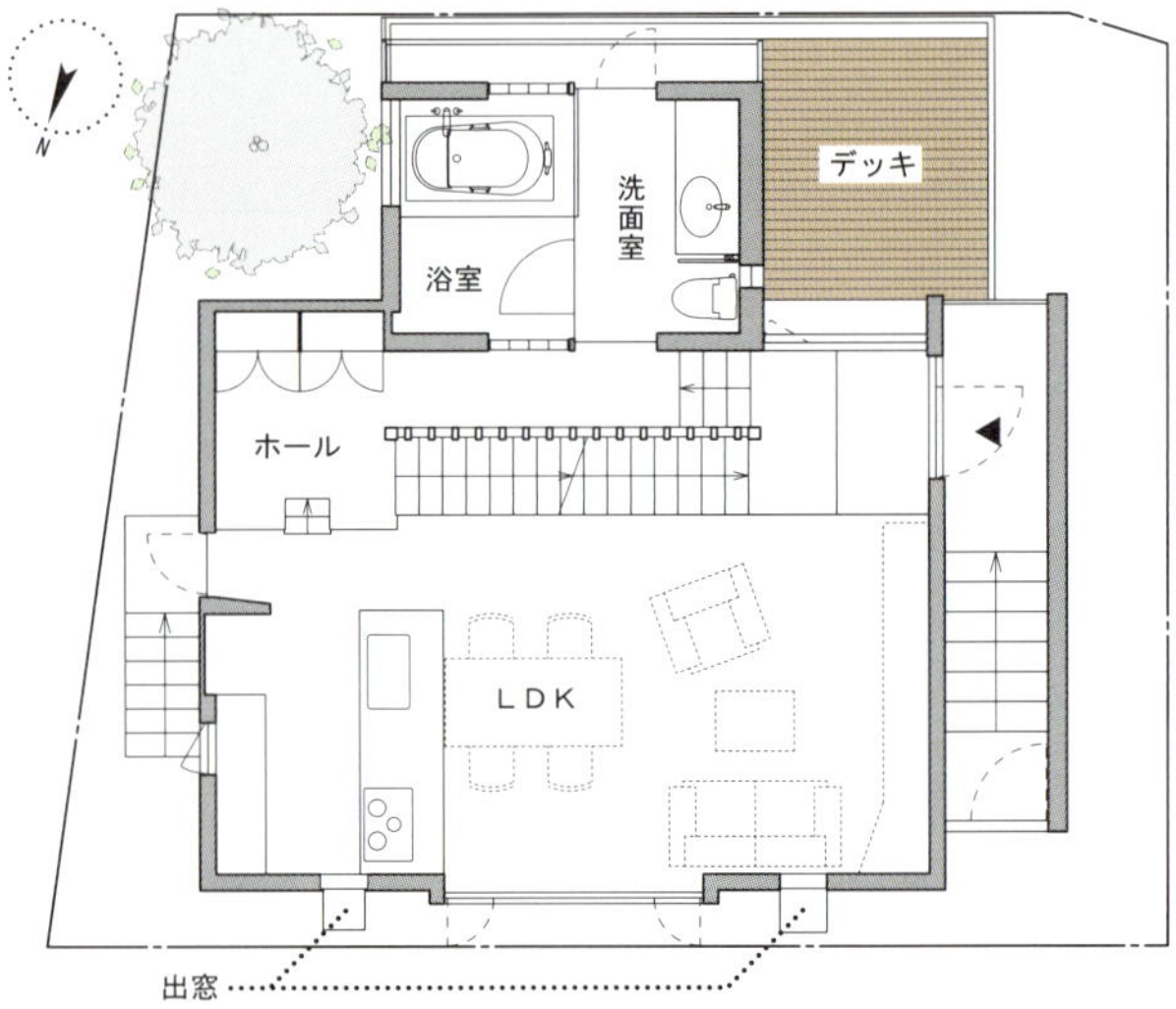

[LDK に 2 つの出窓]
道路に対してアクセントとなる出窓。室内からはもちろん道路側からも見る人を楽しませるショウウィンドウのようなファサードを演出している

早宮の家

雰囲気が伝わる外観

玄関ホールの階段もうっすらと
右手の1階玄関ホールの開口部にパンチングメタル入りのガラスを設けている。2階は温かいキッチンの灯り

キッチンの前面の壁にガラスブロック。
昼は採光を確保する

[キッチンと水廻りの採光にも]

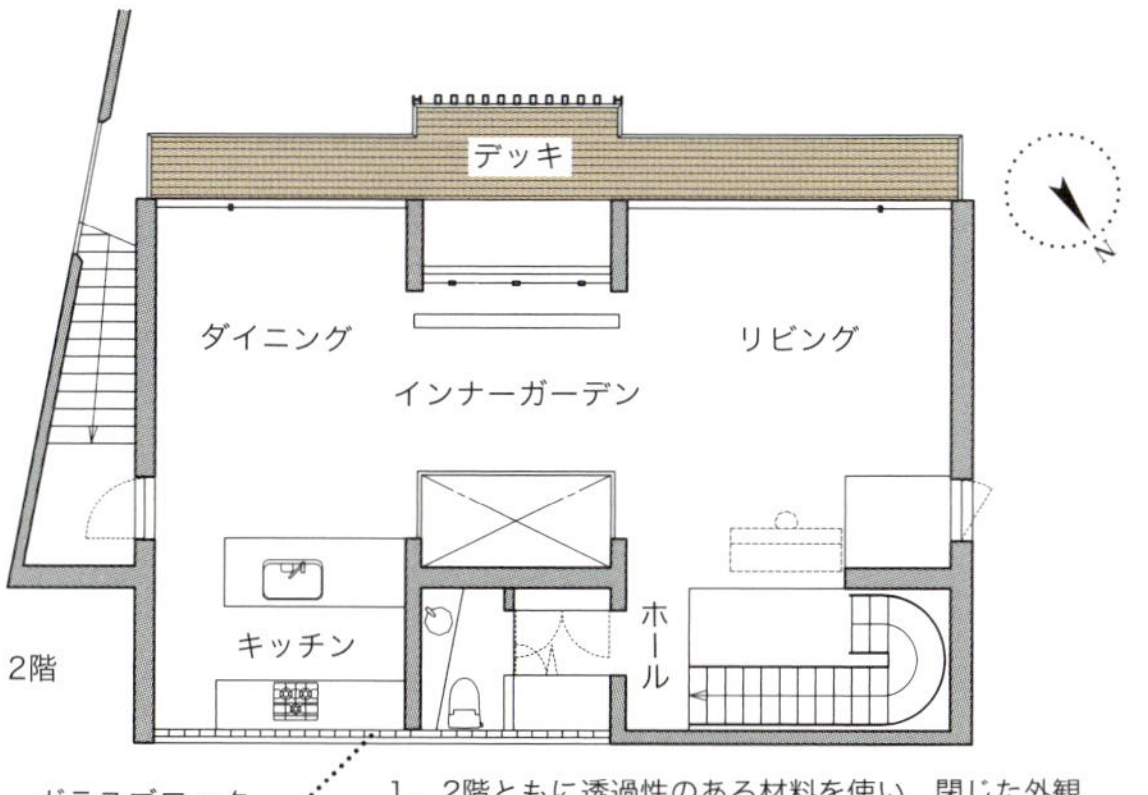

デッキ
ダイニング
インナーガーデン
リビング
キッチン
ホール
2階
ガラスブロック
1、2階ともに透過性のある材料を使い、閉じた外観のなかにも固いイメージを払拭する演出をしている

道路に対して、どのような建物の「顔」をつくるかは、たいへん重要なことである。内部の生活が見えすぎてもいけないし、かといってあまり閉鎖的すぎるのも住宅らしくない。人の気配が「見え隠れする」という程度が最も好ましいのではないだろうか。この住宅では、ガラスブロックや、パンチングメタル、ルーバーなどを使用することで、暮らしの雰囲気を控えめに伝え、かつ印象的なファサードとなるように意図している。

鷺宮の家

やわらかく光を通すファサード

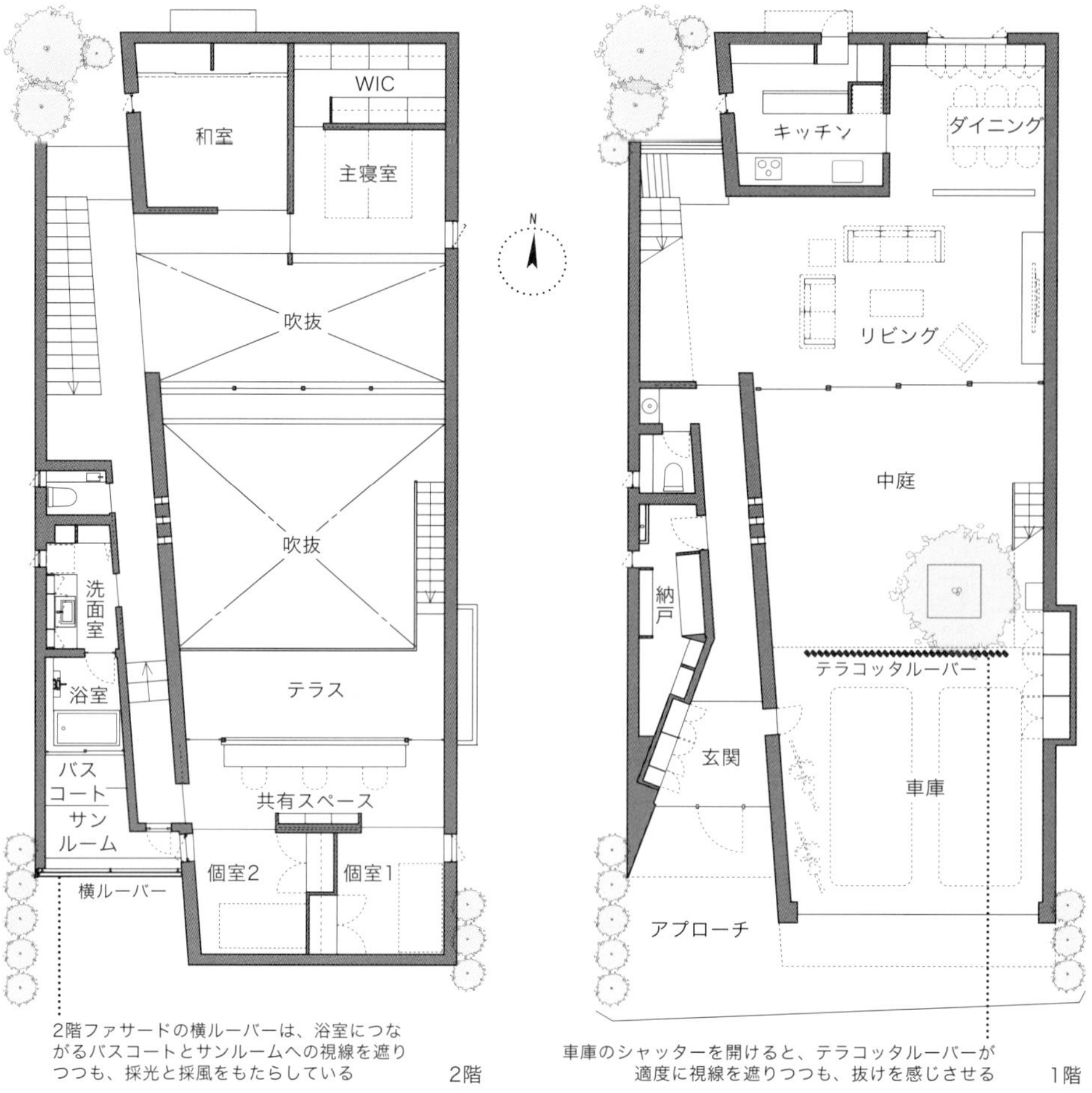
WIC
和室
主寝室
吹抜
吹抜
テラス
洗面室
浴室
バスコート
サンルーム
共有スペース
個室2
個室1
横ルーバー
2階ファサードの横ルーバーは、浴室につながるバスコートとサンルームへの視線を遮りつつも、採光と採風をもたらしている
2階
キッチン
ダイニング
リビング
中庭
納戸
テラコッタルーバー
玄関
車庫
アプローチ
車庫のシャッターを開けると、テラコッタルーバーが適度に視線を遮りつつも、抜けを感じさせる
1階

[中庭と外部の間をルーバーで仕切る]

千駄木の家

格子にはさまざまなバリエーションがあり、適材適所に使用することで、プライバシーを守りながら建物の表情をつくり出すことができる。この住宅は、向かって左のルーバーの向こうには洗濯物を干すスペースがあるが、外部からそれを感じさせないように、スチール製の横ルーバーで道路から見上げる視線をカットしている。右の1階部分のルーバーは車庫の奥に設置している。シャッターを開けたときに奥のリビングルームが見通せないように、適度な遮蔽物としてタイル製の縦ルーバーを採用した。ルーバー、壁、開口部などを効果的に組み合わせることで、光に織りなされた建物の表情をつくり出すことができる。

ルーバーラインの美
ファサードの大きなフラット面と、光を透かすルーバーの組合せが美しい。1階車庫奥の縦ルーバーはテコラッタ製で装飾性も備えている

ハニカムガラスが光を通し、視線を遮る

駅前の商店街に面する建物で、街路を行き交う人が多く、視線のコントロールが問題となった。正面のガラスは2枚のペアガラスの間に、アルミのハニカムルーバーを挟み込んだもの。銀色のアルミハニカムは、ペアガラスと一体となった効果で省エネ性能や結露を防ぐ機能ももっている。なおかつ太陽光を乱反射しながら室内に取り込み、奥行きのあるルーバーの効果で、道路から見上げる視線をカットすることができる。

ガラスのマジック
きらきらと輝くハニカムガラス。通りを行く人から中の様子は見えないが、内部からは外の景色が見える

[繁華街の店舗を併設した共同住宅]

通りに面した大きな開口部には、アルミ製のハニカムを間に挟んだ特殊なガラスを使用しており、外からの視線は遮るが光は遮らないという効果を生んでいる

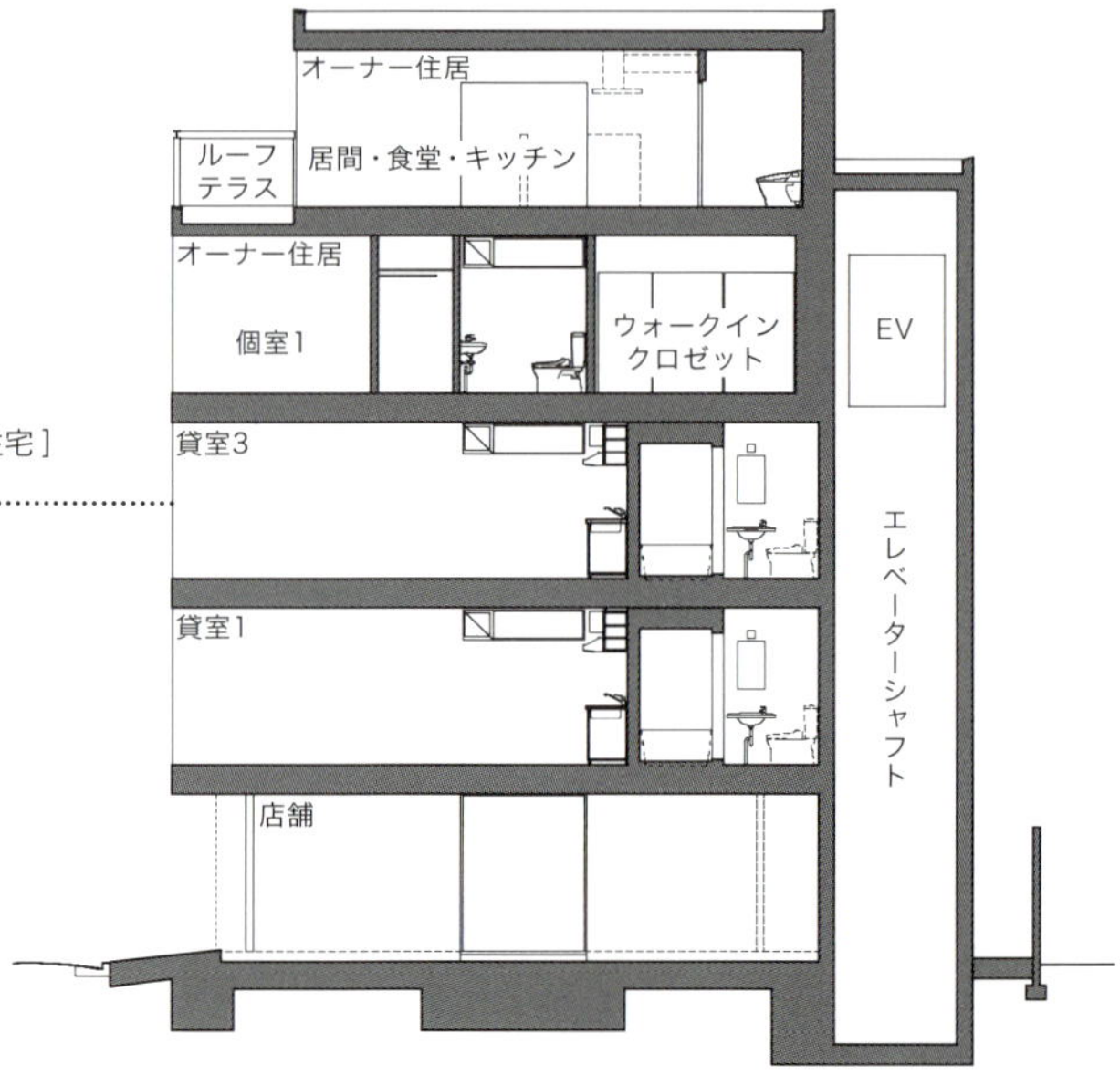

MOMO

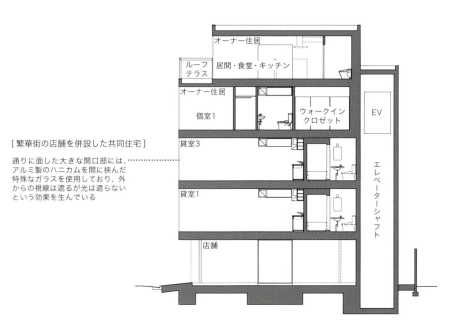

強くて美しい斜めルーバー

用と美を兼ね備える
斜めの角度がついたルーバーで道路からの視線をカットする

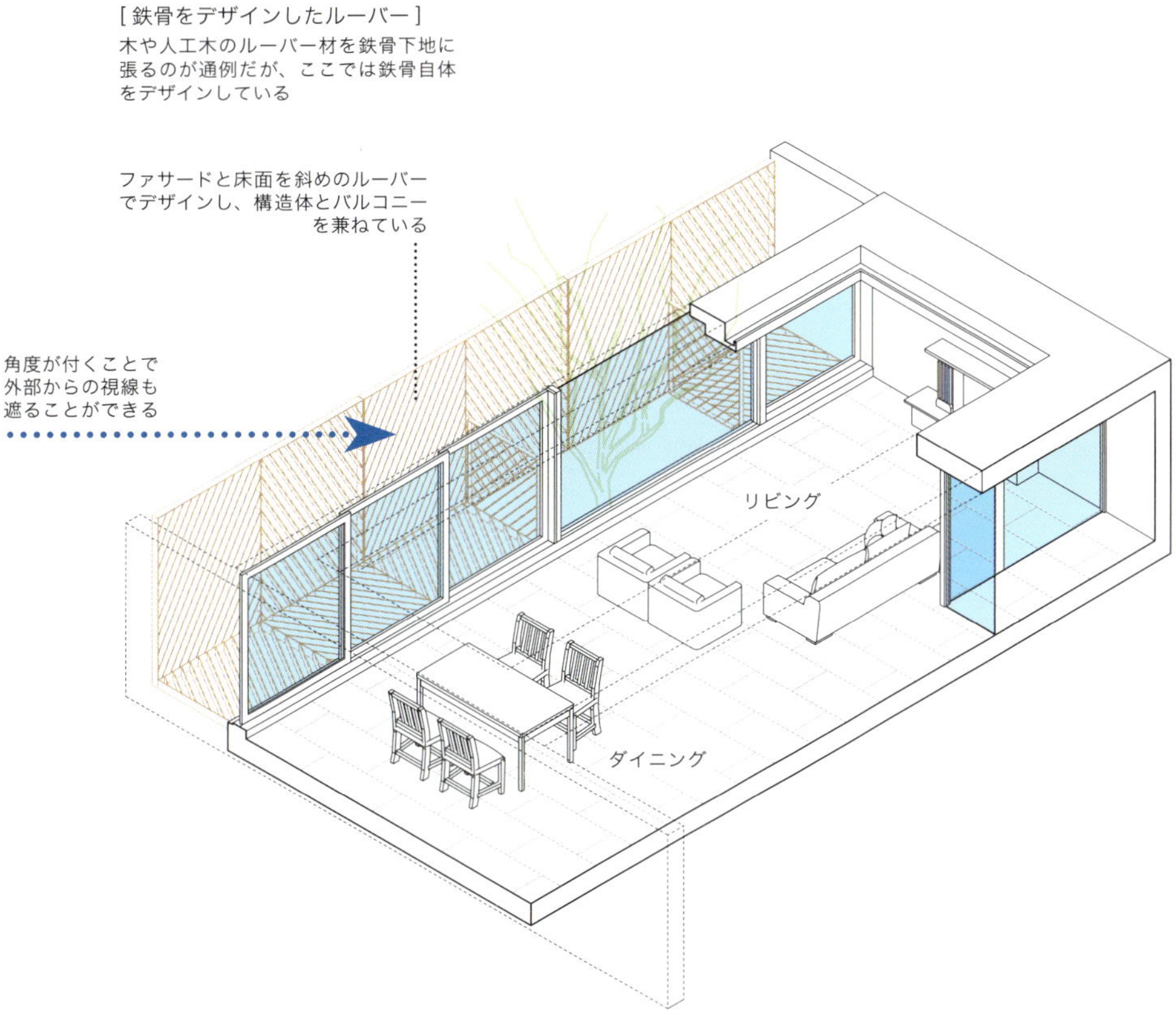
[鉄骨をデザインしたルーバー]
木や人工木のルーバー材を鉄骨下地に張るのが通例だが、ここでは鉄骨自体をデザインしている
ファサードと床面を斜めのルーバーでデザインし、構造体とバルコニーを兼ねている
角度が付くことで外部からの視線も遮ることができる
リビング
ダイニング

南麻布ハウス

この住宅は都心に立地し、街路を隔てた向かい側の住宅からの視線を意識する必要があった。2階のリビングダイニングに面してバルコニーをつくり、その前面にスチール製のルーバーを設けた。このルーバーは、将来的には植物と一体となり、周辺からの目隠しとなる。また、斜め材を組み合わせることで、これ自体が構造体としての機能ももっており、最小の部材でシンプルにつくることができた。

陶製ルーバーと特注タイルの高い質感

同素材でトーンをそろえる
両サイドの壁のタイルと陶製ルーバーは、同じ土を焼成したもの。その他の壁やコンクリートの仕上げも同系色にそろえ、全体として上品なトーンを醸し出している

[2枚の壁の間は大きなワンルーム]

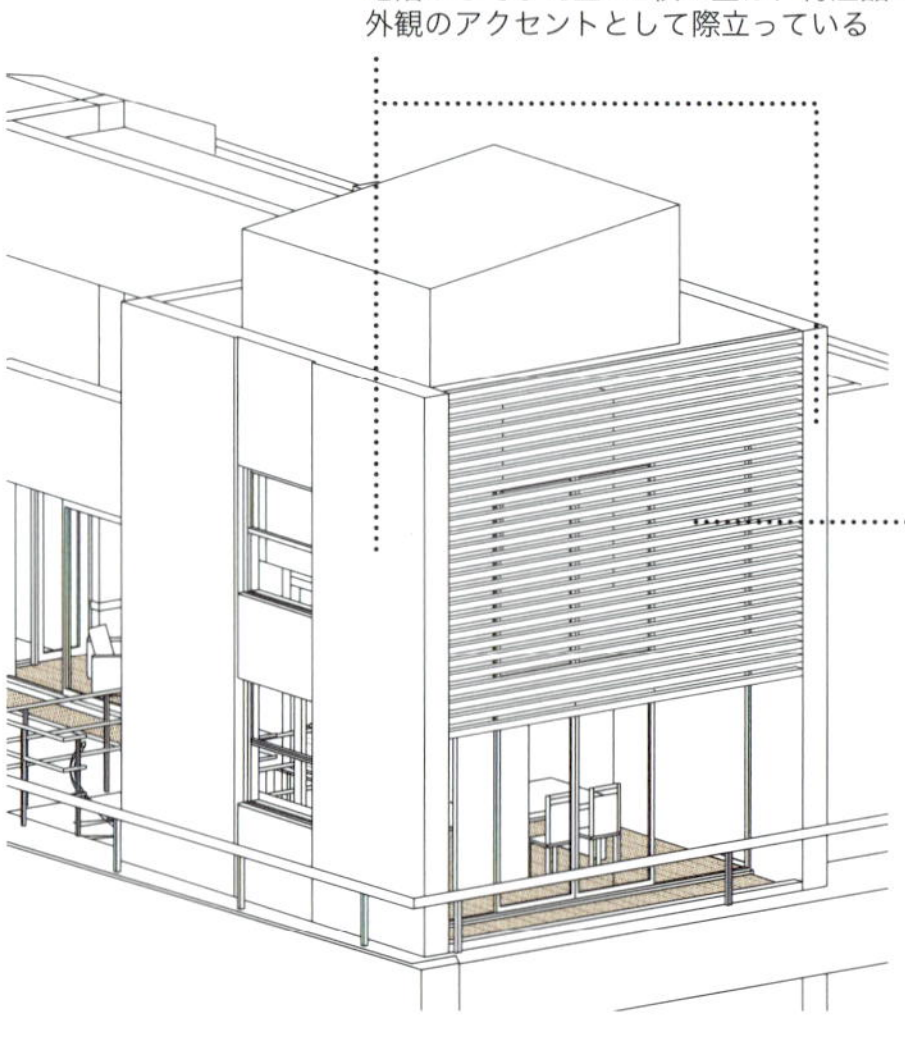

地階からそびえ立つ2枚の壁は、特注品のボーダータイル貼り仕上げ。外観のアクセントとして際立っている
道路側の前面には断面形状が菱形の陶製ルーバーを設け、重厚さと軽快さを併せもつ表情を与える

青葉台の家

光らない素材は、建物に落ち着きと格調を与えてくれる。あえて金属ではなく、土色の陶磁器でつくったルーバーを使用し、かつ特注で製作した同色のボーダータイルで外壁を仕上げている。また、コンクリート部分も表面をたたき出してテクスチュアをつけた仕上げとし、ベージュの透明塗料を塗っている。アースカラー（土の色）を用いて建物の外観を構成することは、周辺環境との調和や、年月の経過によるエイジングを考えるときにたいへん有効な方法である。

美しいスクリーン
軽快で、すだれのようにも見える表情が印象深い。リビングの向こうは中庭

FRPグレーチングでほどよい透過を演出

道路に面して大きな開口部を設けたが、そのままでは生活が丸見えになってしまう。この住宅では、室内のバーチカルブラインドに加えて、ガラスの外側に、FRPのグレーチングを取りつけて、スダレのような役目を果たすようにした。FRPのグレーチングは正面からは視線が通るが、やや角度がつくとほとんど視線は通らなくなる。また、材質自体が丈夫で、メンテナンスの手間もほぼいらない優れた材料である。グレーチングを全面に設けたファサードは印象的で、光の織りなす奥行き感をもたらしてくれる。

[大開口の抜けに表情を与える]

ボックスカルバート構法による大開口をもつ住宅。FRPグレーチングのスクリーンが視線を適度に遮り、美しいファサードを演出している

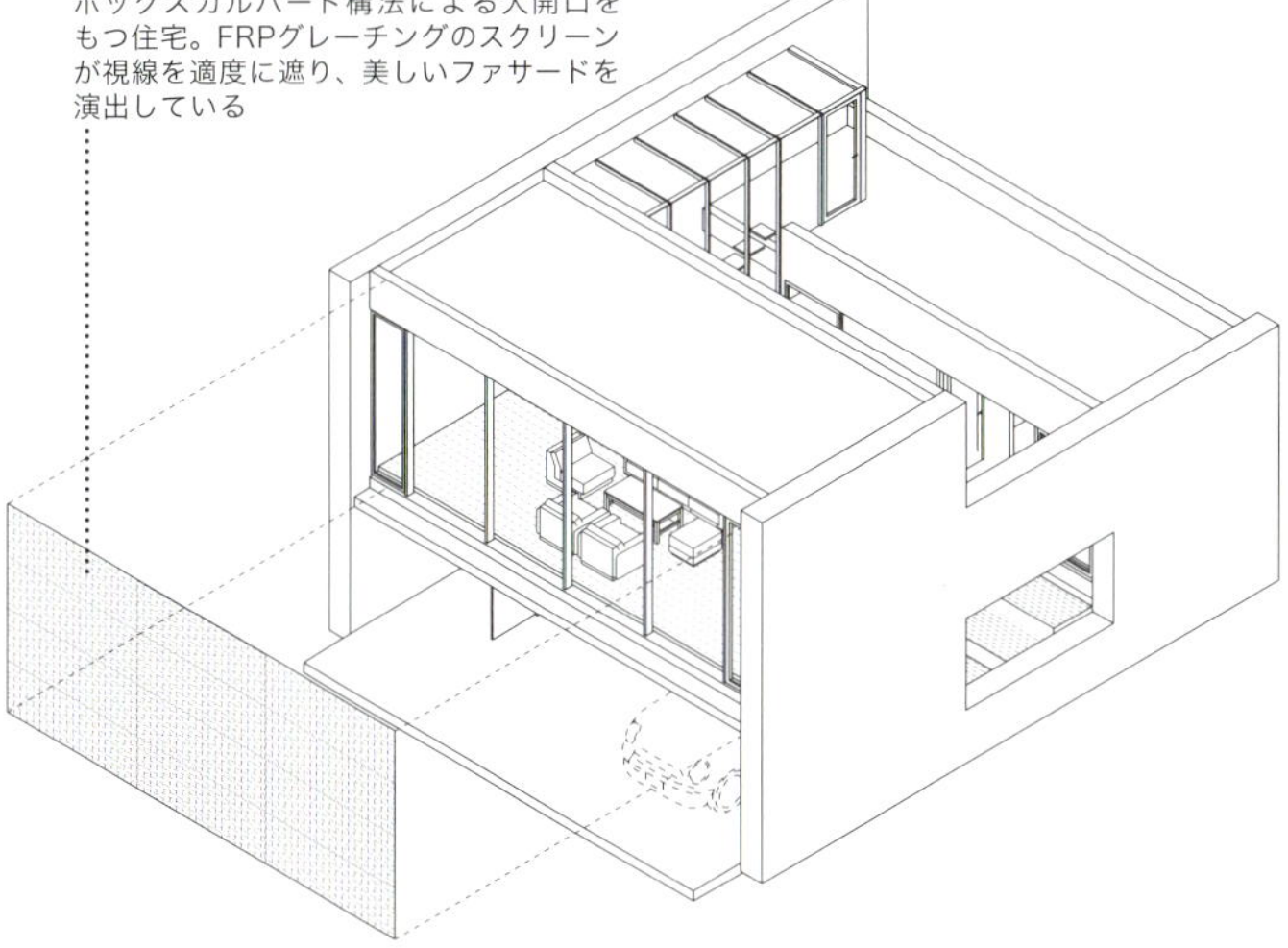

烏山の家

ガラス張りの玄関

コートの緑を見通す
ガラスに囲まれた玄関。格子の玄関ドアは透過性と防犯性を兼ねたデザイン

玄関の3方向がガラス張りで、アプローチからの視線の向こうにはコートの緑が垣間見える

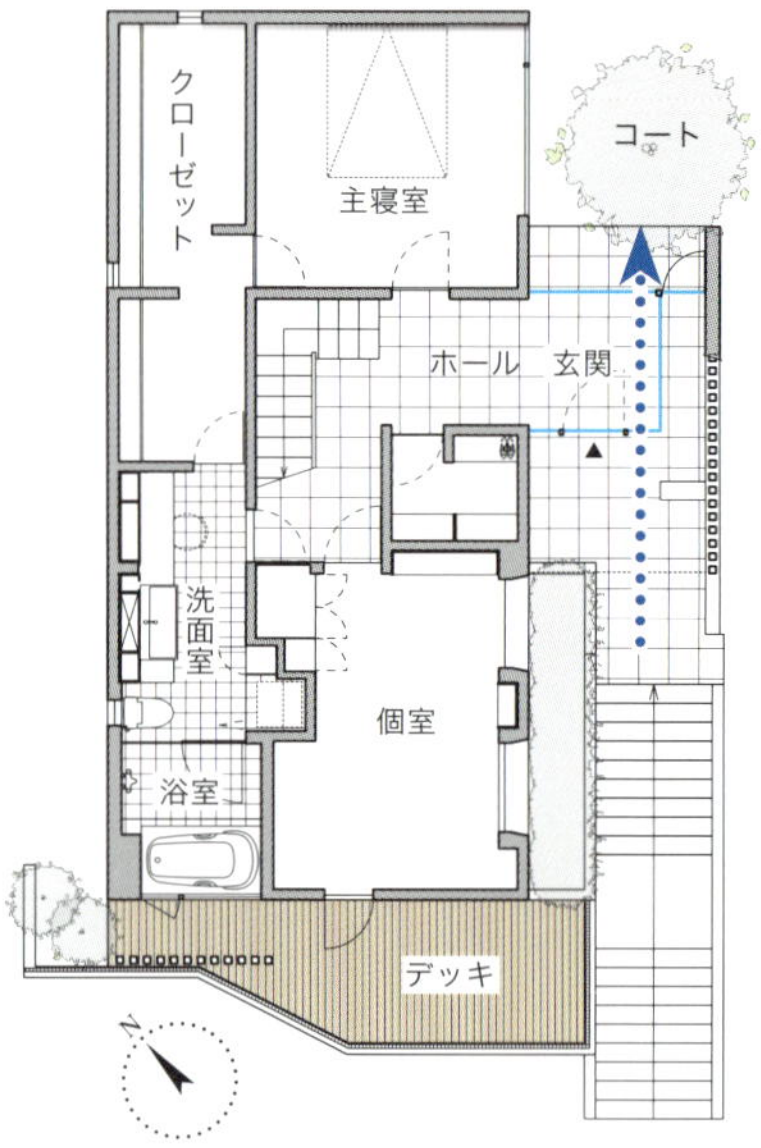

[アプローチからコートへ抜ける視線]

道路からレベル差のある敷地で、外部のアプローチ階段を上ると、正面に玄関が現れる。人を引き込む雰囲気をつくり出すために、透明感のある玄関として、その先のコートと、そこに植えたシンボルツリーを訪問者に感じてもらうことを意図した。ガラスは防犯ガラスとし、かつ扉は木製の格子戸にして防犯性に留意しながらも、視線が適度に通るしつらえとしている。

深い軒に導かれて

建物の内部に入っていくときには、戸外・半戸外・半室内・室内、のように、グラデーション的に印象が変わっていくのが心地よい。伝統的な日本建築は、ほぼそのような形式をもっていたし、日本人にはそのような体験が身についている。このケースでは、深い軒を玄関の前に差し掛け、天井は木構造を現して、その軒に導かれるように内部に入ってゆく。突き当たりには庭が見え、さらに室内に導かれるという構成で、戸外から徐々に室内に変化していくようにした。

軒下の木の連続感
玄関ドアの上の欄間もFIXガラスとし、軒の連続性を崩さないようにしている

志木の家

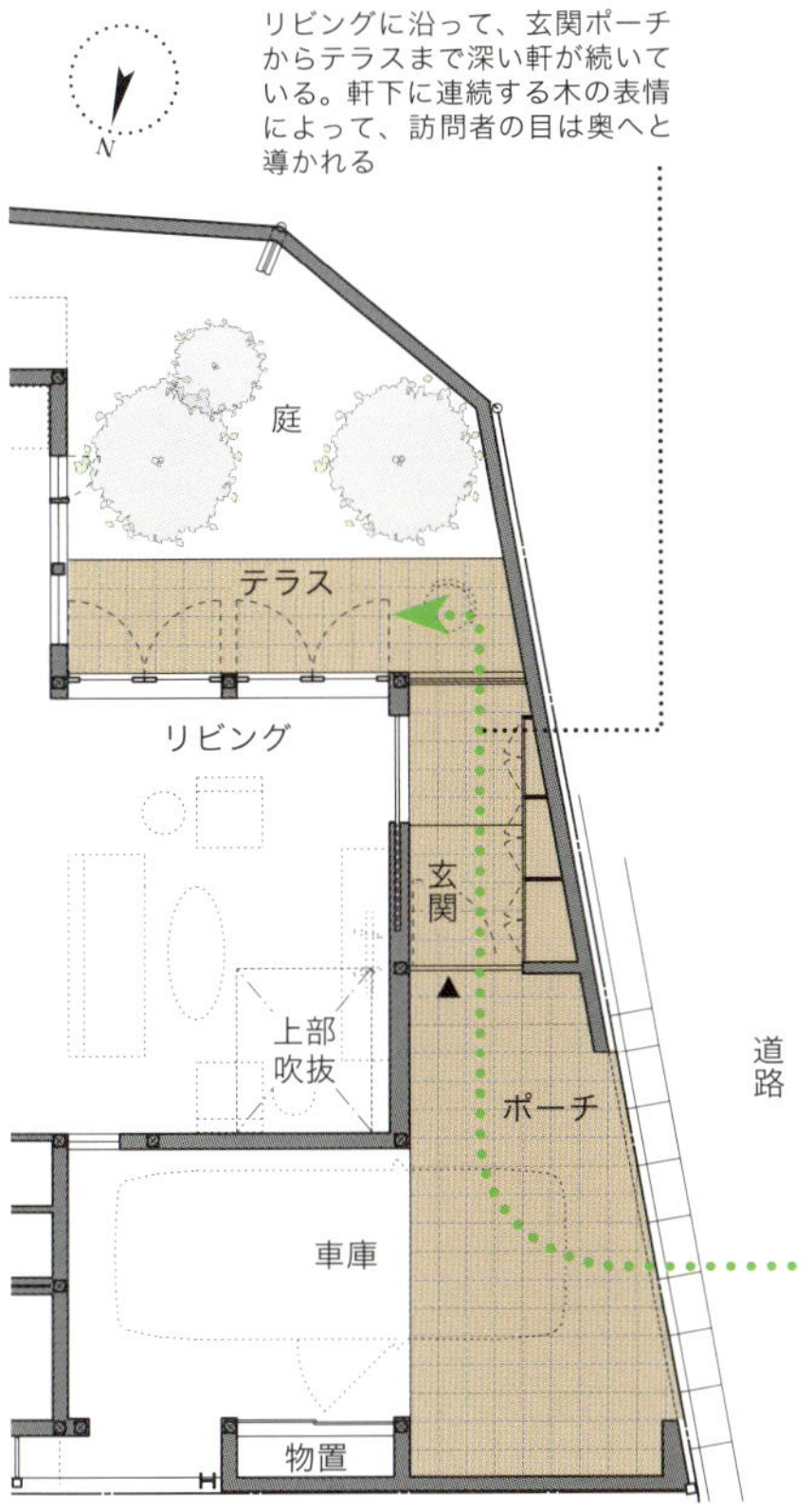
リビングに沿って、玄関ポーチからテラスまで深い軒が続いている。軒下に連続する木の表情によって、訪問者の目は奥へと導かれる
N
庭
テラス
リビング
玄関
上部吹抜
ポーチ
道路
車庫
物置

[リビングのテラスまで軒が続く]

跳ね出しバルコニーで軒下をつくる

庭と玄関、アプローチを融合した例である。道路際に門扉を設け、オートロックにより開閉する。階段を上ると跳ね出しバルコニーが頭上を覆い、玄関への軒庇となっている。バルコニーは庭側の手摺りをスチール製とすることで、開放的なつくりとなっており、植物を置くことでいっそう庭と一体化するようにした。緑に満ちあふれた立体的なアプローチである。

目を楽しませるアプローチ
アプローチは道路から1層上がって玄関へ。ただ上るのはつまらないが、庭の緑や跳ね出した軒下が目に入って楽しい

［坂の上に建つ眺望を生かしたプラン］

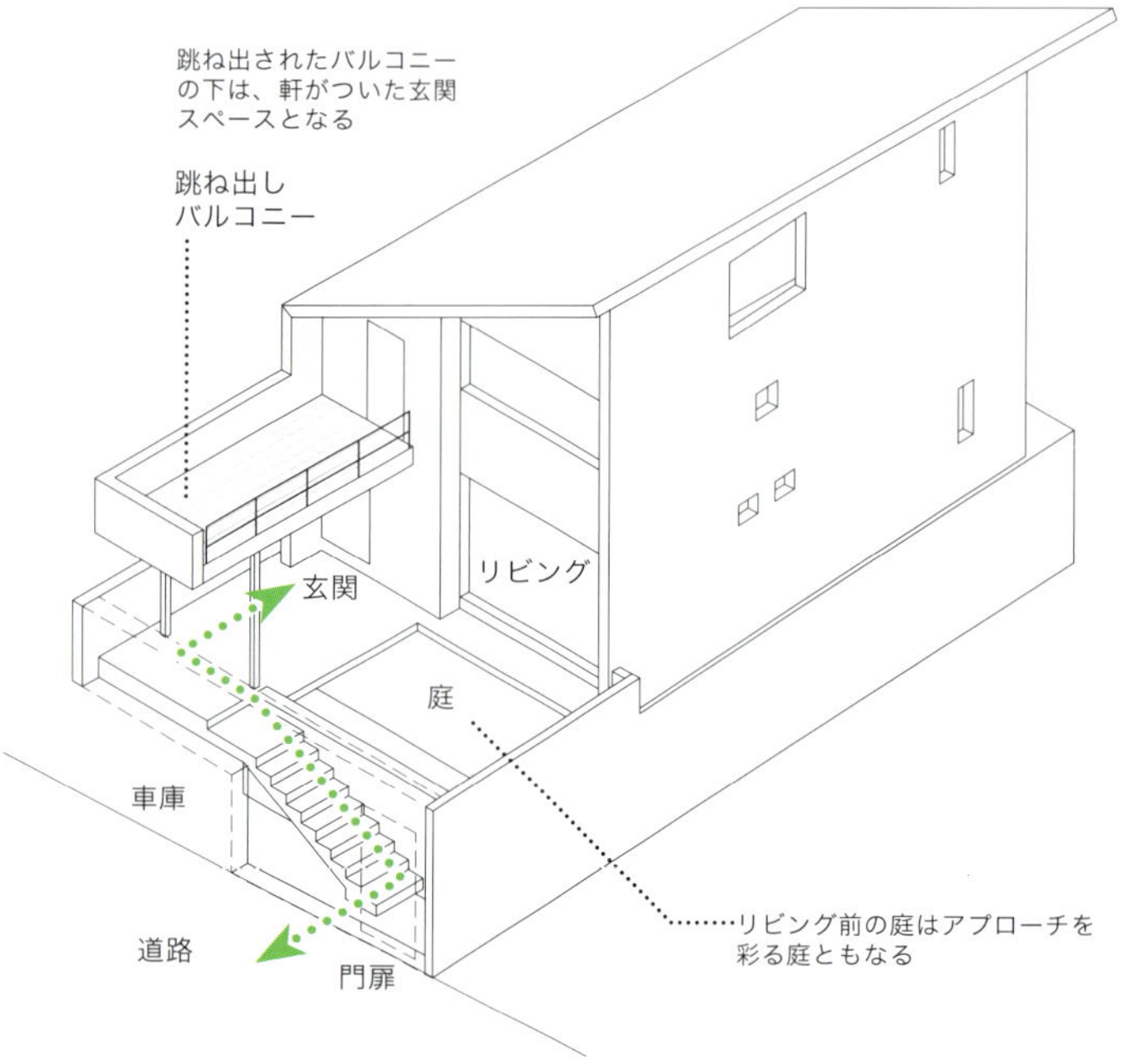
跳ね出されたバルコニーの下は、軒がついた玄関スペースとなる
跳ね出し
バルコニー
玄関
リビング
庭
車庫
道路
門扉
リビング前の庭はアプローチを彩る庭ともなる

大森の家

印象深いシーンをつくる

玄関はまず人が訪れる場所であり、その家の第一印象を決定づける。ここでは、アプローチはあえて段差のついた多少の距離を歩かせることで、室内に入る期待感を高めるようにしている。玄関の正面に設けたピクチャーウィンドウを通して、庭の緑が来訪者を出迎えてくれる。また、玄関は靴などが散乱しやすいものだが、家族の動線は分離して、シューズクローゼットを通って室内に直接入れるようにしている。

目を引くピクチャーウィンドウ
吸い込まれるような印象的なシーンが、人を家に招き入れる最高のしつらえとなる

[アプローチで期待が高まる]

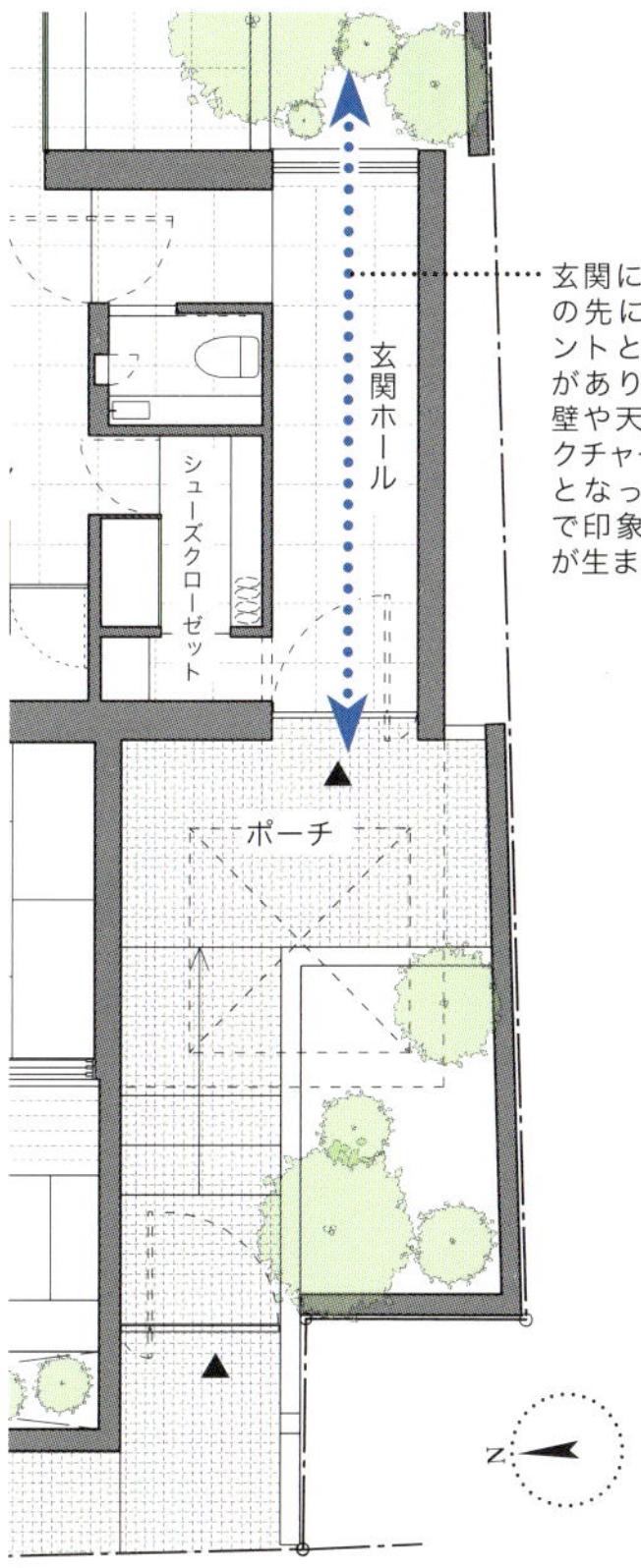

玄関に向かう視線の先にビューポイントとして庭の緑があり、ホールの壁や天井の線がピクチャーウィンドウとなっていることで印象深いシーンが生まれる

目黒の家

中庭をたどるアプローチ

2台の車庫を兼ねた中庭を中心とした住宅である。1階がベッドルーム、納戸といったバックスペース、2階がリビングルームやダイニングキッチン、浴室などになっている。おもな生活階である2階の周囲をぐるりとコンクリートの壁で覆い、中庭に顔を向けることで「空中に浮いたコートハウス」のような形式とした。アプローチはシンボルツリーが植えられた中庭の脇を通過して玄関へと続き、2階の生活階と視線が交錯しない。

モダンなトーンのエントランス
吹抜けのある大きな中庭がアプローチも兼ねている。2階はリビングダイニングのテラス。半透明のフェンスで、中庭からの視線も気にならない

吉祥寺の家

庭へ抜ける視線
玄関のドアを開けると、正面に坪庭の緑が目に留まる

[2 階は中庭に開放された暮らしの場]

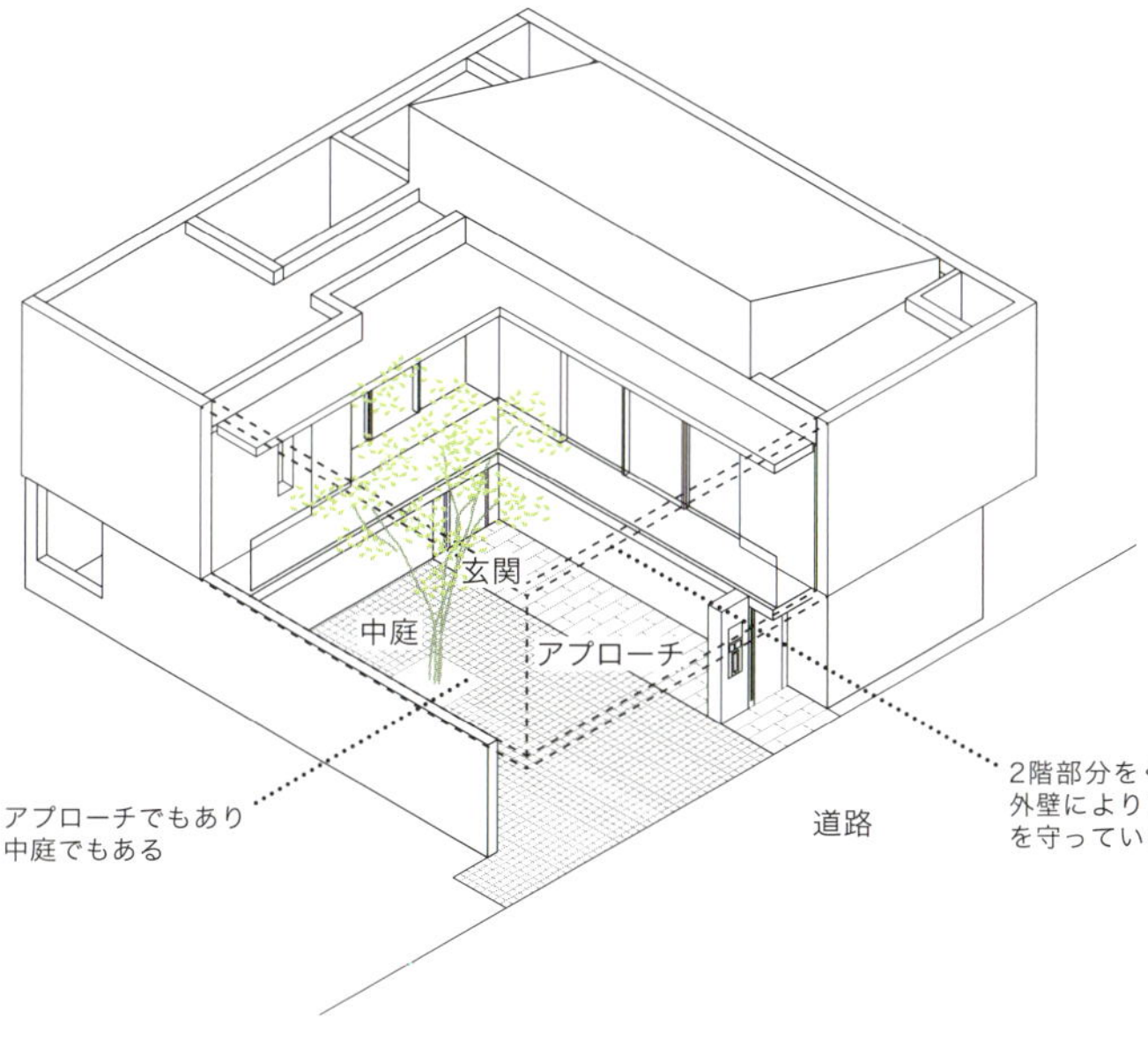

玄関
中庭
アプローチ
アプローチでもあり
中庭でもある
道路
2階部分をぐるりと囲む
外壁によりプライバシー
を守っている

格子のリズムでつくるアプローチ

細い格子は繊細で女性的だが、太い格子は力強く男性的である。建て主の家業でもある瓦を屋根に利用することになり、やや西洋風の平瓦を使用している。瓦屋根を支える力強さを表現し、全体としてダイナミックな雰囲気を出すために、太い格子を設けて玄関へ通じるアプローチをつくった。格子を通して中庭にこぼれ出す生活感をかいま見ることができる。また、格子と同様の材料でつくった門をくぐると、敷瓦で仕上げたポーチが人を迎えてくれる。

低く構える和のファサード

家の灯が中庭から格子を通して静かに浮かんでいる。瓦屋根と格子のファサードが、重心の低い落ち着いた佇まいを醸し出す

前橋の家3

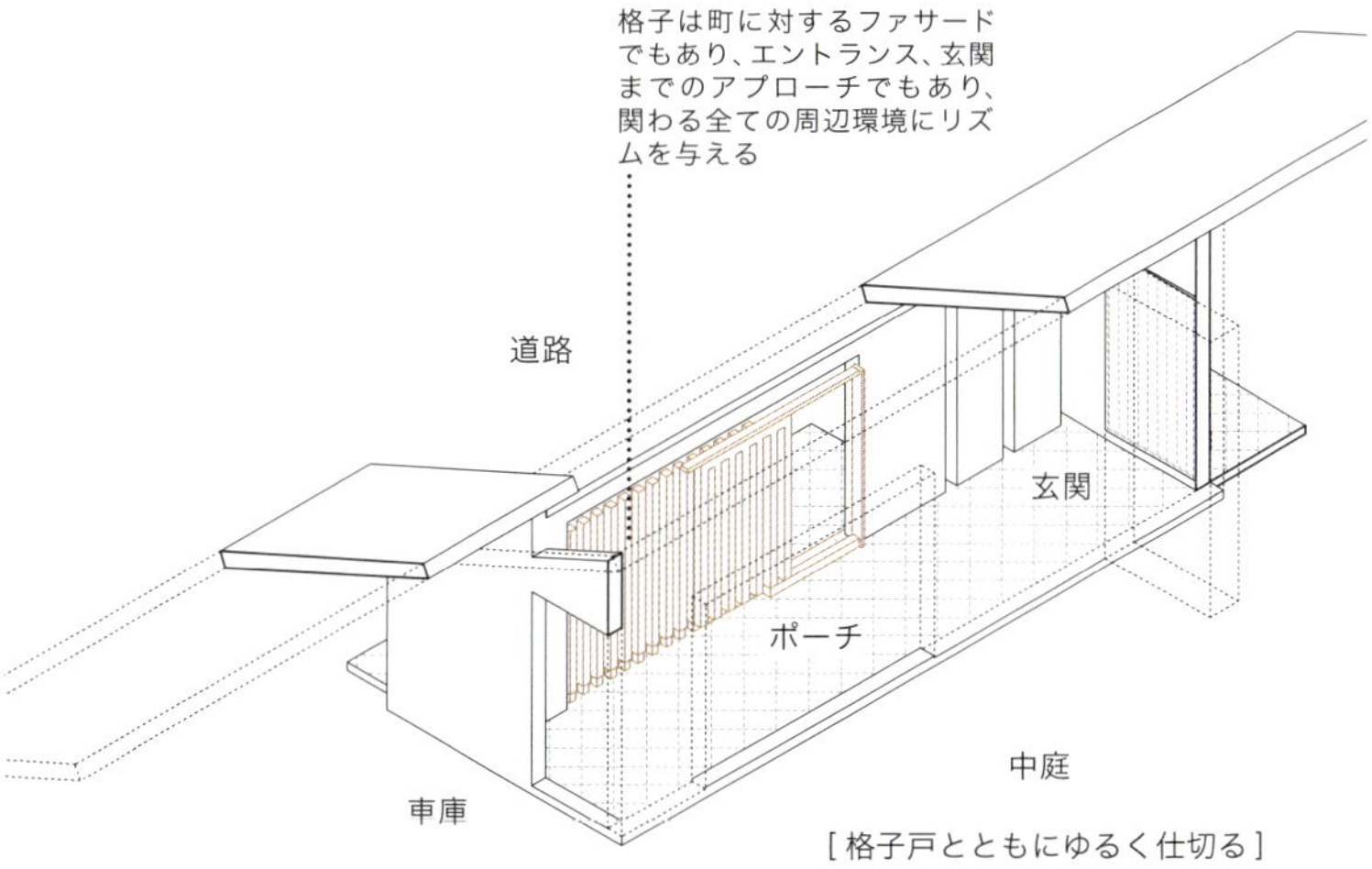
格子は町に対するファサードでもあり、エントランス、玄関までのアプローチでもあり、関わる全ての周辺環境にリズムを与える
道路
玄関
ポーチ
中庭
車庫
[格子戸とともにゆるく仕切る]

外のような内のような通り庭
勝手口から玄関へ続く通り庭。光も入る半屋外のスペース

暮らしを守る通り庭

今井町の家

外観は伝統のもとに
伝統的な町並みを守るため、外観は形態・仕上げ・軒高など、多くの規制に従い、内部は新しい生活スタイルに合わせた

奈良県今井町の重要伝統的建造物保存地区に立地するため、外観は伝統的なデザインルールに則した形式とする必要があった。ただし、内部の様式は自由であったため、現代風の生活に合ったモダンな室内とし、対極的な内外の緩衝スペースとして、建物の周囲に通り庭をつくった。この部分は半屋外のスペースで、玄関、アプローチ、生活のためのバックヤードなどの機能をもつと同時に、モダンな室内と伝統的なファサードをつなぐ役割を果たしている。

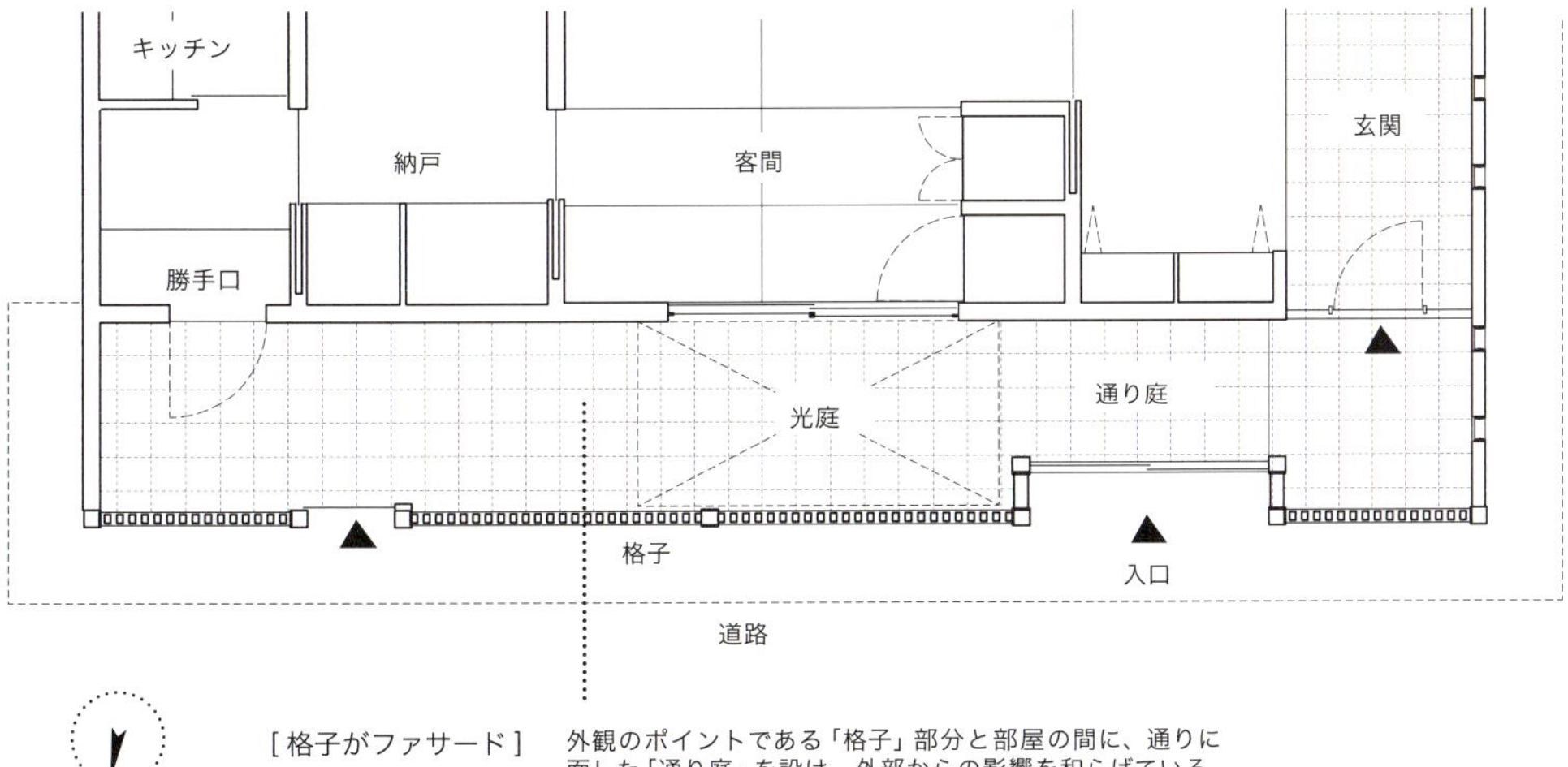

[格子がファサード]
外観のポイントである「格子」部分と部屋の間に、通りに面した「通り庭」を設け、外部からの影響を和らげている。ここは光庭でもあり、勝手口に通じるサービススペースとしての機能も持たせている

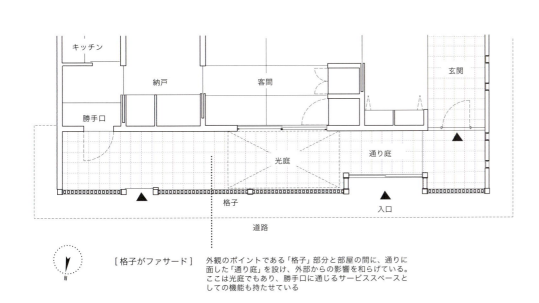

コンクリート柱の連なりで境界を描く

調和と対比のバランス
家の門構えに対してコンクリート柱はモダンな素材だが、弧を描くアプローチのラインとは調和している

［弧を描くコンクリート柱］

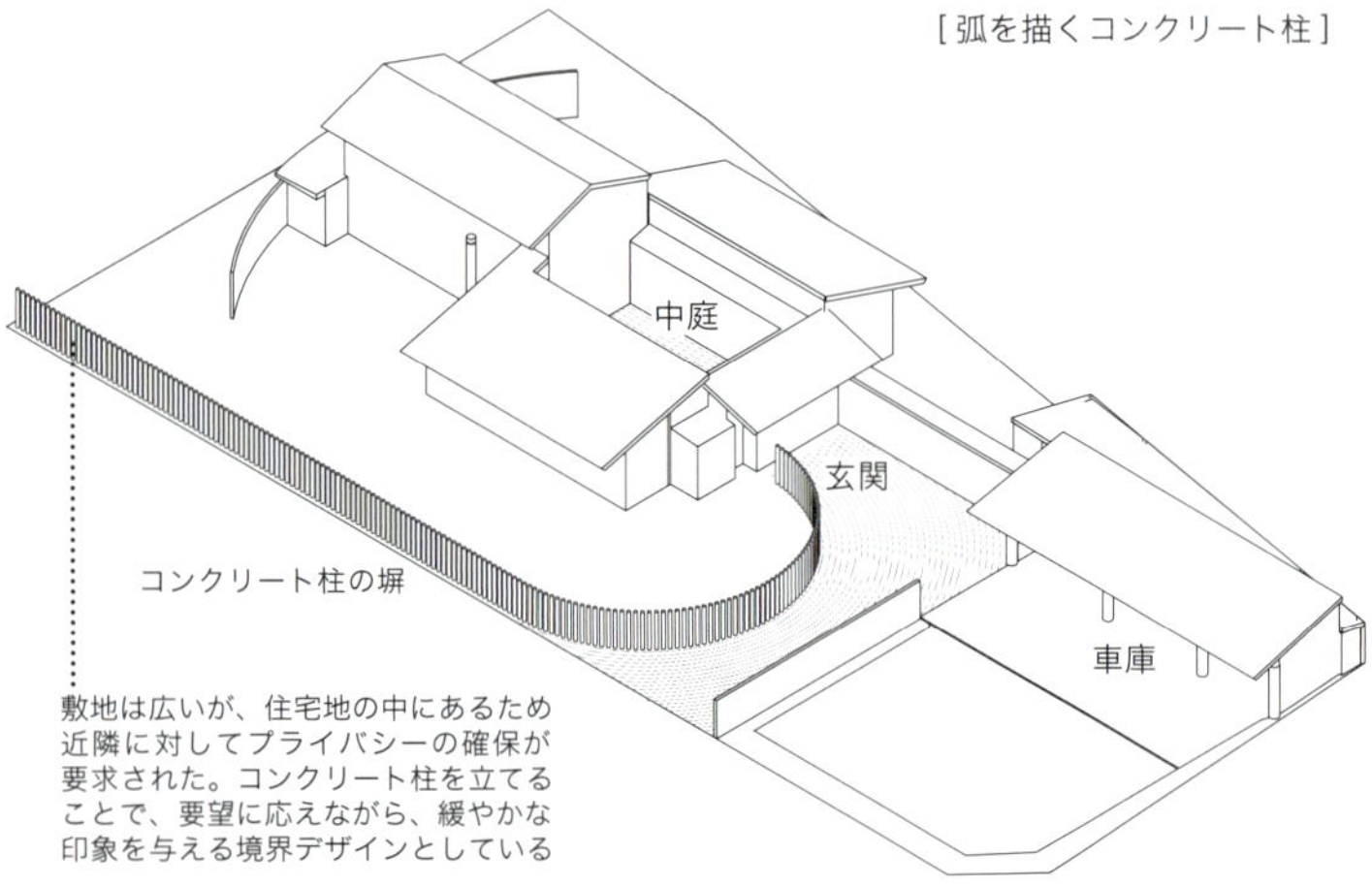
中庭
玄関
コンクリート柱の塀
車庫
敷地は広いが、住宅地の中にあるため近隣に対してプライバシーの確保が要求された。コンクリート柱を立てることで、要望に応えながら、緩やかな印象を与える境界デザインとしている

防犯性にすぐれ、通風も確保でき、庭の緑も感じられる塀をつくり出すことが求められた。コンクリートの柱（ヒューム管）を連続して立てて、登ろうとしても足掛かりがなく、かつ頑丈な塀とすることができた。柱が連なる形式であるため、直線部分にも曲線部分にもうまく対応することが可能である。また、塀際に植えられた緑は、その後時間が経つにしたがって、コンクリートの柱を包み込み、塀と一体化しながら道路に対してやさしい表情をつくり出している。

前橋の家

03 緑を住まいに

住宅と緑を結びつける

人が生活するに当たって、「緑」の存在は気持ちに潤いを与え、生活の質を豊かにしてゆくものである。緑にもさまざまな種類があり、周辺環境の緑、自分の敷地にある緑、室内にある緑など、まさに多種多様である。いずれにしても住まいにとって重要なのは、建物と緑をうまく結びつけ、それぞれが別個の存在ではなく、両者が相まって一つの良好な雰囲気をつくり出すことである。

植物は建築と違い、時間の経過とともに育って変化していくものである。生き物であるから、人の手による管理が必要で、人によってはそれを面倒に思う人もいるかもしれない。ただ、住まい手の愛情を受けて育っていく緑は、その人にとって生活のよきパートナーとなりうるし、また住まいの価値をよりいっそう高めるものとなる。

リビング、玄関からも緑を見通したい

リビングから緑が見えるのは普通のことだが、その緑を他の角度から見ることで、また違う表情を目にすることができる。この住宅では、玄関の正面に開口部をつくることで、風景を切り取ったピクチャレスクなシーンをつくり出した。ポーチ、アプローチ、玄関と進むごとに違う緑が見えてきて、自然に人を誘ってくれるような動線とすることができた。樹木の種類は落葉樹、常緑樹ともなるべく自然樹形のものを取り入れ、やさしい表情をつくり出すようにしている。

樹木に目を奪われる

玄関に入ると真っ先に緑が目に飛び込む。窓枠などのディテールを目立たなくすることで、シーンをより印象的に切り取ることができる

目黒の家

リビングにつながる緑

玄関ホールから見えた緑はリビングダイニングのテラスを彩っている。このスペースは眺める庭・使う庭、両方の役割を担っている

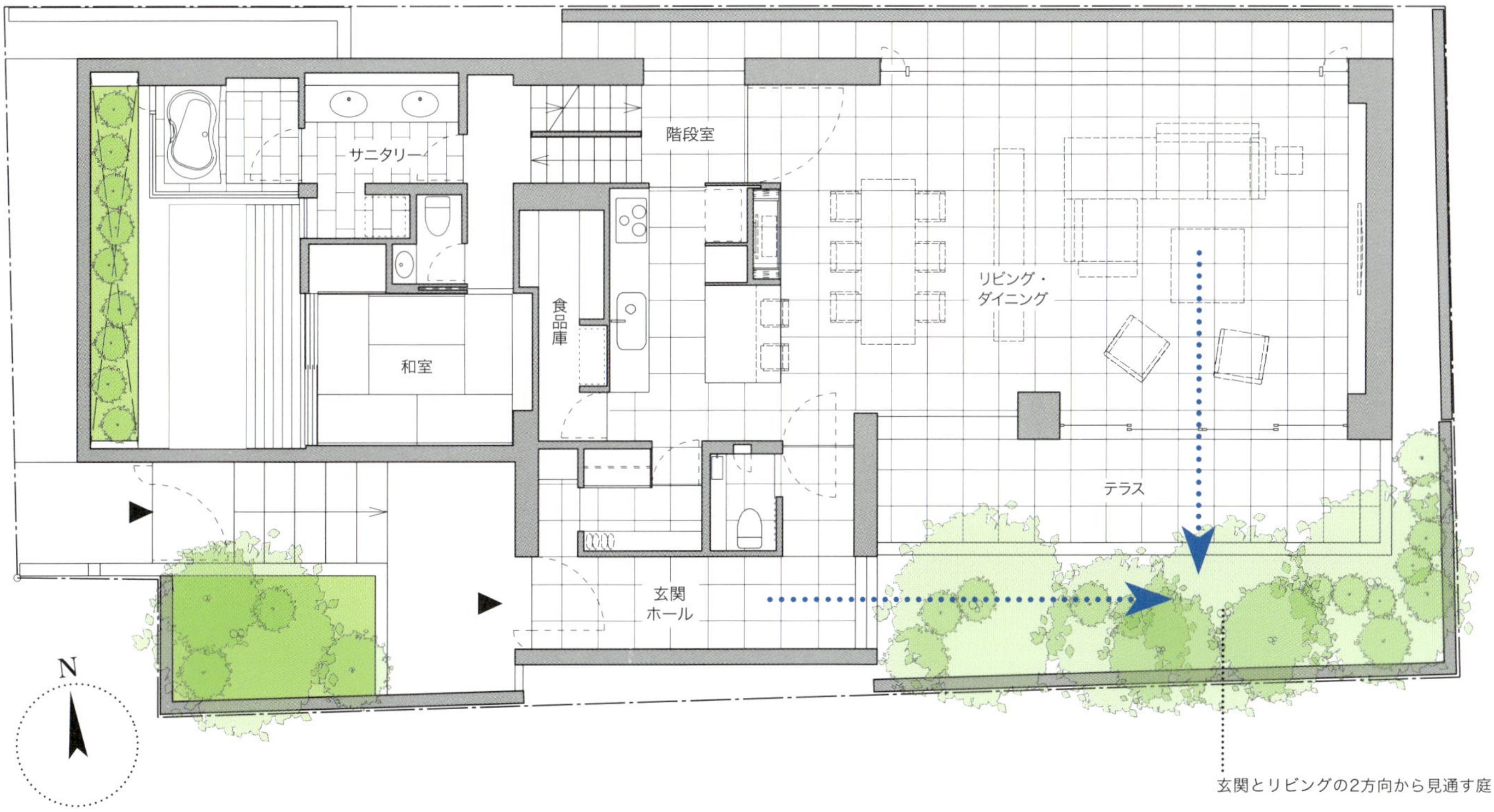
階段室
サニタリー
食品庫
和室
リビング・ダイニング
テラス
玄関ホール
N
玄関とリビングの2方向から見通す庭

[ひとつながりの緑を２方向から愛でるプラン]

周辺の豊富な緑を取り入れる
2階のリビングダイニングから南東の庭をのぞむ。
庭の向こうの隣地には保育園所有の畑があり、さら
に先には神田川の緑道が続く

緑に向けた大きな開口

1階は子供室と寝室、2階はリビングダイニング。敷地内外の四季折々の緑が囲む

都市部では、自分の敷地だけで充分な緑を植えて、よい雰囲気をつくり出すことに限界がある。目を転じて、敷地の周辺を見回してみると、そこには気持ちのよい緑地がある場合も少なくない。敷地の緑と、周辺の緑の両方を室内に取り込むことで、奥行きのある景観を手に入れることができる。もちろん近い将来、その緑地がマンションになっていたということでは困るので、環境の変化をある程度予測する必要はあるが。

[東の庭に隣地の樹木が重なる]

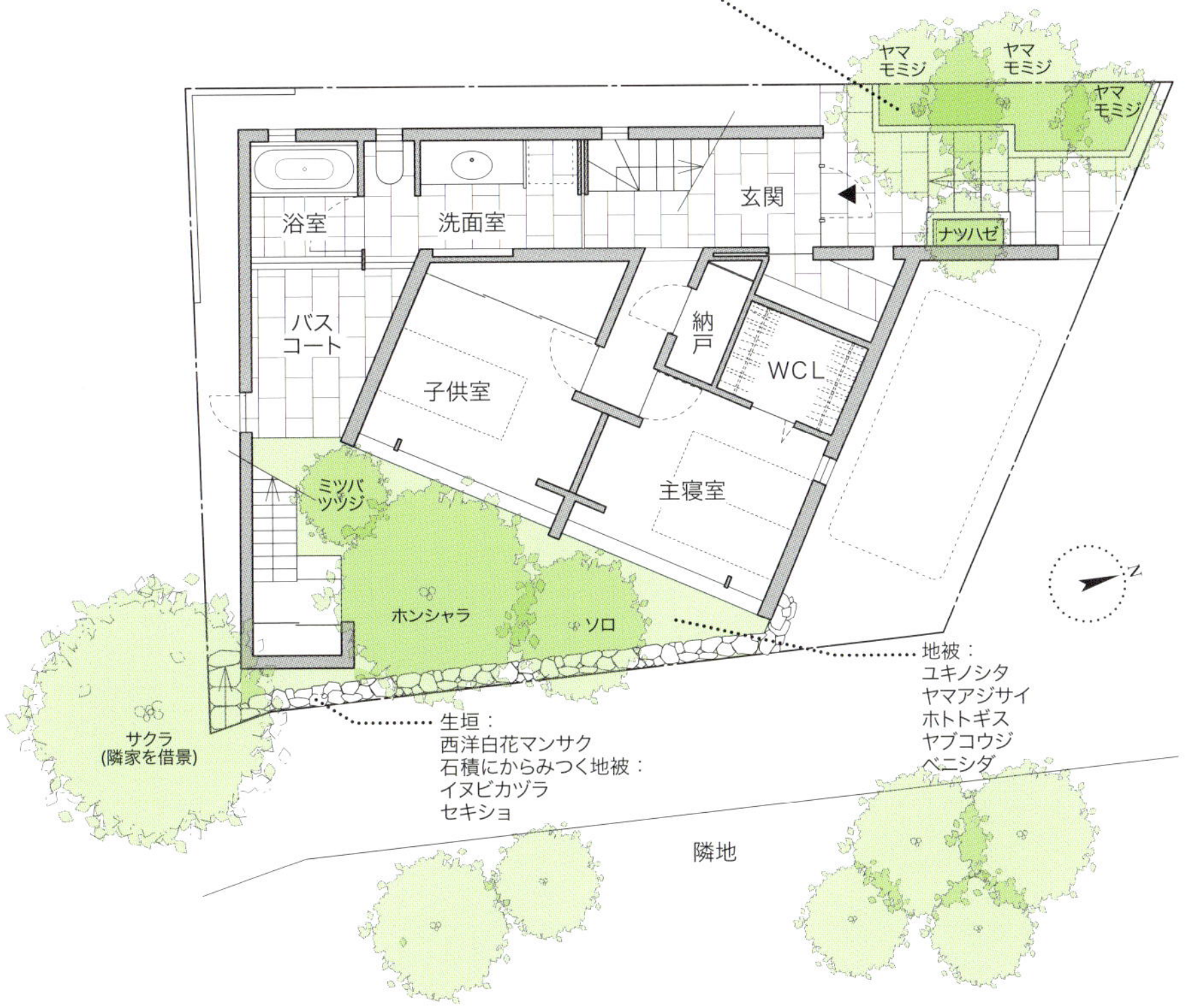

やすらぎは豊かな緑、池のながめ

周辺からの視線に留意して、居間・食堂と、和室を向かい合わせに配置し、その中間の中庭部分に、毎日見ても飽きないような庭をつくることを考えた。自然樹形のヒメシャラを数本寄せ植えにして、その周囲に四季折々の花や姿が楽しめるような樹種を選定し、あたかも山の緑の一部を切り取ってきたかのような庭をつくった。居間、和室に続く2つの縁側を挟んでつくられた池の水面は、太陽の光を反射して、軒や天井に美しい波紋を映し出す。それが移ろう様子もまた、楽しいものである。

家の外構からも樹木があふれる

道路に面した南側のコーナーを既存の梅の木、ツツジなどの植栽で囲んでいる

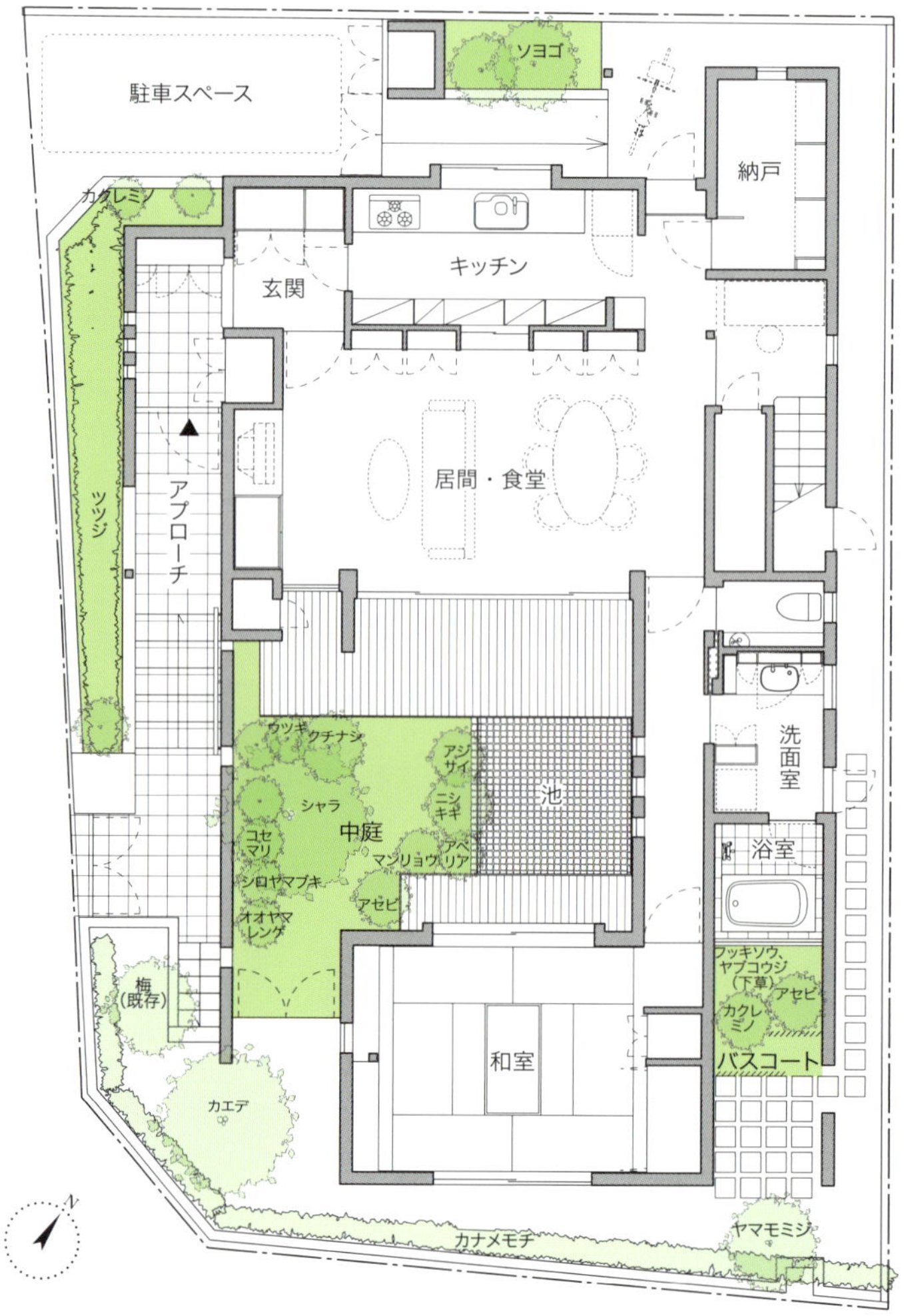

［中庭に多様な樹種を組み合わせる］

南側に開いた中庭に背の高いヒメシャラ、種々の低木を植えている。中庭に向かう居間・食堂、和室から緑に親しむことができる

池越しの涼やかな佇まい
夏の暑い時期には、中庭の池や緑を介して涼やかな風が部屋に流れ込む

樹木に包まれて暮らす

［それぞれの部屋と関わる庭を配置］

建物の周囲に、性格の異なるさまざまな庭を配置している。それぞれの庭は、そこにつながる部屋との相性を考えて樹種を選定し、樹木の配置を決定した。また、家の中心には中庭を設け、一本のシンボルツリー（シャラの木）を植えた。家のどこにいても、常にこの樹木の存在が意識される。そうした暮らしの中で、樹木は四季の移ろいを住む人に教えてくれ、かつ家の守り神のような存在となる。

中庭の空高く育つシンボルツリー
家の中心に位置する中庭で、日々の暮らしを見守るシャラの木。文字通り、この家の象徴

バルコニーにたっぷりの緑

都心に立地する住宅で、床面積を最大限に確保するために、4階建ての立体的な構成をもたせている。おもな生活階は、どうしても日照条件や眺望に恵まれている上部の階になる。地面とは離れてしまうため、各階には広いバルコニーを設け、コンテナに植えられた緑を楽しめるスペースとした。室内から見る緑越しの眺望は住まい手に潤いを感じさせる。また、その緑は直射日光を遮り、周囲からの視線を緩和する役割を果たしている。

都市型住宅の各階に樹を植える

各階のテラスに設置したコンテナに植えた緑が家を彩る。すりガラスで製作したフェンスが開放性を妨げることなく、プライバシーも守っている

[周辺にも潤いを与える植栽計画]

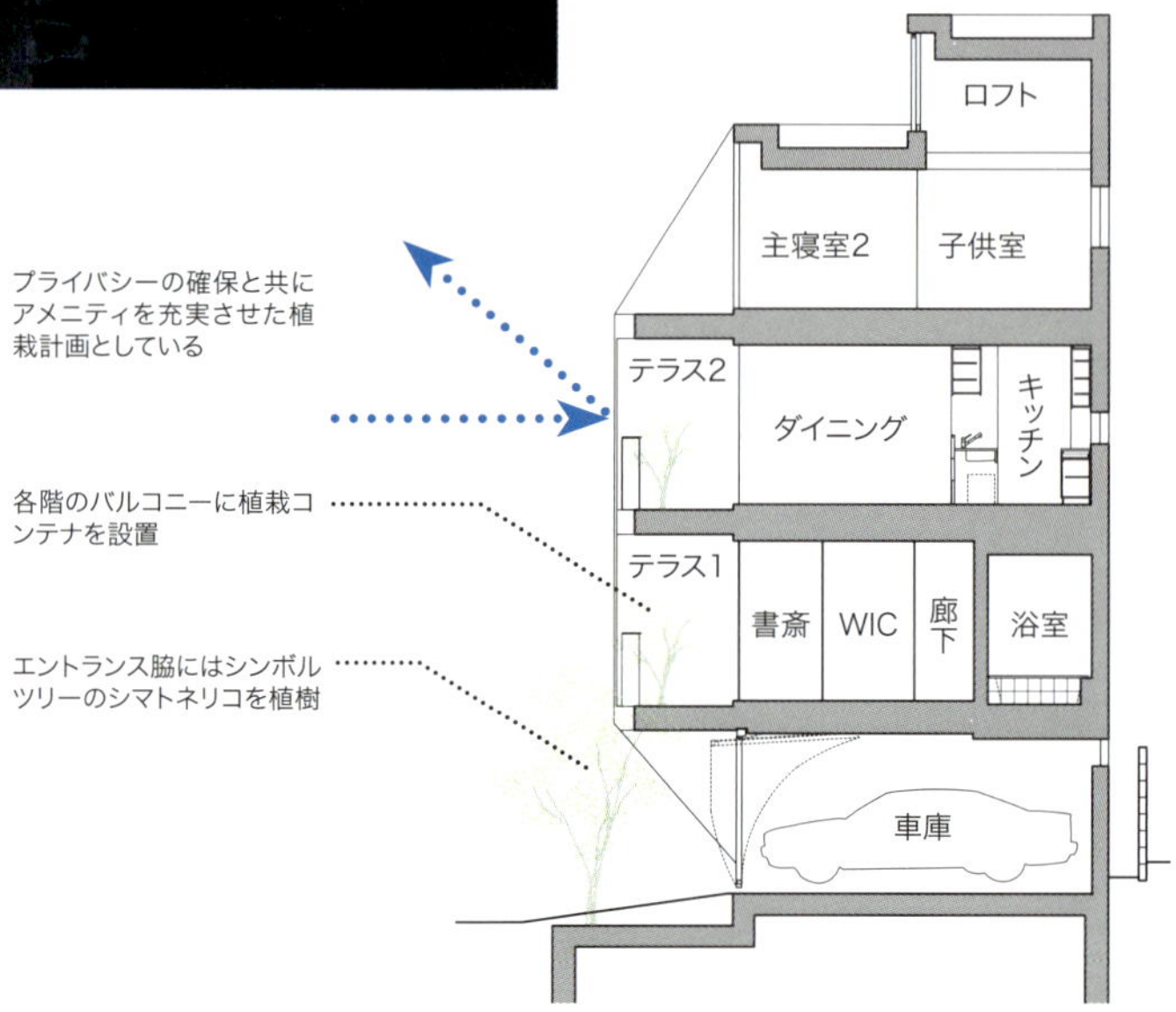

ロフト
主寝室2
子供室
テラス2
ダイニング
キッチン
テラス1
書斎
WIC
廊下
浴室
車庫
プライバシーの確保と共にアメニティを充実させた植栽計画としている
各階のバルコニーに植栽コンテナを設置
エントランス脇にはシンボルツリーのシマトネリコを植樹

恵比寿の家

建物の顔をつくる植栽

窓先の緑は街も彩る
街も、住まい手の気持ちも豊かにするコミュニティデザイン

久が原の家

小さな住宅であっても、気持ちのよい緑のスペースをつくり出すことは可能である。庭の面積がたとえ狭くても、建物と緑を結びつけ、立体的な緑をつくり出せばよい。この家では、門を入ると上部にムベのからんだパーゴラが人を迎え、玄関へ誘う。庭にはシンボルツリーのシャラを始め、四季を演出するさまざまな植物を植えた。さらに、2階の窓際にはプラントボックスを建物と一体化してつくって、緑を直接植えられるようにし、ルーフテラスにもさまざまな鉢植えを置けるようにしている。

［建物と一体のプランター］

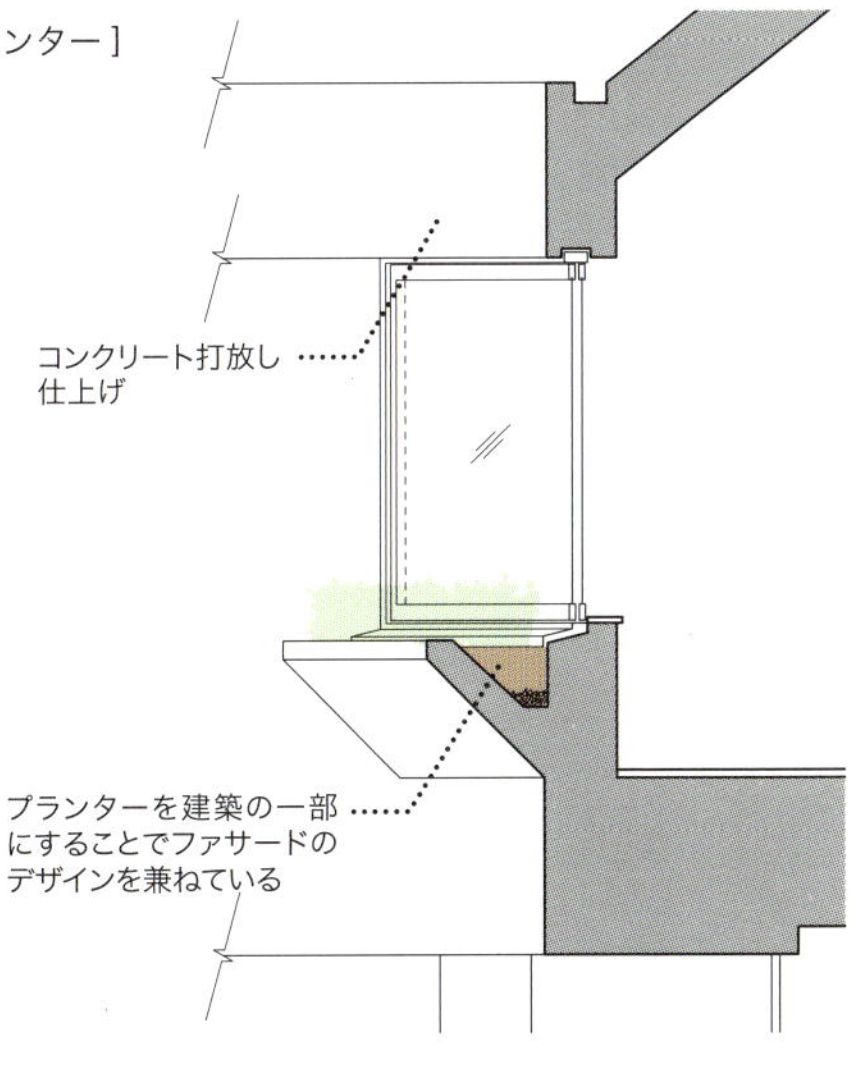
コンクリート打放し
仕上げ
プランターを建築の一部
にすることでファサードの
デザインを兼ねている

いろいろな樹種のハーモニー

本郷の家

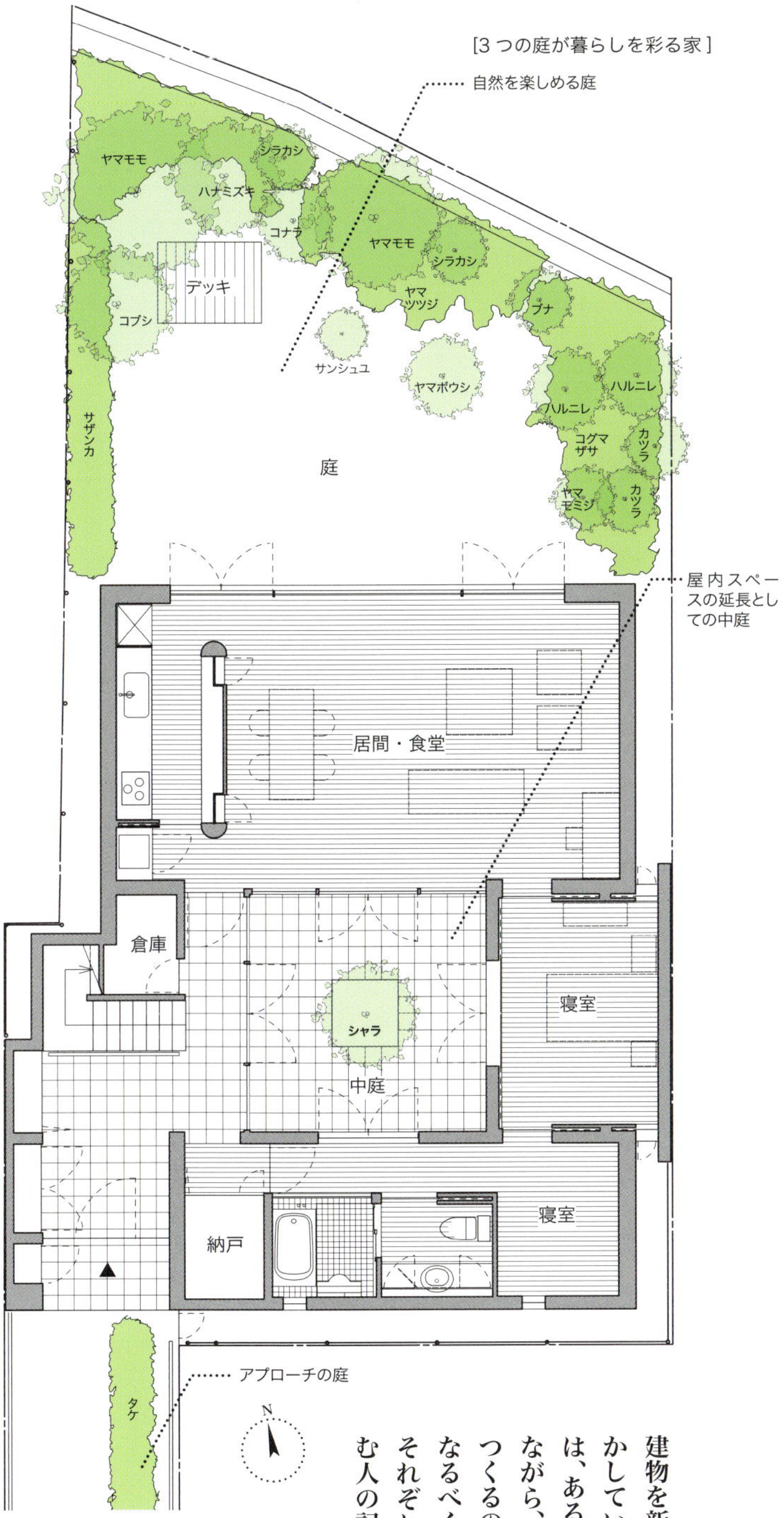

建物を新築した場合、元から敷地にあった樹木をどのように生かしていくかを考える。樹木が育ち、庭に命が吹き込まれるには、ある程度の時間が必要なので、既存の樹木を生かし継承しながら、新たな樹木をそれに足していかないと、成熟した庭をつくるのは難しい。この庭では、以前からあった既存の樹木をなるべく残し、それに彩りを添えるような山の木を追加して、それぞれの樹木が奏でるハーモニーを楽しめるようにし、住む人の記憶の延長線上にあるような庭をつくることを意図し

一年中楽しめる北の庭
冬のやわらかな陽光が入る居間。北庭はサザンカ・ヤマボウシ・ヤマモミジなど多くの樹木が育ち、一年を通じて楽しめる

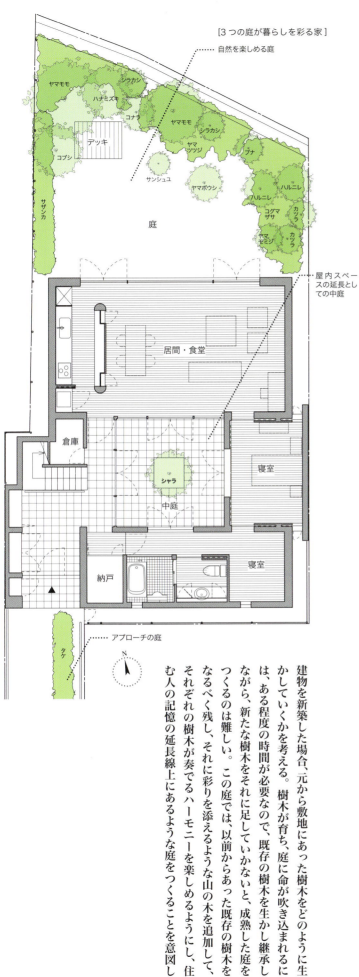

表通りからワンクッション

ほどよい距離感のある暮らし
リビングダイニングは表通りへ開きながらも、庭やテラスが緩衝帯となり心地よく暮らせる

ランドマークになる桜の木
建物の南側のコーナーにそびえる八重桜。春は花が咲いて表通りを賑わせる

シンボルツリー
納戸
テラス
吹抜け
犬小屋
和室
テラス
LDK
子供室
主寝室
中庭
桜の木（既存）
道路
テラス
2階
既存の庭木を利用し、交通量の多い角地の隅を緩衝帯としての庭に計画している

[南側コーナーの庭がポイント]

戸田の家

交通量の多い幹線道路に面していても、緑の力によって安らぎのある住宅をつくることができる。既存の八重桜の木を残し、かつ室内に落ち着きをもたらすために、塀で囲まれた外部スペースを設け、そこに各室が面するようにした。この外部スペースには、既存の桜のほか、さまざまな植物を植えて、四季折々の表情を楽しむことができる。また、交差点に面しているため、緑と建物が一体となった家の姿はとてもよく目立ち、見る人の印象に残る。

04

暮らしの中心

生活の核となる場をもつ住宅をつくる

住まいには、その住まい手にとっての意識の中心とでも言うべき場所があると思う。あるときは、それがリビングスペースであったり、リビングに連続したデッキスペースだったり、食べることを楽しむ場、あるいは一本の樹木であったりするかもしれない。場合によると、それは形に直接表れるものではなく、「こんな暮らし方がしたい」というようなきわめて漠然としたものかもしれない。いずれにしても、そこには住まい手の「価値観」や「夢」といったものが表れており、その種類は住まい手の数だけあると言っても過言ではない。

住まい手が何にこだわっており、何を重要に思っているかを知ることが住宅設計の第一歩で、それに対して設計者がどのような答えを出すかが問われている。

リビングルームが暮らしをつなぐ

家の中心に開放的なリビングルームを設けて、生活の核になるスペースとした。縦格子状の輻射式冷暖房機器をダイニングルーム、ファミリールームとの間に設置し、効率的な冷暖房効果を得るとともに、緩やかに場を区切っている。エアコンに比べ、輻射式の冷暖房はより人にやさしい温熱環境を提供してくれ、連続したワンルーム的なスペースとの相性もよい。また、リビングの上部は吹抜けとして、2階のプレイルームとつなげ、かつ南側のコートから明るい光が降り注ぐように意図している。

リビングを核として

リビングの左手はコート。輻射式冷暖房器が奥のダイニング、右手のファミリールームとの間を緩やかに区切っている

[外部のコートに面して開く]

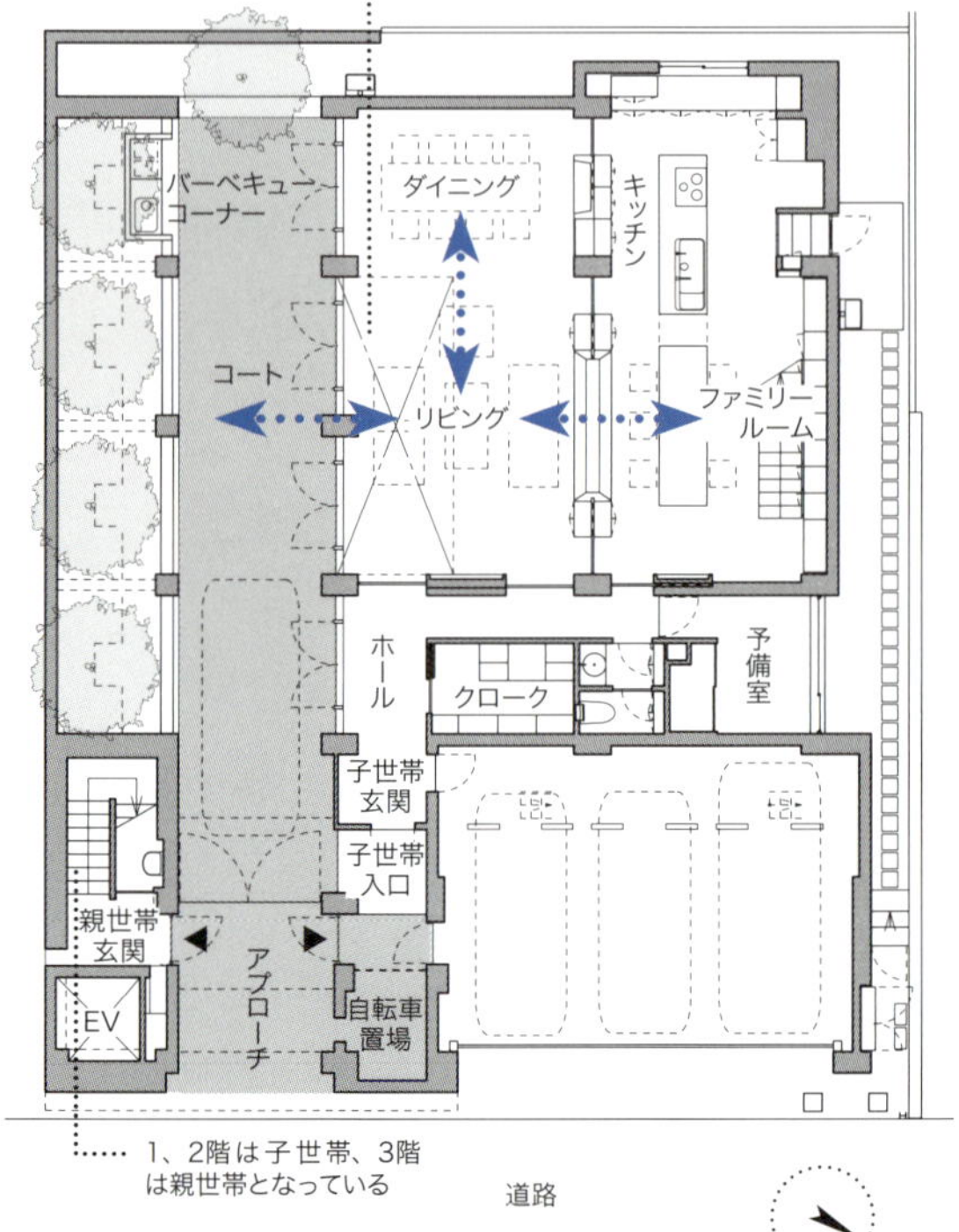

リビングを中心にさまざまな生活スペースが連続する構成。外部のコート、室内のダイニング、ファミリールーム、また吹抜けを介して2階も連続する

1、2階は子世帯、3階は親世帯となっている

東五反田の家

半屋外にもうひとつのリビング

［リビングとルーフバルコニー］

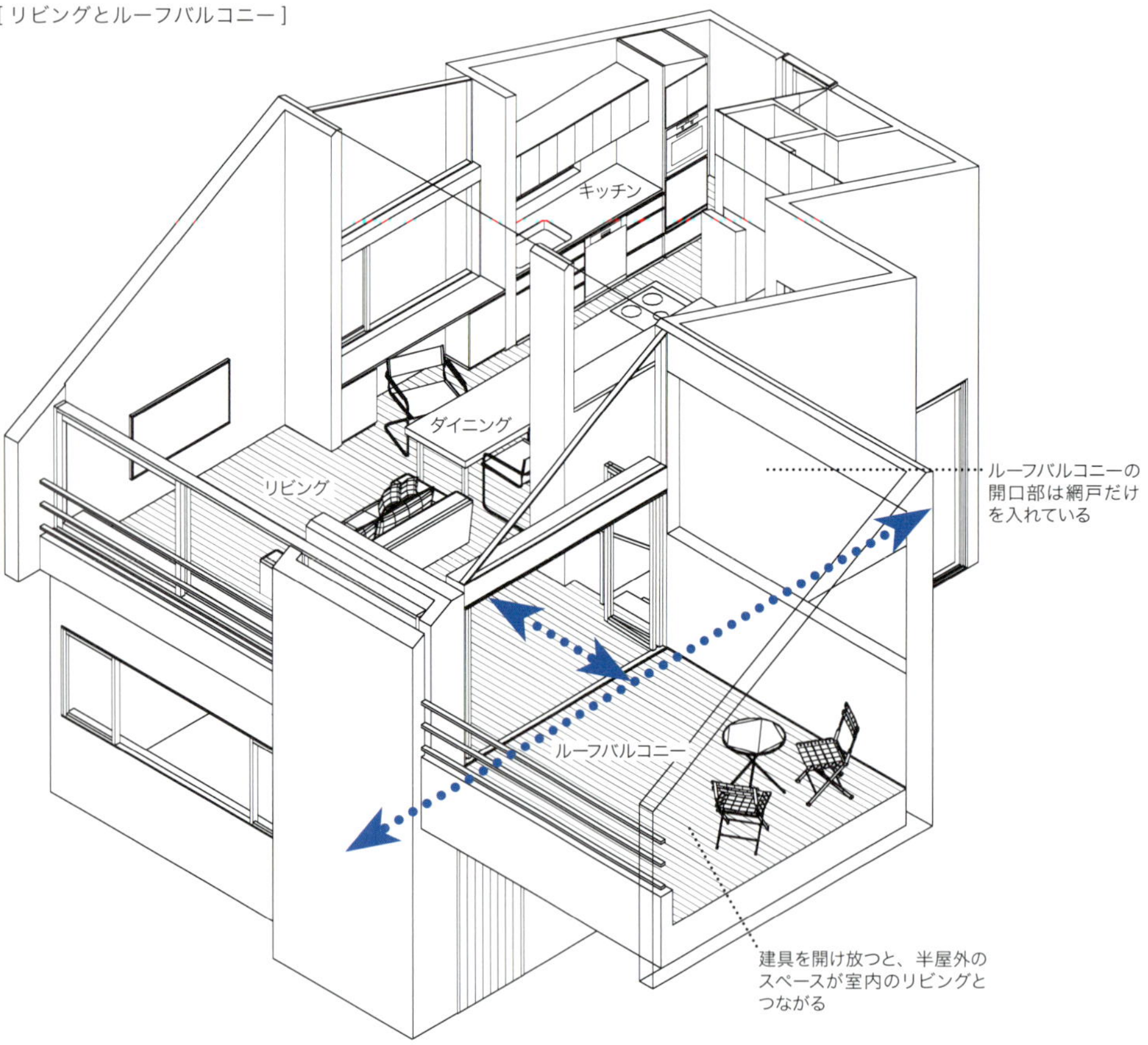
キッチン
ダイニング
リビング
ルーフバルコニー
ルーフバルコニーの開口部は網戸だけを入れている
建具を開け放つと、半屋外のスペースが室内のリビングとつながる

室内に連続した半屋外的なスペースは、暮らしの幅を大きく広げ、質を高めてくれる。この住宅の場合はリビングにつなげて、屋根のかかった室内的なルーフバルコニーを設けた。リビングとの間は、フルオープンが可能な折れ扉として、床の段差も最小限としている。また、バルコニーが外部に面する部分にはすべて網戸を設けて、半屋外で虫を気にせずに暮らせるように配慮した。この部分は、窓を設置して室内化することにより、将来、必要に応じて部屋として利用することもできる。

高台の擁壁の上に建つ
既存のコンクリート擁壁の地下は車庫。2階のサッシュは壁に引き込んで、完全オープンにできる。ピクチャーウィンドウとして高台からの景色を取り込む

向こうに続くルーフバルコニー

折れ扉を開くと、手前のリビングと奥のルーフバルコニーがつながる。アウトドアのリビングは風が通る気持ちのよいスペース

芝生庭へ思い切り開く

心地よい濡れ縁テラス
ベイマツ下見板張りの外観が、平屋の家をさらに伸びやかに見せてくれる

坪庭が見える玄関
広大な敷地に建つ家でありながら、慎ましい玄関が品の良さを感じさせる

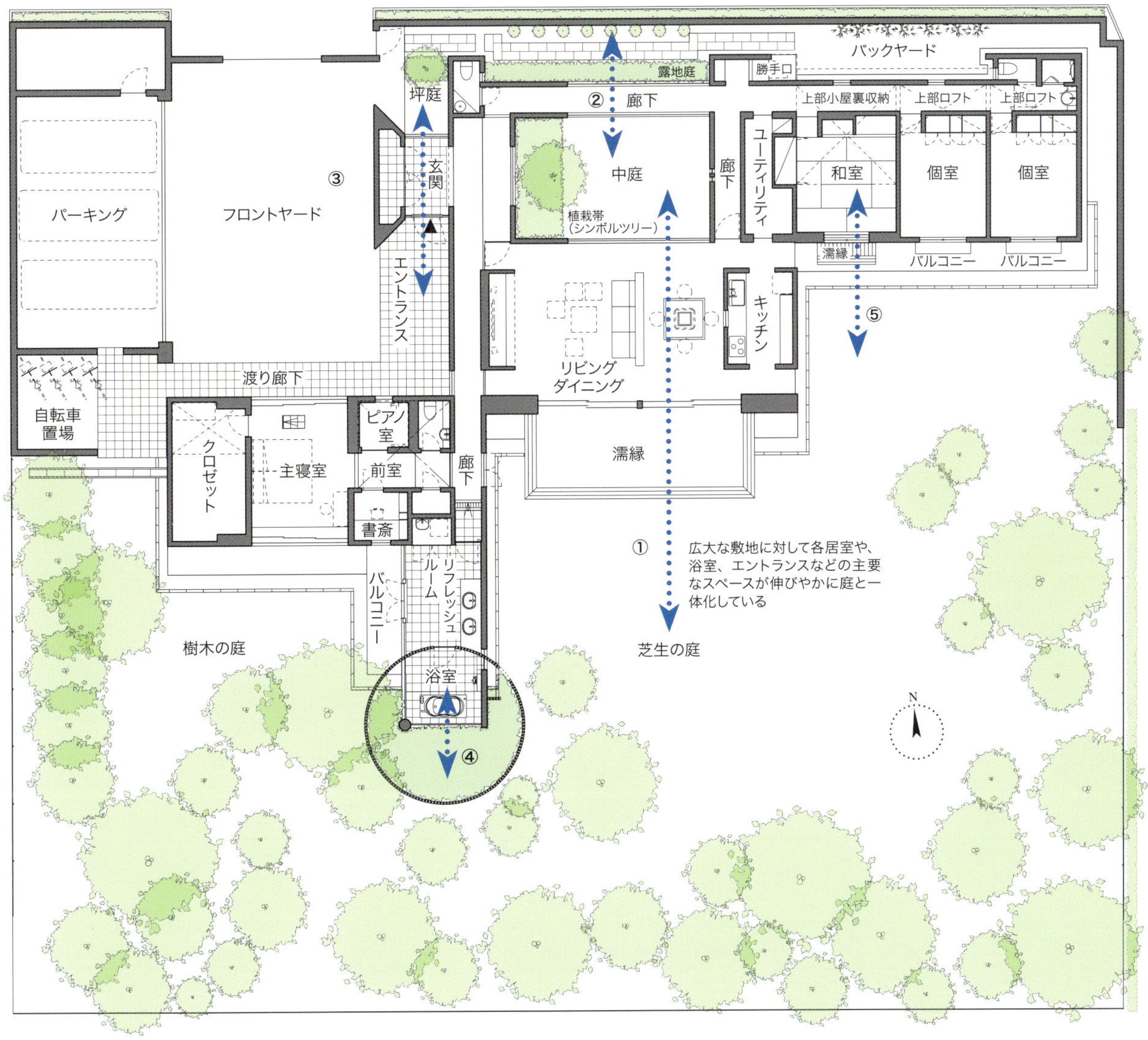

[広い庭と一体化した住まい]
全体を大きく３つの棟に分け、雁行して配置することで、各棟が干渉しないようにしている。

敷地に余裕があれば、伸びやかに住まいたいものである。この事例は、比較的大規模な住まいであるが、なるべく建物が巨大に見えないように計画し、住宅らしいスケールで見せることを考えた。中心となるリビングダイニングは、広い木の濡れ縁テラスを介して芝生の庭とつながり、かつ北側には中庭があるため、風がよく通り、心地よい部屋となっている。敷地が広いため、メインの芝生の南庭を正面として意識するのは当然としても、それ以外に性格の異なる小さな庭や外部スペースを点在させることで、建物と外部をより強く結びつけることができた。

3方向に景色が広がる

多摩川に近い南斜面に立地し、眺望に恵まれた敷地に建つ2世帯住宅である。ロケーションを生かした住まいにするために、1、2階を個室や客間として、あえて最上階の3階を家族が集うリビングダイニングスペースとしている。開口部は、眺望を室内に最大限に取り込むために、3方向に開放した連続窓としている。また、建物本体の主要部分は鉄筋コンクリート造であるが、眺望の妨げとなる柱を最少限とするために、3階の屋根部分のみを鉄骨造としている。

3階にパノラマの窓
建物全体をアースカラーで統一し、品よくまとめている

［アーチ屋根で覆って開放的な部屋をつくる］

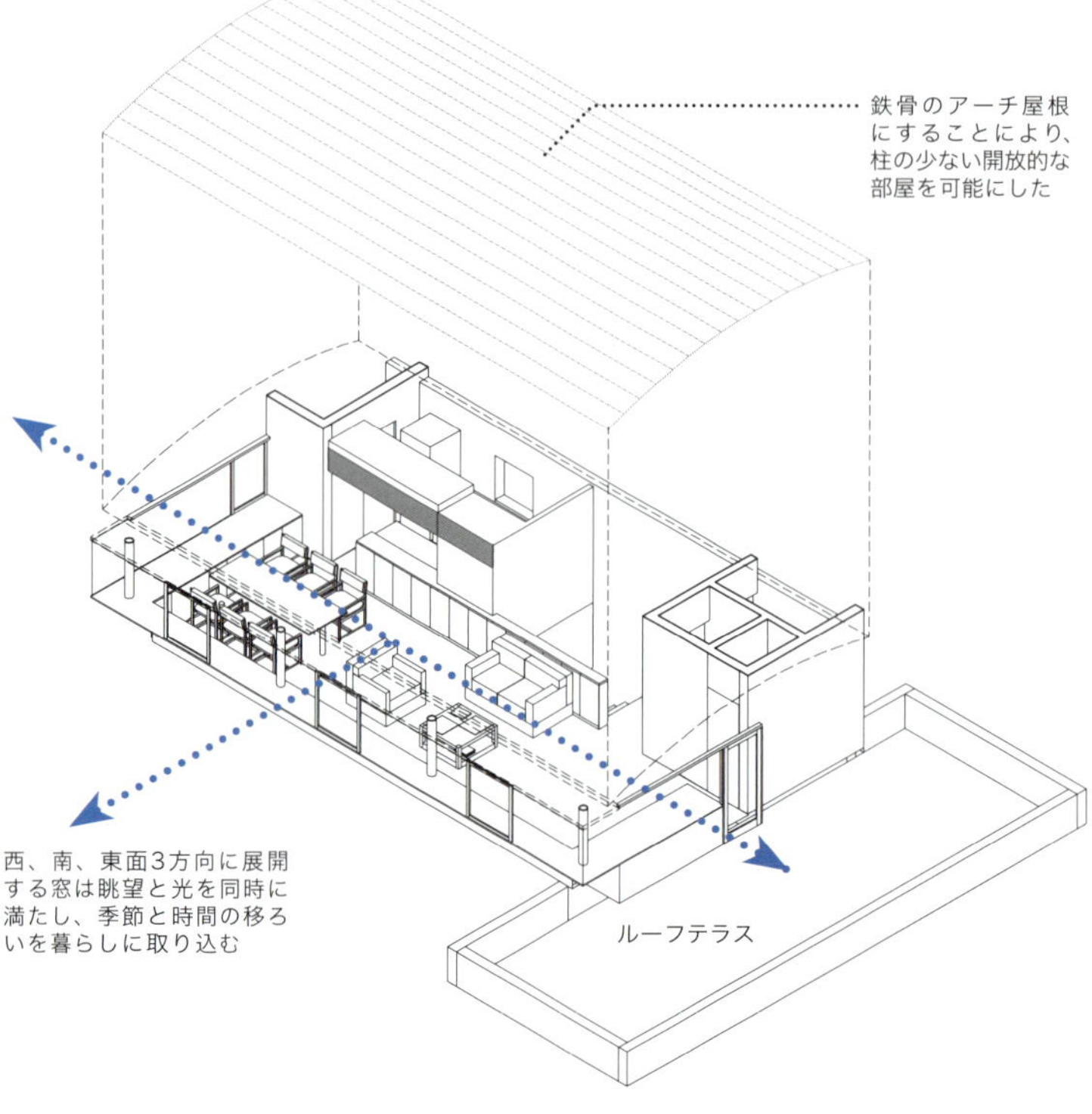
鉄骨のアーチ屋根にすることにより、柱の少ない開放的な部屋を可能にした
西、南、東面3方向に展開する窓は眺望と光を同時に満たし、季節と時間の移ろいを暮らしに取り込む
ルーフテラス

窓が連続するリビング
鉄骨のアーチ屋根は室内の雰囲気も軽やかに見せる。ここで親子2世帯が一緒に過ごす

見晴らしを取り入れる

涼やかな眺望が広がる
人工池を望む庭から東西に風が吹き抜ける。庭木は落葉樹のシマトネリコ、ヤマボウシのほか常緑樹も多く、広がる景色を豊かに彩る

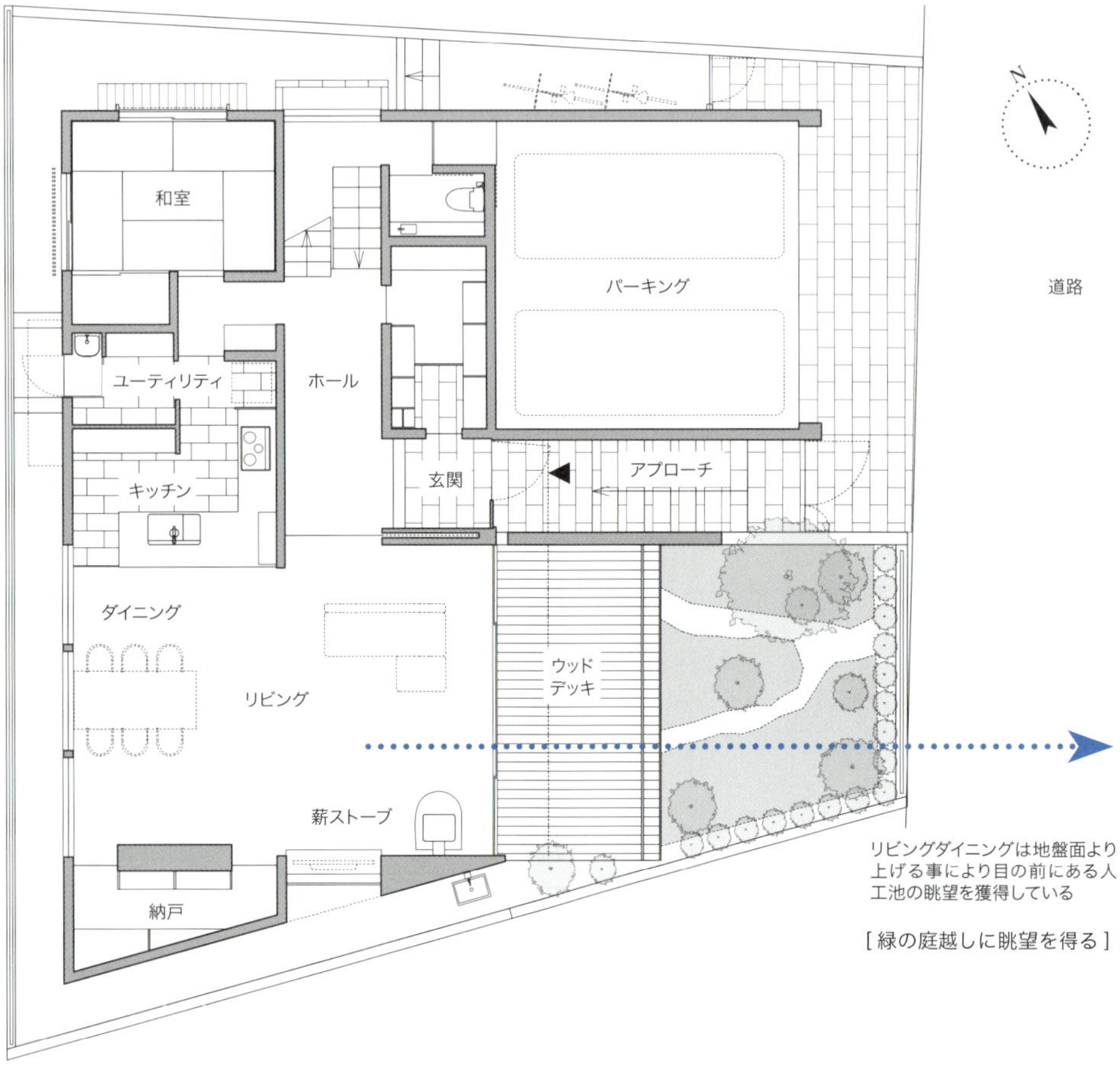

リビングダイニングは地盤面より上げる事により目の前にある人工池の眺望を獲得している

[緑の庭越しに眺望を得る]

遠くまで視線が届く景観を楽しめるということは、それだけで住む人の気持ちを豊かにしてくれる。この住宅は、通常であれば南に向けて建物を配置するところだが、敷地の東側に人工の湖が広がり、絶景の見晴らしを得ることができるため、あえて東側を正面に見立てて計画を行った。ただし、池に対して大きく開放するだけでは、敷地前面の道路からの視線が気になるため、リビングと道路境界線の間に、緑とウッドデッキを設けて一定の距離感を確保した。

コンパクトな暮らし方

東大泉の家

一辺が6メートル四方の小さな住宅であるが、正方形の箱に斜めの階段を挿入することで、動きのあるシークエンスをつくり出すことを考えた。家の中心となる部屋は「メスルーム（船の中の会食堂などを意味する）」と名付けられ、家族が自然に集まってくる活気のある場所となるように意図した。また階段は、単なる昇降のための装置にとどまらず、例えばベンチ的に使用するなど、部屋の一部として積極的にスペースに参加している。部屋の狭さを、階段を取り込んだり、天井の高さを確保することで解消した例である。

端正なファサード

プラン同様、正方形に近い外観と開口部のバランスを良く配置したファサード

［階段を取り込んでエリアを分ける］

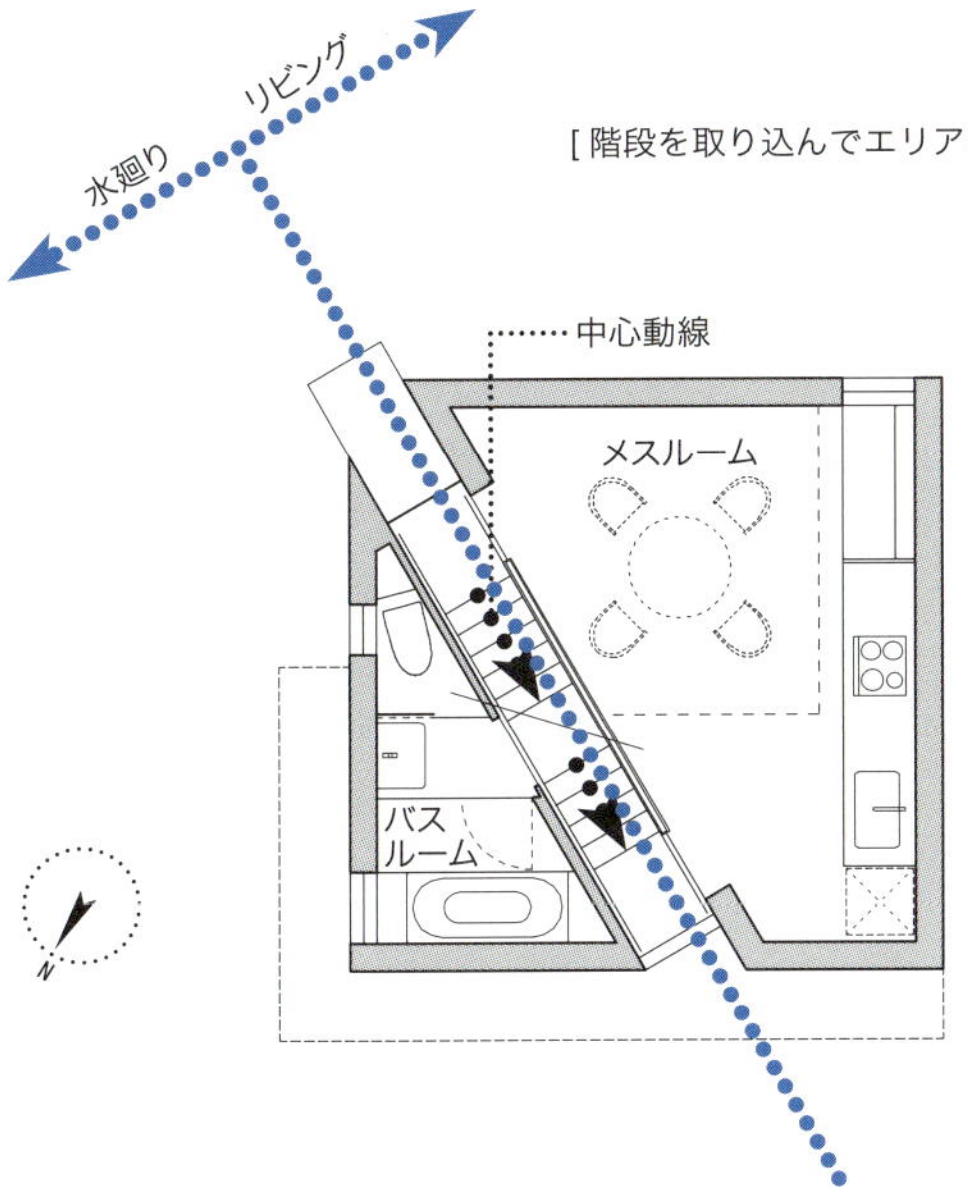

南の空に向かって開くリビング

菊川の家

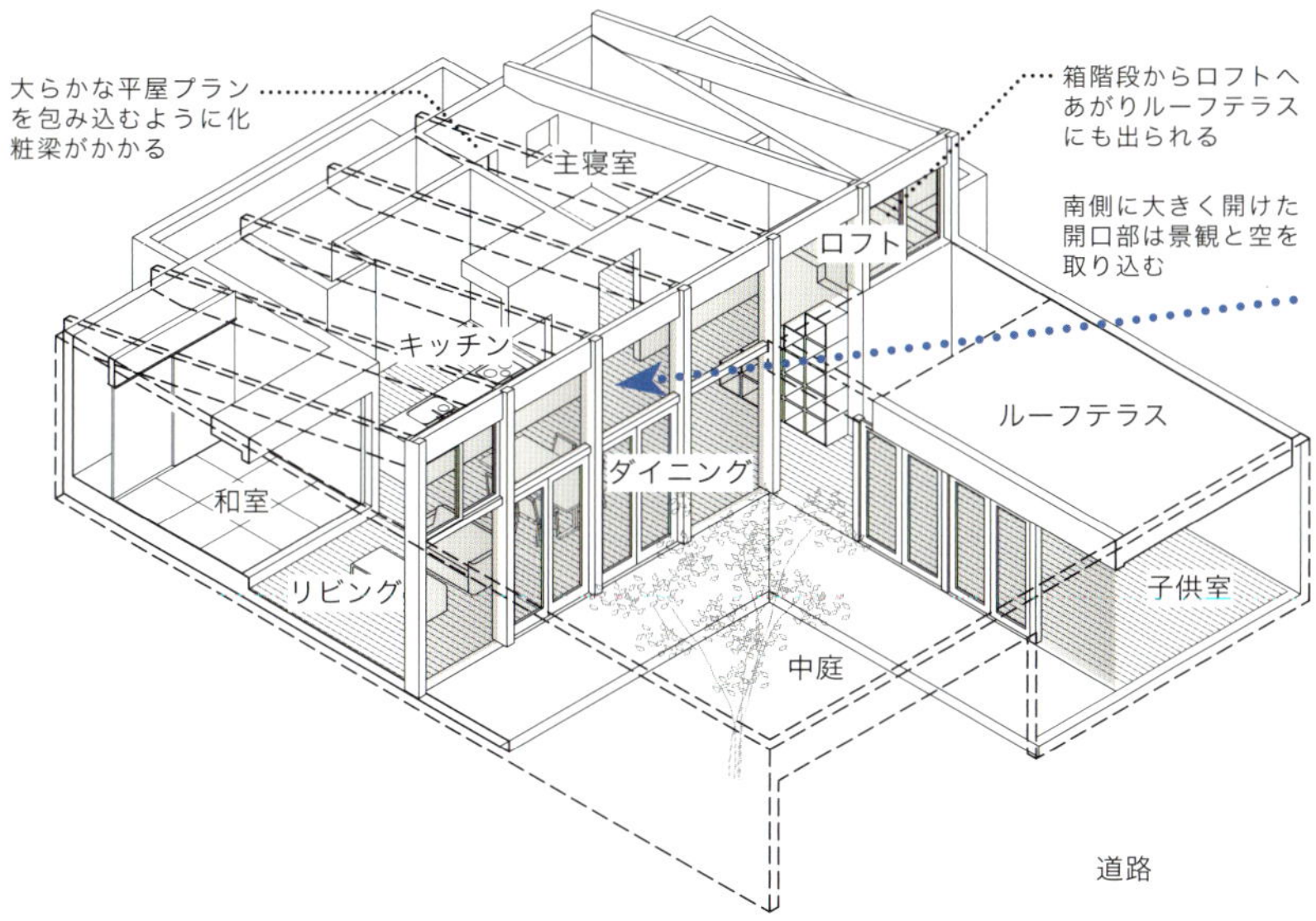
大らかな平屋プランを包み込むように化粧梁がかかる
主寝室
箱階段からロフトへあがりルーフテラスにも出られる
南側に大きく開けた開口部は景観と空を取り込む
ロフト
キッチン
ルーフテラス
ダイニング
和室
子供室
リビング
中庭
道路

[部屋の隅々まで光が届く]

敷地の周囲に、稲穂がたなびく田園風景が広がっている平屋建ての住宅である。家の中心には芝生の中庭があり、子供を安全に遊ばせることができる。おもな生活スペースを集成材の大きな架構によって覆い、全体をおおらかなワンルームとした。南に面した大きな開口部からは自然光が降り注ぎ、家の隅々まで明るく健康的にライトアップしてくれる。中庭に面した開口部分は、すべて木製のサッシュとして、構造材である集成材と一体的に見せつつも、自然素材としての手触りのよさが感じられるようにした。

木の質感が感じられる家
ベイマツの木製サッシュや、天井に現れた梁が部屋に温もりを与えてくれる。夏には庭でバーベキューや花火をするなど、暮らしの楽しみが増えたという

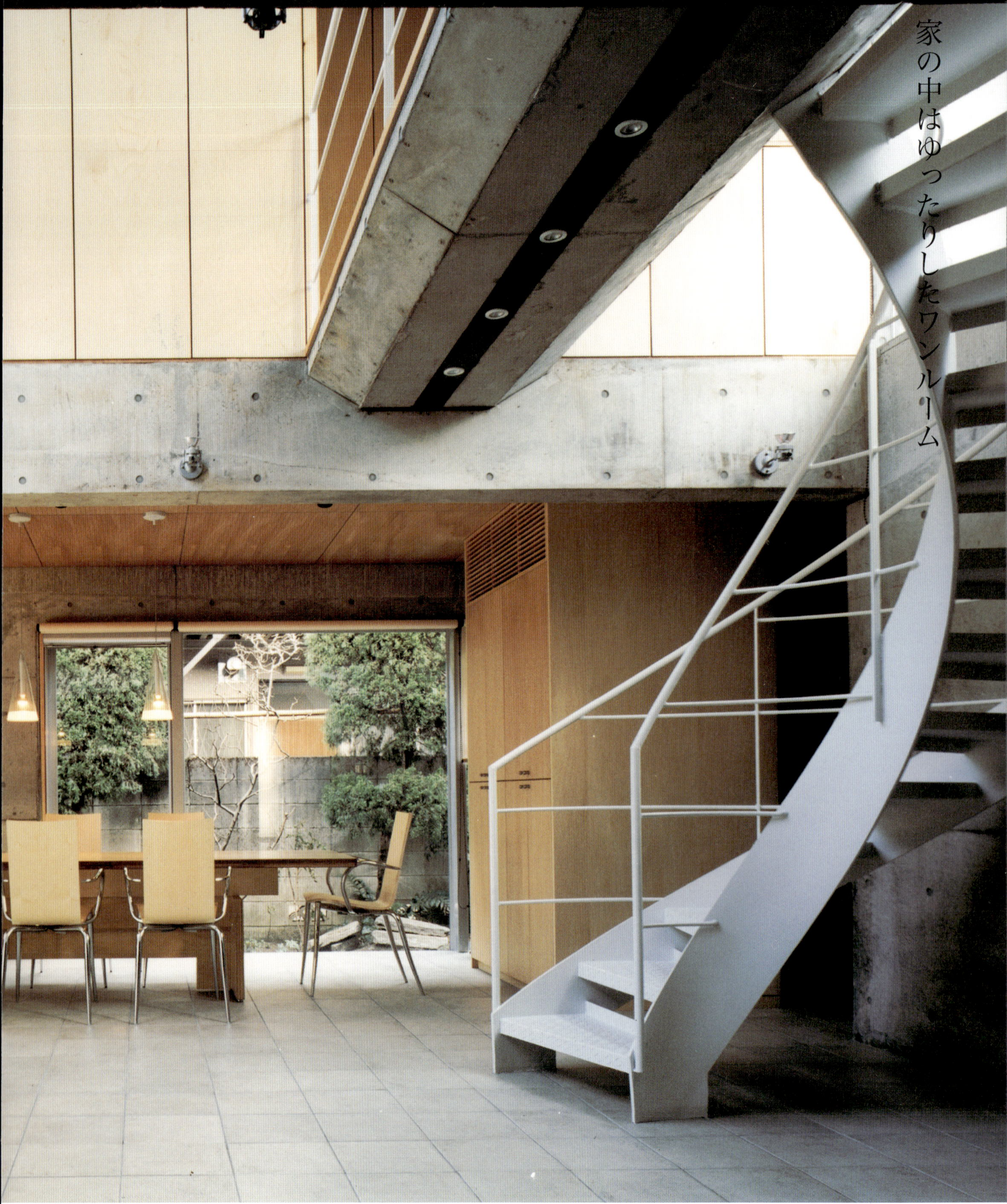
家の中はゆったりしたワンルーム

上石神井の家

食堂と居間をつなぐ部分を、「インナーコート」として、吹抜けの明るいスペースを設けることで、家の中に半屋外の要素を持ち込んだ。このスペースは、あるときはリビングの延長として、あるときは外部のテラスの延長として利用され、さまざまな生活のシーンを受け止めてくれる。床暖房が埋め込まれたタイルの床は、冬に素足で歩いても冷たさを感じさせない。また、中央に設置された螺旋階段は、上部の個室に向かう動線であると同時に、家の中に変化をもたらす彫刻的なオブジェでもある。

[居間も外部テラスも延長できるスペース]

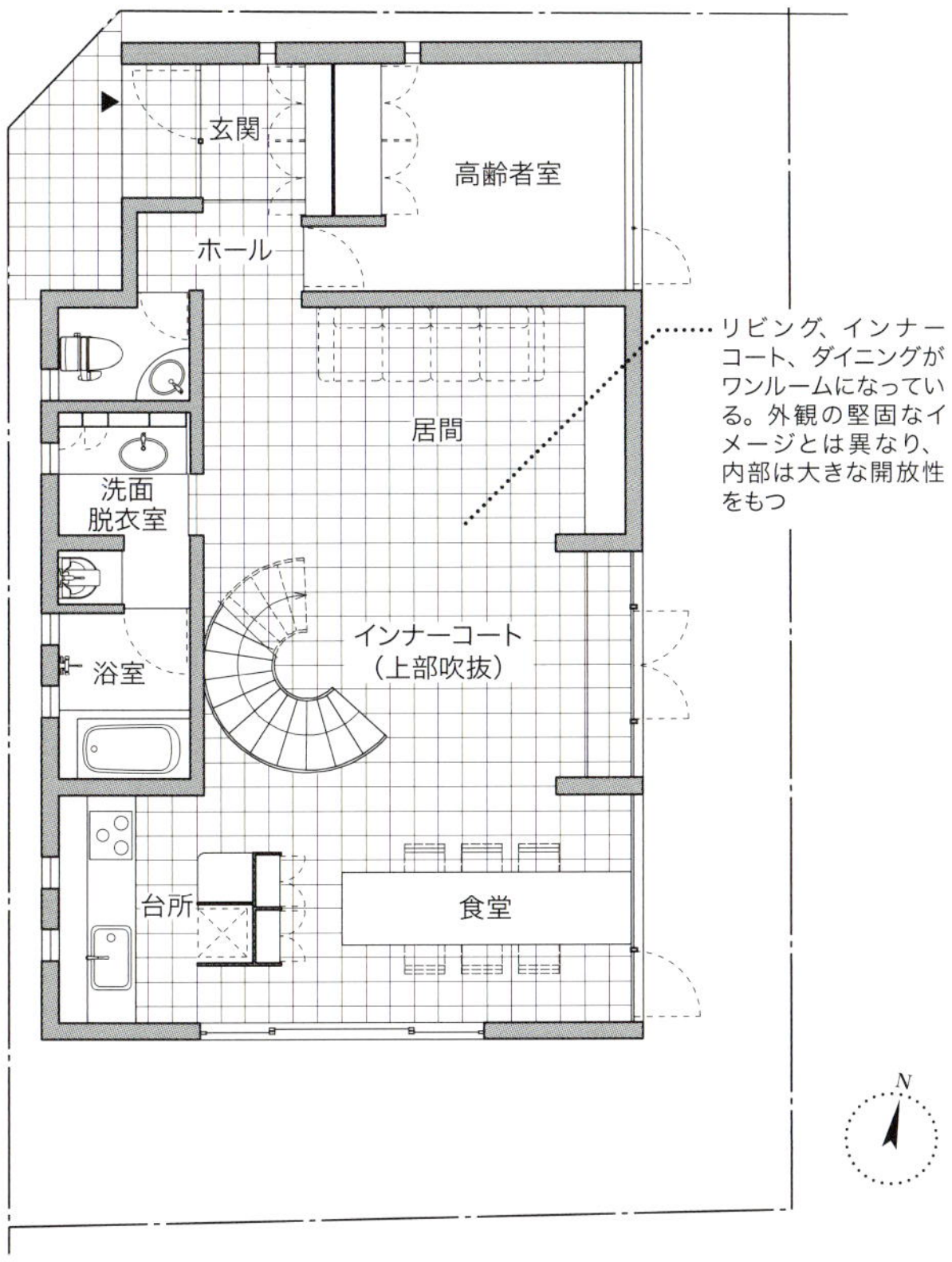
玄関
高齢者室
ホール
居間
洗面
脱衣室
浴室
インナーコート
（上部吹抜）
台所
食堂
N
リビング、インナーコート、ダイニングがワンルームになっている。外観の堅固なイメージとは異なり、内部は大きな開放性をもつ

暮らしの幅を広げるインナーコート
インナーコートを含む大きなスペースに、家族や友人が集う。正面のダイングテーブルはシナ積層材によるオリジナルデザイン

ルーフテラスと連続したリビング

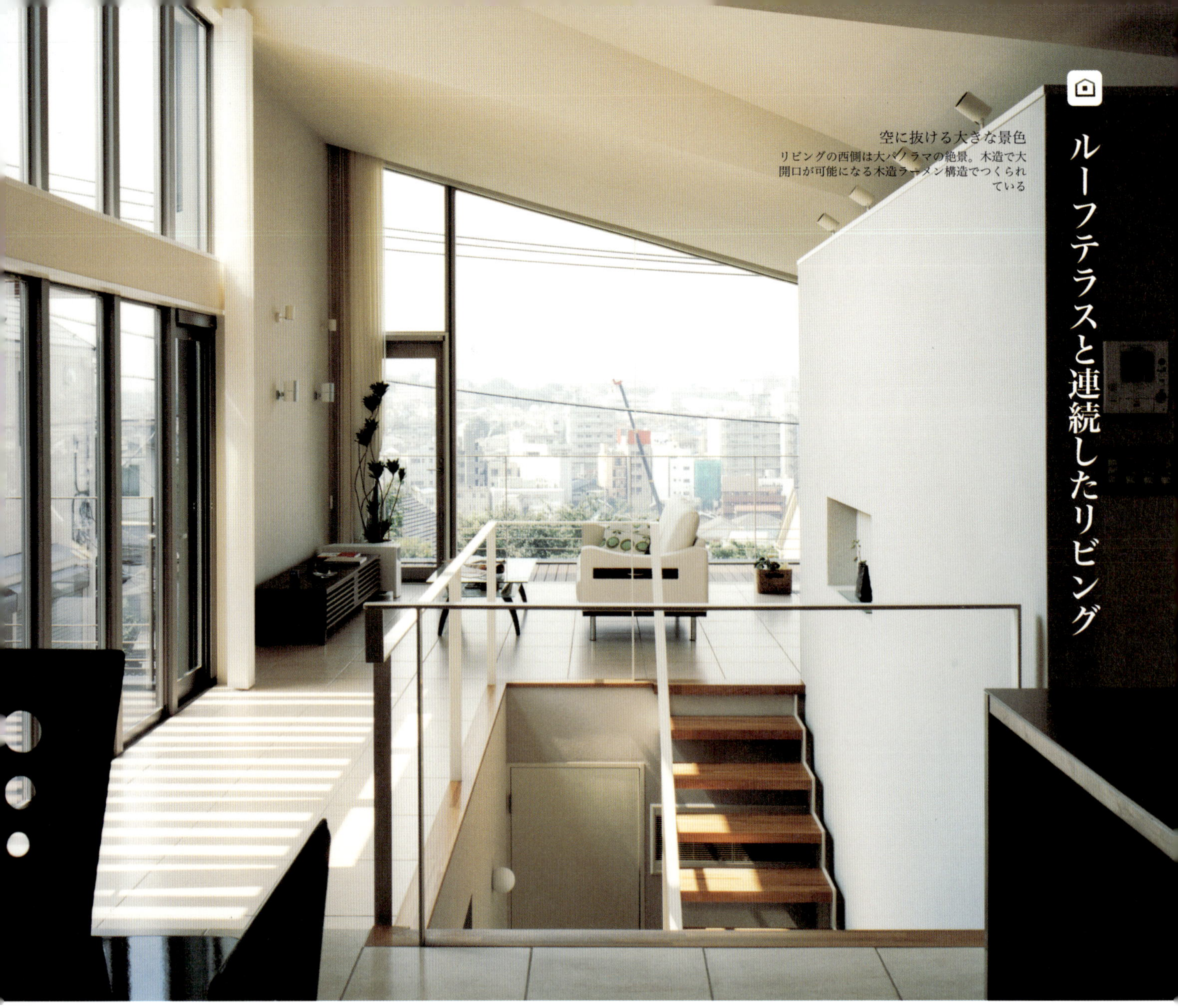

空に抜ける大きな景色
リビングの西側は大パノラマの絶景。木造で大開口が可能になる木造ラーメン構造でつくられている

［ルーフテラスとワンルームで開放する］

眼下に開けた眺望を屋内に取り込むために、2階の南西方向を全開口とし、リビング・ホール・ダイニングキッチンを明るい
ワンルームとしている。さらに、ルーフテラスを連続さ

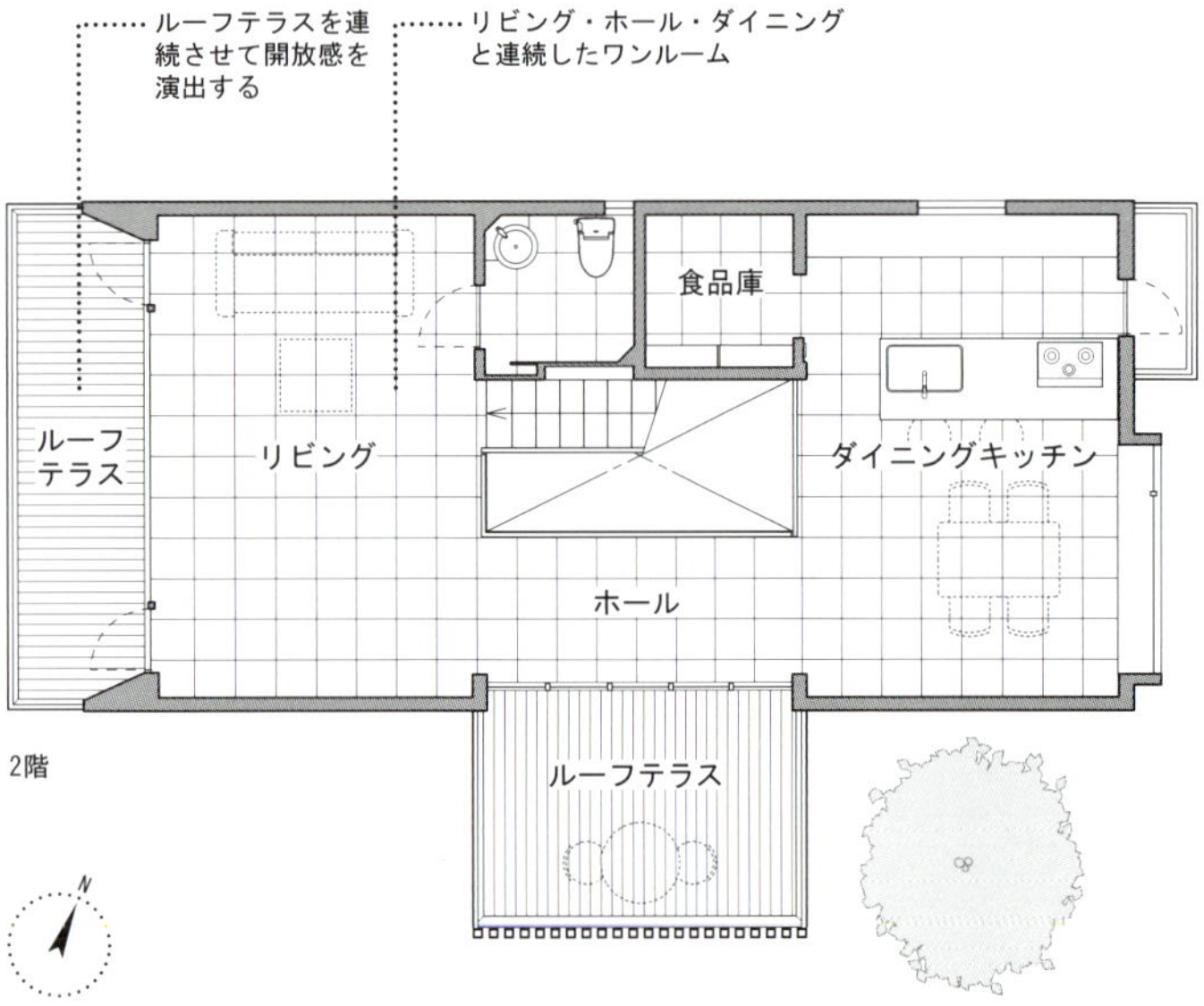

2階

高台に立地する敷地で、遠く横浜港や富士山などが見える絶景の景観を室内に取り込むことがテーマとなった。敷地の南側に隣家があり、日照がやや阻害されているため、南側にハイサイドライトを取り、ルーフテラス越しの光が室内に降り注ぐようにした。また、西側は大きな開口部を設け、室内の広さを最大限に感じられるように連続したルーフテラスを設けた。室内に連続してルーフテラスを設けると、部屋全体がより広く感じられ、大きなガラス面の清掃のしやすさの点でも、とても有効なものである。

白楽の家

ハイサイドライトが明るさの決め手

[道路際の部屋をハイサイドライトで採光]

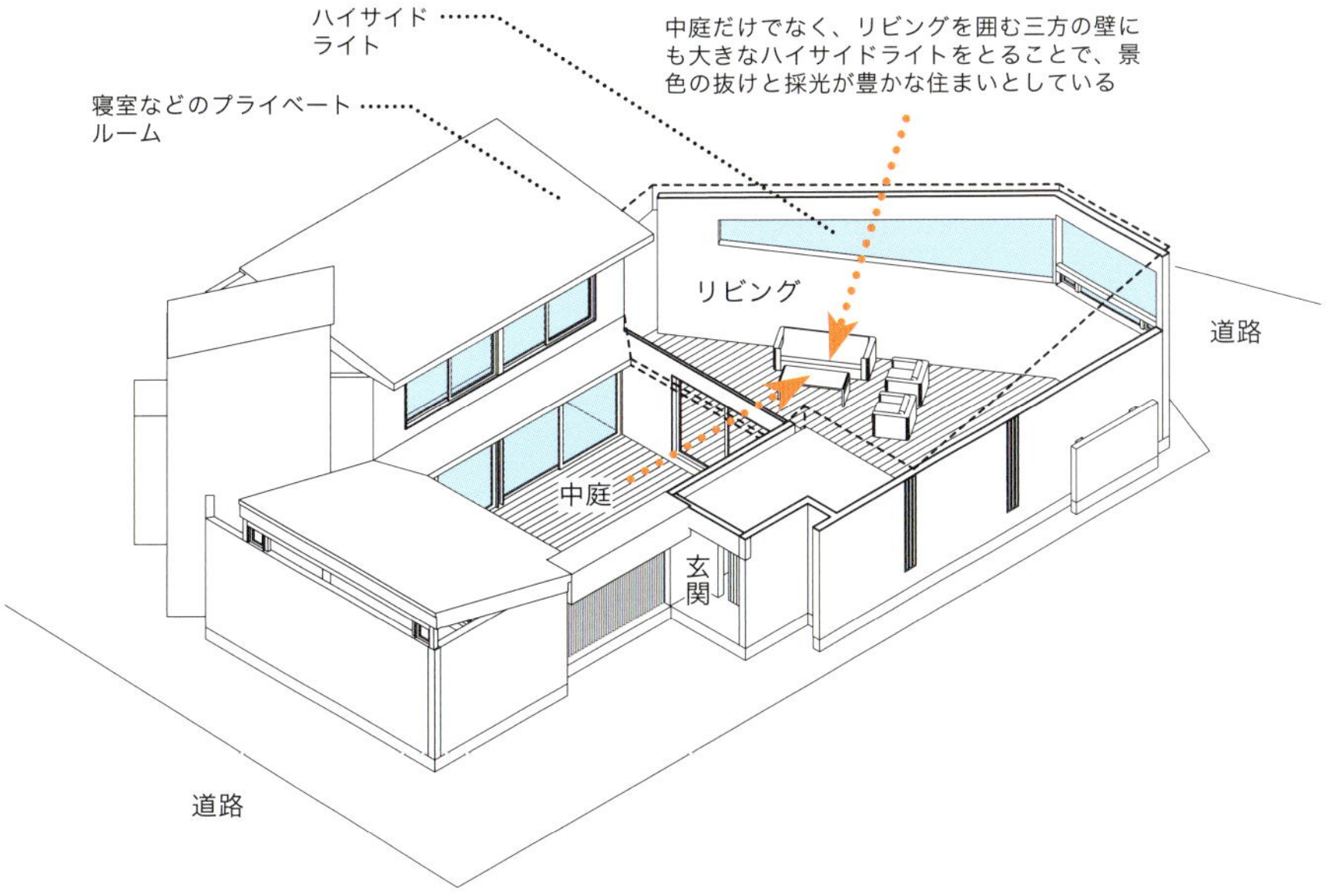
ハイサイド
ライト
寝室などのプライベート
ルーム
中庭だけでなく、リビングを囲む三方の壁にも大きなハイサイドライトをとることで、景色の抜けと採光が豊かな住まいとしている
リビング
道路
中庭
玄関
道路

畳が敷かれた掘り炬燵ダイニングと、それに続くリビングルームを囲い込む外壁は、道路と建物を隔てる境界塀としての役割ももっている。道路からの視線を遮り、室内のプライバシーを確保するために、片流れの屋根の上部からハイサイドライトにより光を室内に導き入れている。この住宅は、中庭を囲んだコートハウスでもあるが、中庭に面した外部との連続感のある開口部や、道路際のハイサイドライトや、屋根に取りつけられたトップライトなど、さまざまな性格の開口部を混在させることで、光の変化に富んだ奥行きのある室内をつくり出している。

朝霞の家

光井戸で陽光を取り込む

周辺の環境の問題により、大きな開口部を設けにくい場合、小さくても井戸のような光庭を家の中心につくることで、効果的な採光を導き入れることができる。特に吹抜けと光庭、窓を組み合わせることが重要で、うまくつくり込むことで、家の中から自分だけの空を楽しむことができる。また、できれば光井戸には、比較的日陰に強い植物を植えて、緑を楽しめるようにするとよい。高木が植えられなくても、ワイヤーにつる性の植物を絡めると、太陽に向かってのびてゆく。

ライトウェルのある家

吹抜けを組み合わせた光井戸で明るく
密集地に建つ家でも、自分だけの空を手に入れることができる。リビングの左手は光井戸に面している。

中庭が光井戸

3階の和室から2階リビングの吹抜けと、光井戸を見下ろす。光井戸を兼ねる中庭の一面に、ツル性植物がからむワイヤーを設けてあり、将来的に緑のカーテンができる

[家の中心に光を呼び込む]

周囲を2～ 3階建ての建物に囲まれているため、光井戸を設けて、陽光や空の景色をリビングなどの部屋に取り入れている

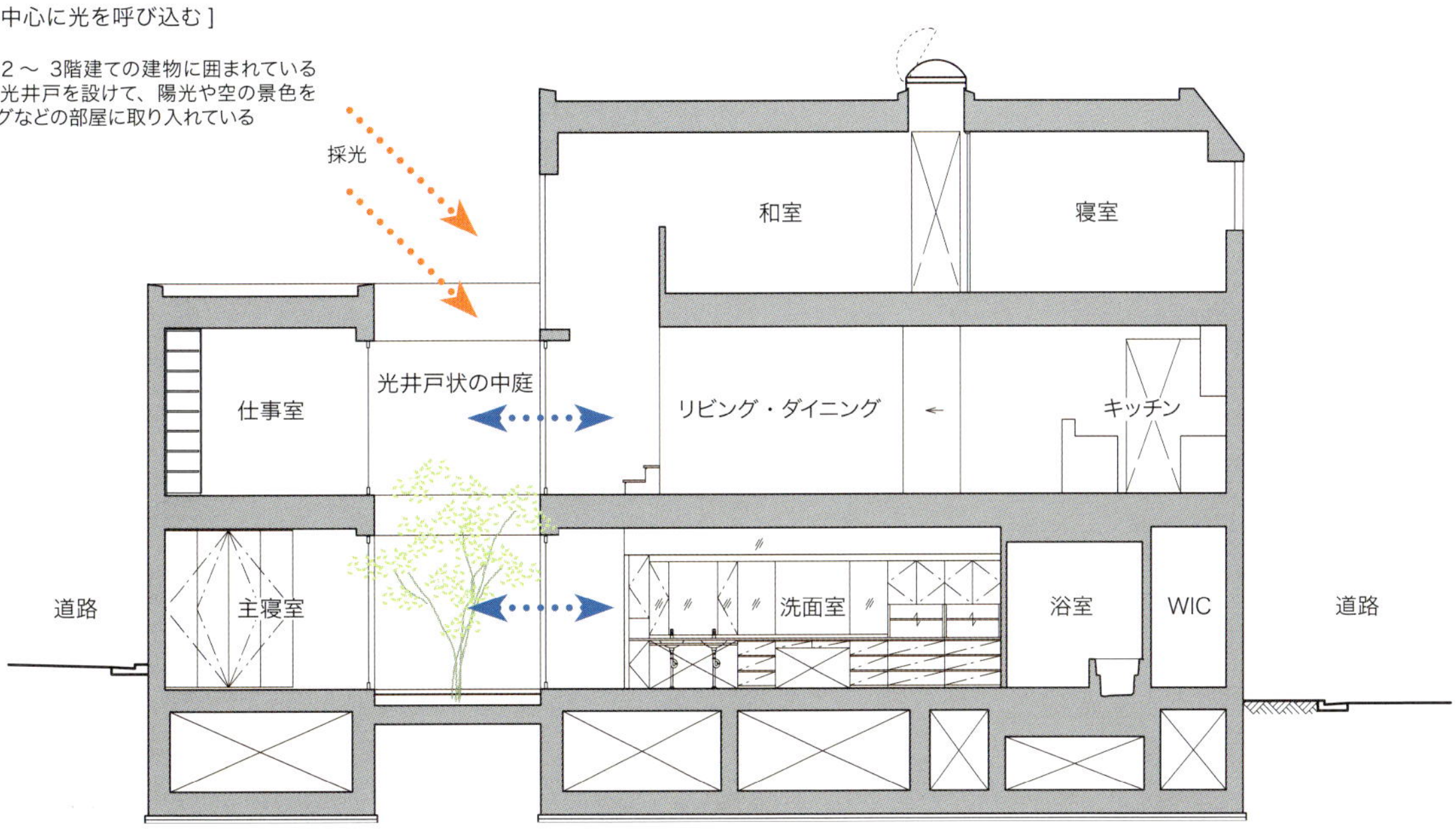

折戸で仕切れるキッチン

自由に閉じるキッチン
折戸を閉じると羽目板の壁になる。建具のデザインしだいで、雰囲気も変わる

キッチンはダイニングと一体的に使用することが多いが、来客時など、必要に応じてダイニングからの視線をカットしたいものである。ここでは、天井から吊ったフルオープンの折戸を採用して、2つのスペースを区切れるようにした。扉を閉めると、あたかも羽目板の壁のようになり、ダイニングはフォーマルスペースとなる。キッチンには、家事コーナーからの裏動線を用意して、折戸を閉じた場合にも不都合がないようにしている。

[家事コーナーの出入口もポイント]

キッチンとリビングの間に折戸を設置し、必要に応じてオープン・クローズを使い分ける

折戸
開ければオープンキッチンとなる

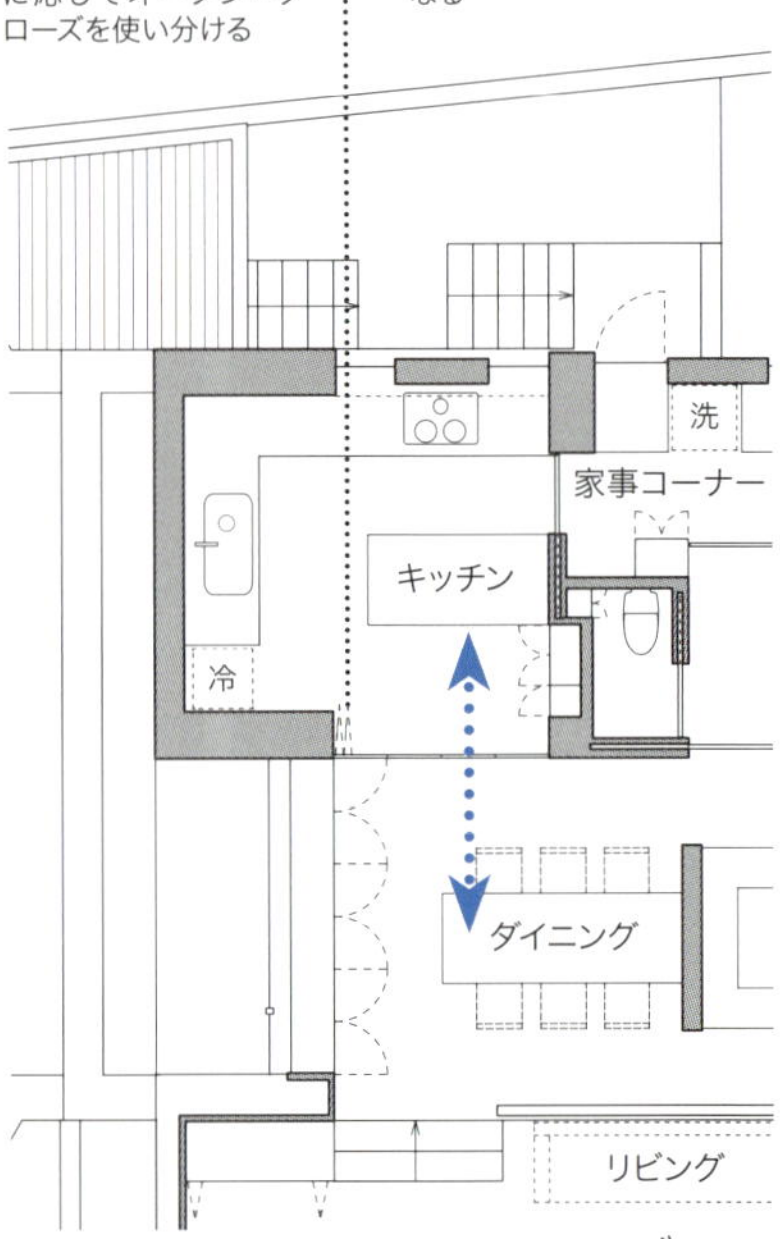

田園調布の家

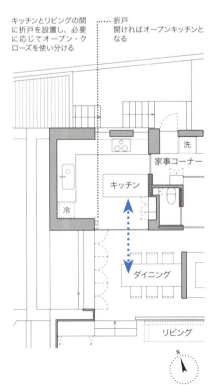

キッチンとつながるダイニングテーブル

住まいの中心軸を担うテーブル
細長いプランに呼応してダイニングテーブルから暖炉、サンルーム、庭先へと住まいの中心軸を展開していく。

[床の高さを変えてキッチンも使いやすく]

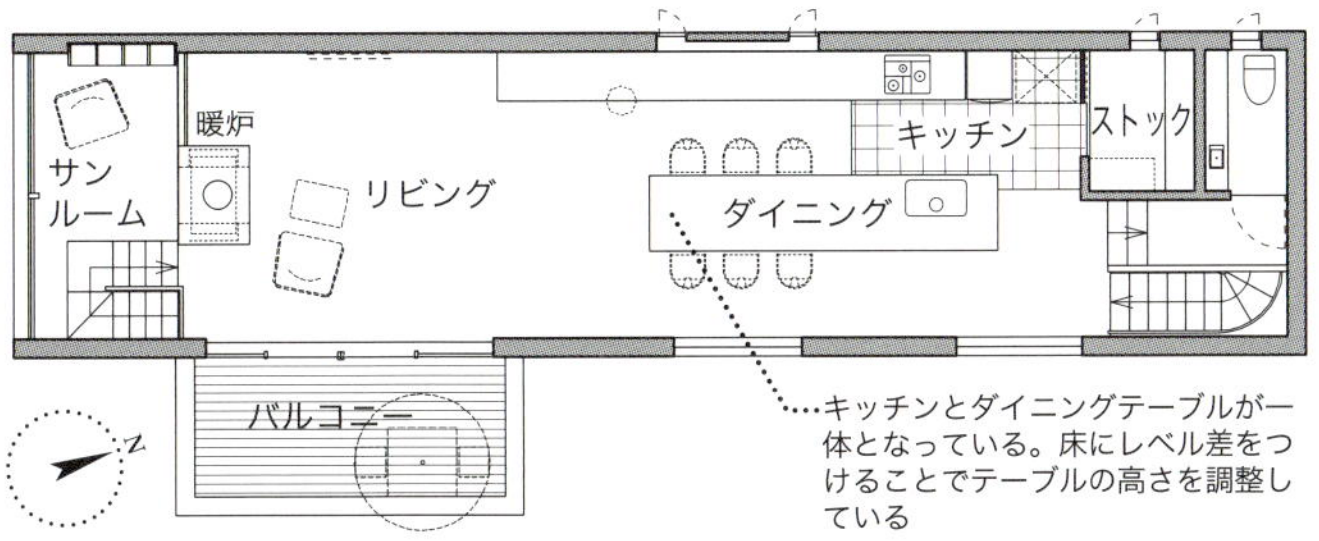

暖炉
サン
ルーム
リビング
ダイニング
キッチン
ストック
バルコニー
N
キッチンとダイニングテーブルが一体となっている。床にレベル差をつけることでテーブルの高さを調整している

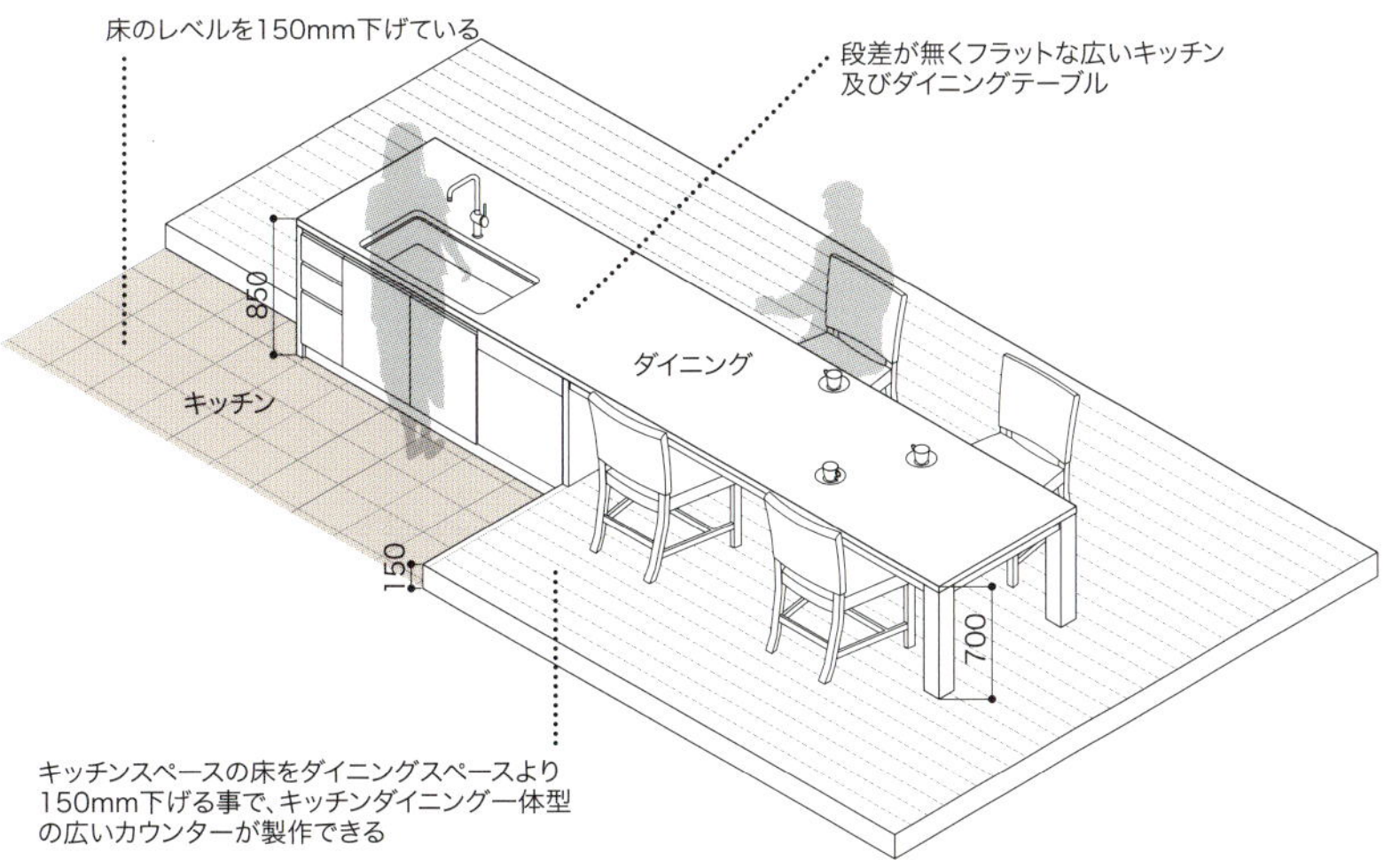

床のレベルを150mm下げている
段差が無くフラットな広いキッチン及びダイニングテーブル
850
キッチン
ダイニング
150
700
キッチンスペースの床をダイニングスペースより150mm下げる事で、キッチンダイニング一体型の広いカウンターが製作できる

人が集まり、調理を楽しんだり、食事をしたりと、「キッチンを楽しむ家」をつくりたいというのが建て主の夫人の要望だった。敷地の制約上、細長い部屋の中で、ダイニングとオープンキッチンをつくり出すことが求められた。キッチンとダイニングテーブルを一体に製作し、カウンターの高さを調整するために、キッチン部分の床を15センチメートル程下げている。完全なオープンキッチンは、片付けが苦手な人にとっては問題があるように思えるかもしれないが、ここまでオープンになると、かえってきれいに使用する習慣ができてしまうのではないかと思う。トライする価値は充分にある。

代田の家

手触りがうれしい無垢材のカウンター

調理すること、食べること、集うことが大好きな家族のための住まいである。家の中心にどんなスペースを設けるかはケースバイケースであるが、この家の場合は迷わずダイニングとキッチンとなった。２つのスペースを一体化し、その中心にキッチンカウンターを兼ねた無垢の木のダイニングテーブルを設置した。家族が集まり、常に手が触れる場所なので、材質にはこだわりをもち、材木会社まで建て主と出向いて最終的に材料を決定した。無垢の木特有のエイジングを経て、味わいのあるテーブルとなればよい。

素材感を楽しむ

建て主と一緒に選んだイロコ材のカウンター。厚みはたっぷり８cmあり、多少の傷やシミは削ればもと通りになる

フローリングや棚板も無垢材。白い室内にやわらかな雰囲気を与える

[オープンキッチンと一体のテーブル]

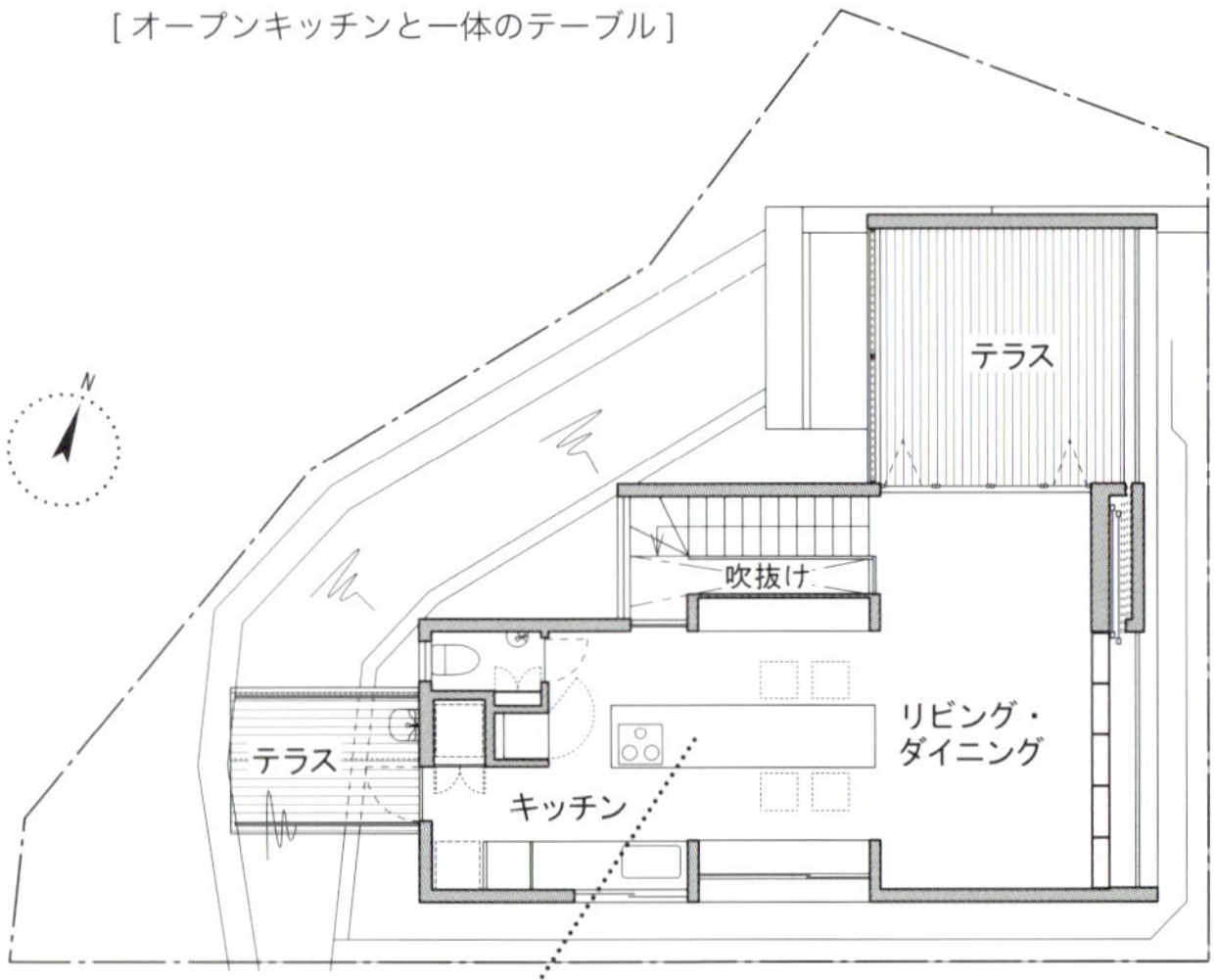

囲炉裏で食を楽しむ

低い視点でくつろぐ
掘り炬燵形式の囲炉裏を設けたダイニング。食事を楽しんだ後は景色をいただく

食卓は掘り炬燵の囲炉裏となっており、低い視点から前後の庭を眺められる。片流れの天井や仕上げの素材、庭などを和の要素で構成しつつ、伸びやかなつくりとなっている

[前後が庭に連続する開放性]

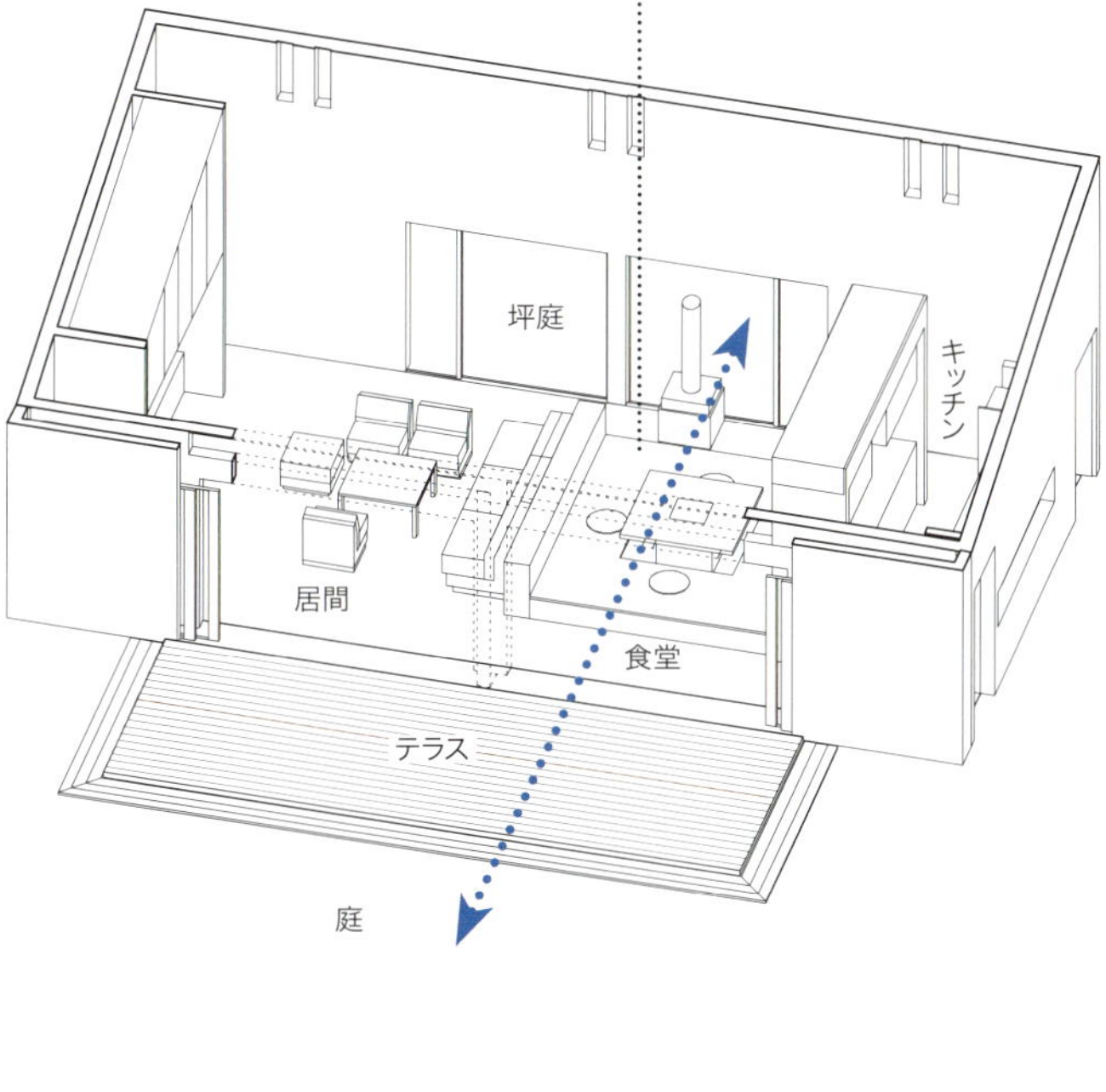

ダイニングを小上がりとして、掘り炬燵風のしつらえとした。中心には囲炉裏を設け、炭火を利用してさまざまな料理を楽しみながら、くつろぐことができる。上部には照明器具を兼ねた換気扇を設け、スムーズに排気ができるようにした。また、小上がり部分は床暖房を入れて居心地のよさにも配慮している。家全体は、洋風の椅子による生活であるが、あえてダイニング部分をこのような形にすることで、人が集いやすく、家の中心となるようにした。「居心地がよすぎて客人が帰らない」とは、建て主の後日談である。

行田の家

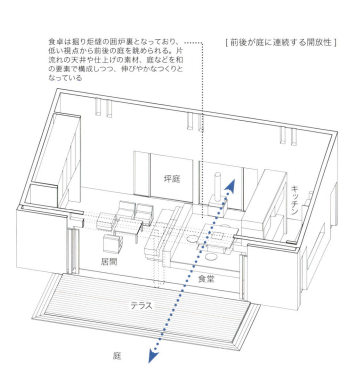

土間を中心に広がる暮らし

開放的な通り土間とつながる
通り土間の床には芦野石を使用。気品のあるやわらかな表情が特徴。右手はダイニング

鵠沼の家

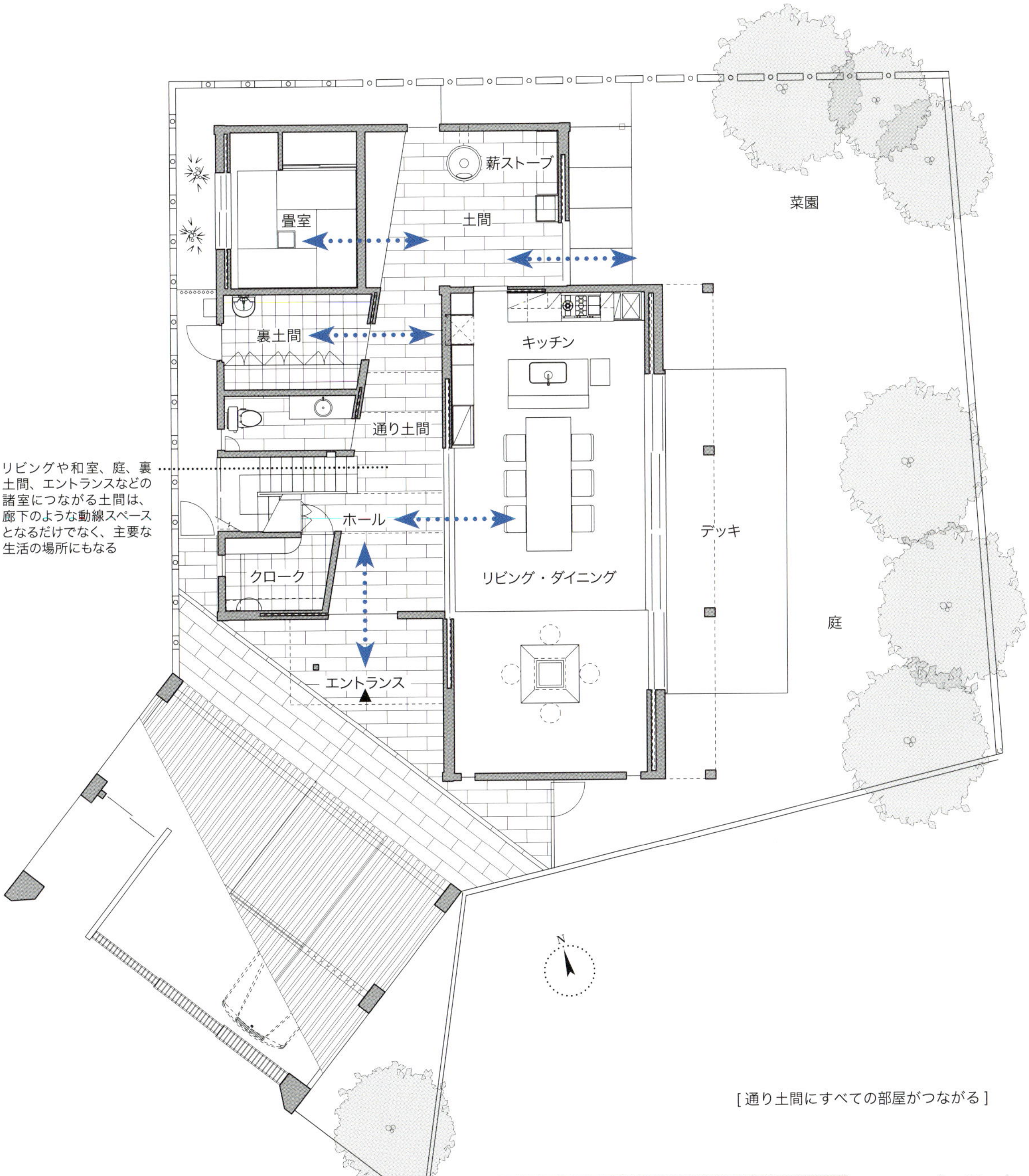

薪ストーブ
菜園
畳室
土間
裏土間
キッチン
通り土間
リビングや和室、庭、裏土間、エントランスなどの諸室につながる土間は、廊下のような動線スペースとなるだけでなく、主要な生活の場所にもなる
ホール
デッキ
クローク
リビング・ダイニング
庭
エントランス
N

[通り土間にすべての部屋がつながる]

昔ながらの風景を思わせる土間と和室

「古き良き湘南の別荘」というコンセプトで設計は進められた。家の中を通り土間が貫き、さまざまな部屋はすべて、この通り土間からアプローチする構成となっている。土間は半屋外スペースとして利用され、玄関から入った一番奥の広がった場所には、大きな薪ストーブや陶芸のろくろが置かれている。また、通り土間部分の上部はすべて吹抜けで、家族の動きが感じられ、かつ風が通る開放的な場所となっている。素材はやわらかさが感じられる芦野石を採用し、米松の構造材や、珪藻土の壁などと組み合わせることで、生成りの温かさを表現した。

跳ね出すパーティーカウンター

通常はキッチンの立ち上がり壁と一体化しており、必要に応じて跳ね出させ、テーブルとして利用できるカウンターである。収納時に立ち上がり壁と違和感なく一体化し、なおかつカウンターとして使用するときは段差がほとんど生じないように納まりを工夫した。すべてのカウンターを跳ね出すと、キッチンカウンターの奥行きは1メートル、長さ3メートルにもなり、人が多く集まってパーティーをするときなどには、大いに役立つカウンターテーブルとなる。また、跳ね出し時に、万が一にも誤って閉じないように、裏には信頼性の高い金物ステーを設けている。

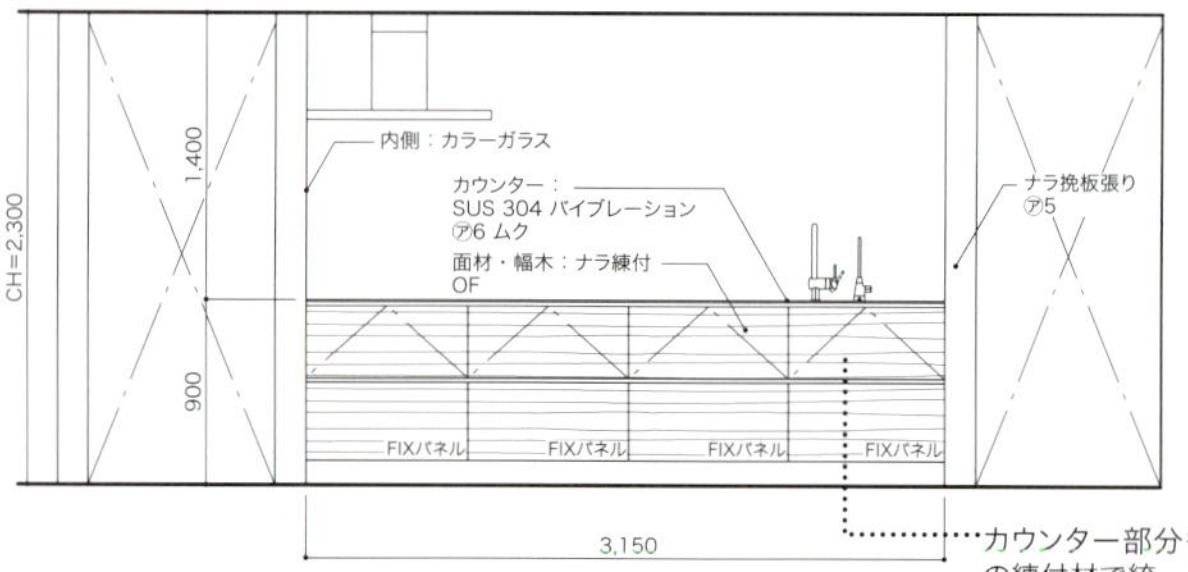

カウンター部分もFIX部分もナラの練付材で統一している

[パーティーに役立つ長さ]

正面から見た図。キッチンの立上りの上部が跳ね出しカウンター。長さ3m以上になる

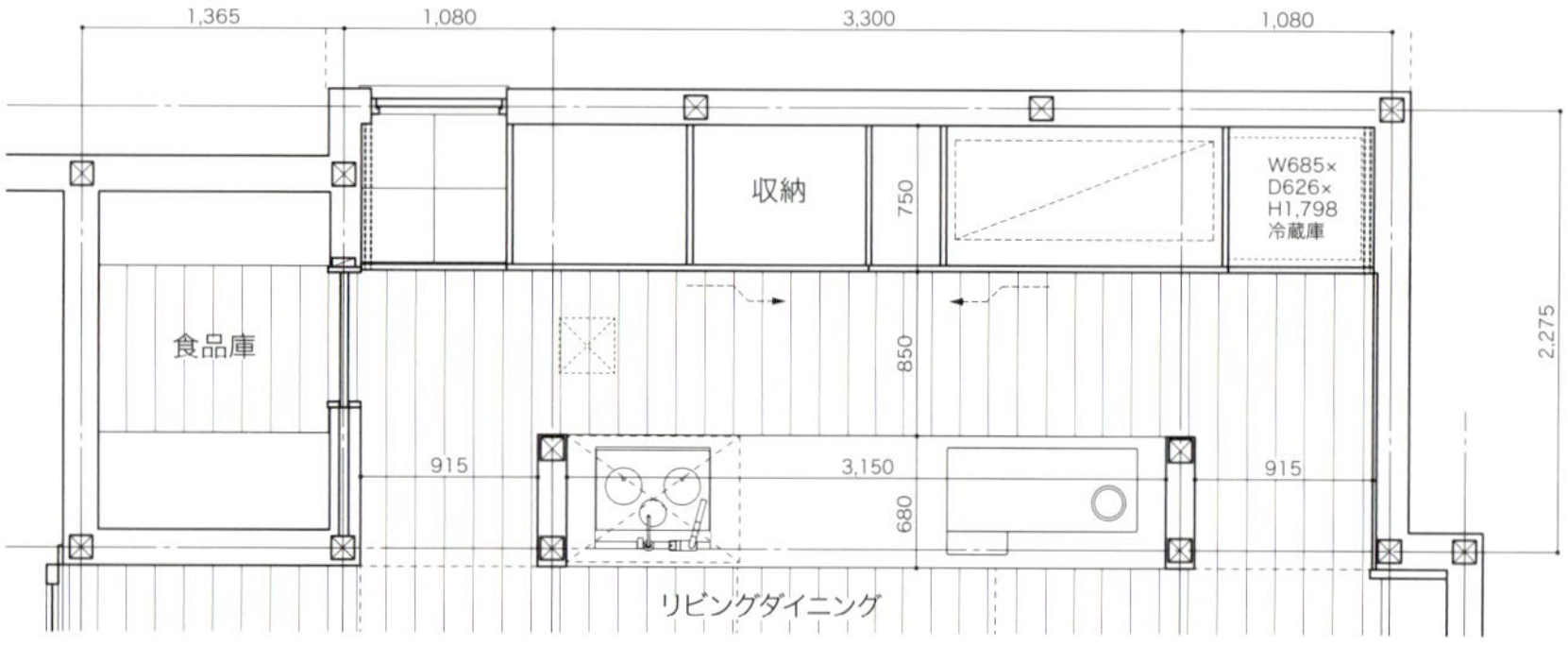

[キッチンの背後にも注目]

上から見た図。キッチンの後ろの収納は引戸で内部を隠すことができる。オープンキッチンでありながら整然とした状態が保てる

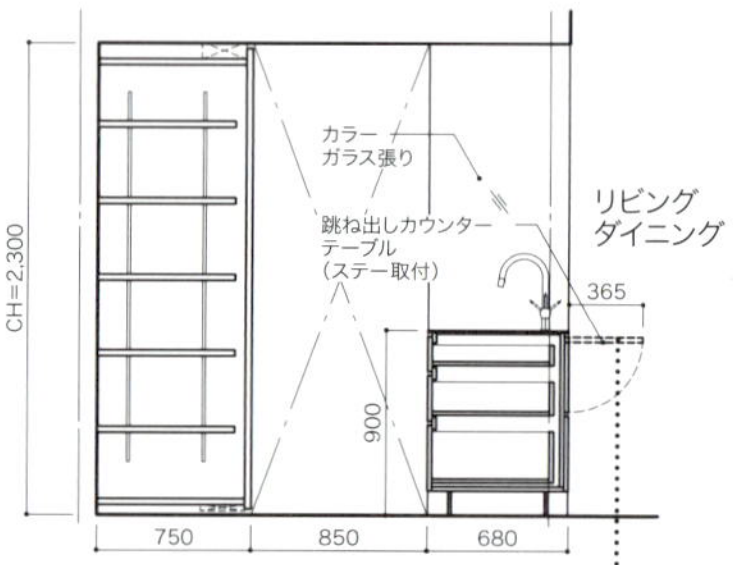

リビング側に開く事でパーティーカウンターや配膳台などの用途に活用できる

[跳ね出せば用途が広がる]

横から見た図。キッチンカウンターの幅は68㎝と標準的なサイズだが、跳ね出しカウンターを出せば1m以上となる

閉じたカウンター

カウンターがキッチンの立上りと一体化する。カウンター奥の収納も引戸で隠せる

跳ね出したカウンター

ナラ練付け材のオイルフィニッシュ仕上げ。インテリアとしても配慮している

沼津の家

05

こだわりの部屋

プラスαのスペースづくり

世の中に一つしかない注文住宅をつくることは、建て主のある意味では「マニアック」な要望に対して、設計者がどのような答えを出すかということでもある。マニアックな要望そのものは、普通の住まいにはアンバランスに思われる場合もあるかもしれないが、肝心の住まい手にとっては唯一無二、ほかの何にも替えられない貴重なものである。他人から見れば「ちょっと変」かもしれないが、その人なりの夢をもつことが家づくりの第一歩となる。

われわれ設計者は、その貴重なこだわりの部屋の実現に心を砕き、最大限の努力をする必要がある。要望の内容をよく理解して、相手の期待をよい意味で裏切るようなアイディアを出すことを目標としたいし、そのようなものができたときに、建て主にとっても末永く愛することのできる家となっていけるのだと思う。

地下に理想のAVルーム

ホールのようなコミュニケーションスペース
広さは約30畳。壁と天井の色の薄い部分は音の反射面、濃い部分は吸音面

浜田山の家

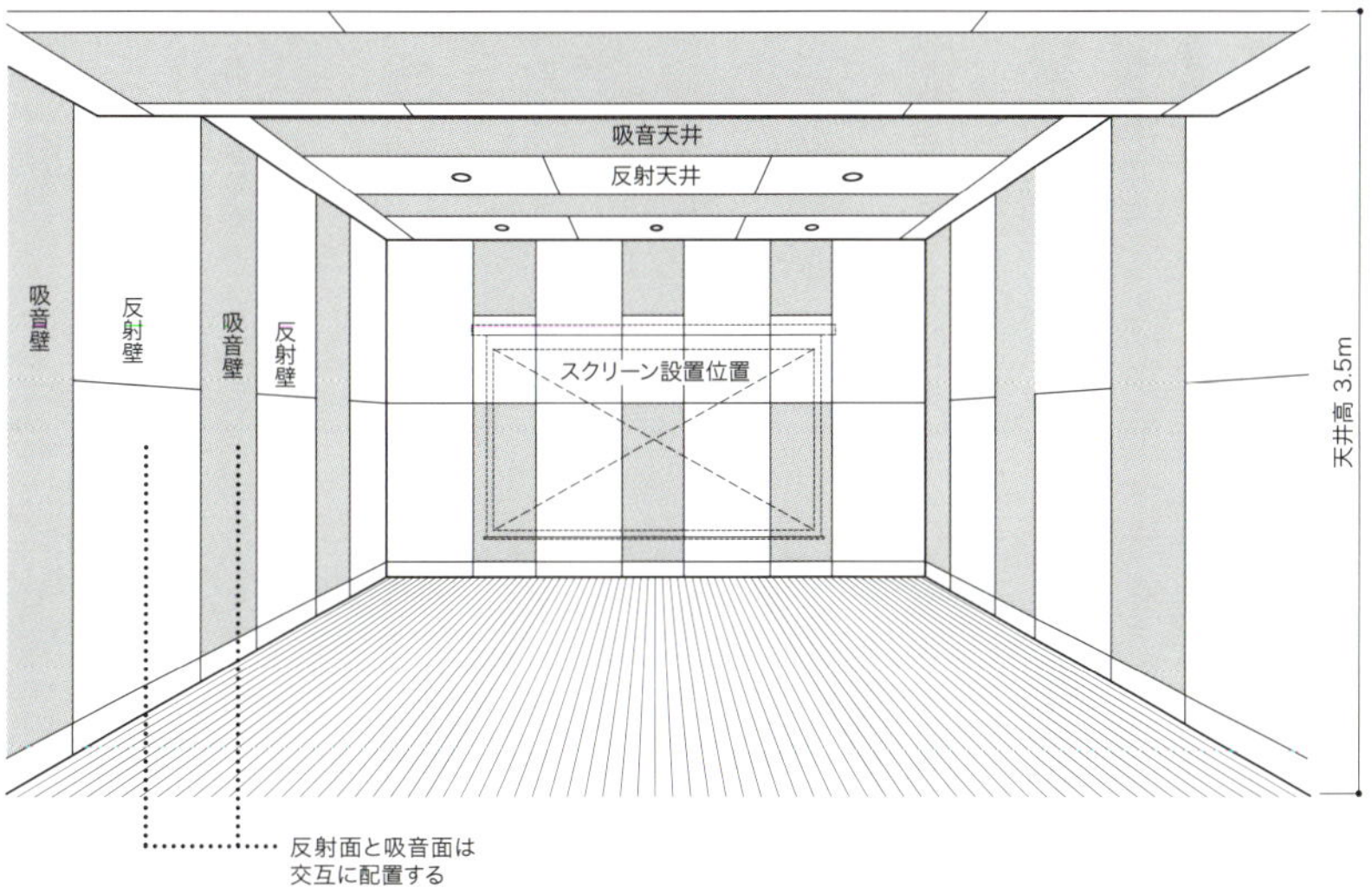

[反射面、吸音面の配置]
音の反射面と吸音面は交互に配置する。
こうした組合せや部屋の寸法比率が、
最高の音響室をつくる鍵となる

[吸音壁と反射壁の構造]

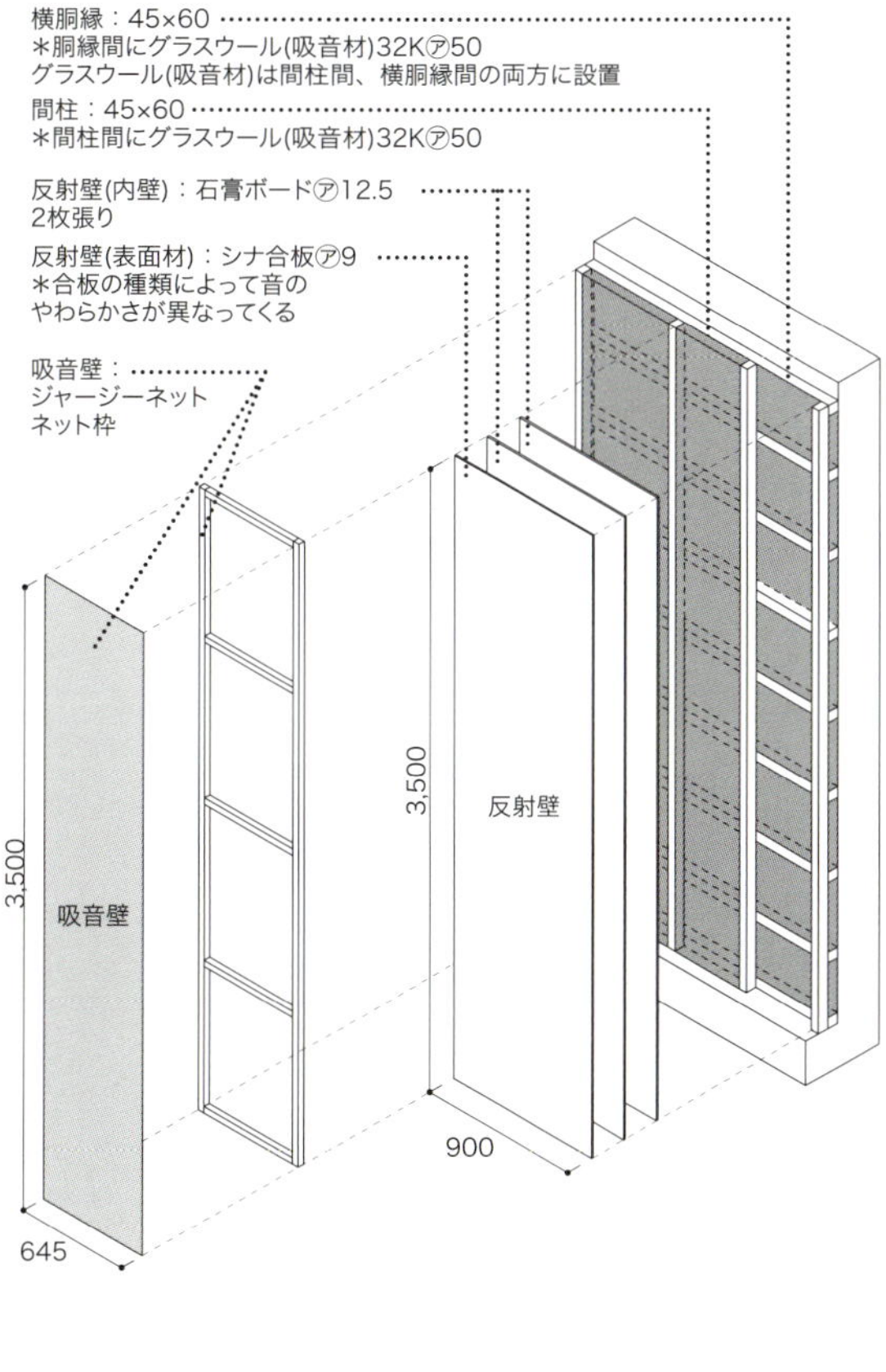

理想的なAVルームとは、音質がよいことはもちろんだが、家族や来客など、その家に関わるすべての人が気軽に集まってくるような部屋ではないだろうか。また、AVルームをつくるときに重要なことは、工法が複雑でなく、基本的なルールを守れば普通の施工者による工事が可能で、しかも部屋の有効面積を音響のために損なわないことである。音響の専門家・石井伸一郎氏と組んでつくり出したこのオーディオルームは、音の響きもよく、さらに家族全員にさまざまな用途で利用されるコミュニケーションスペースとなっている。

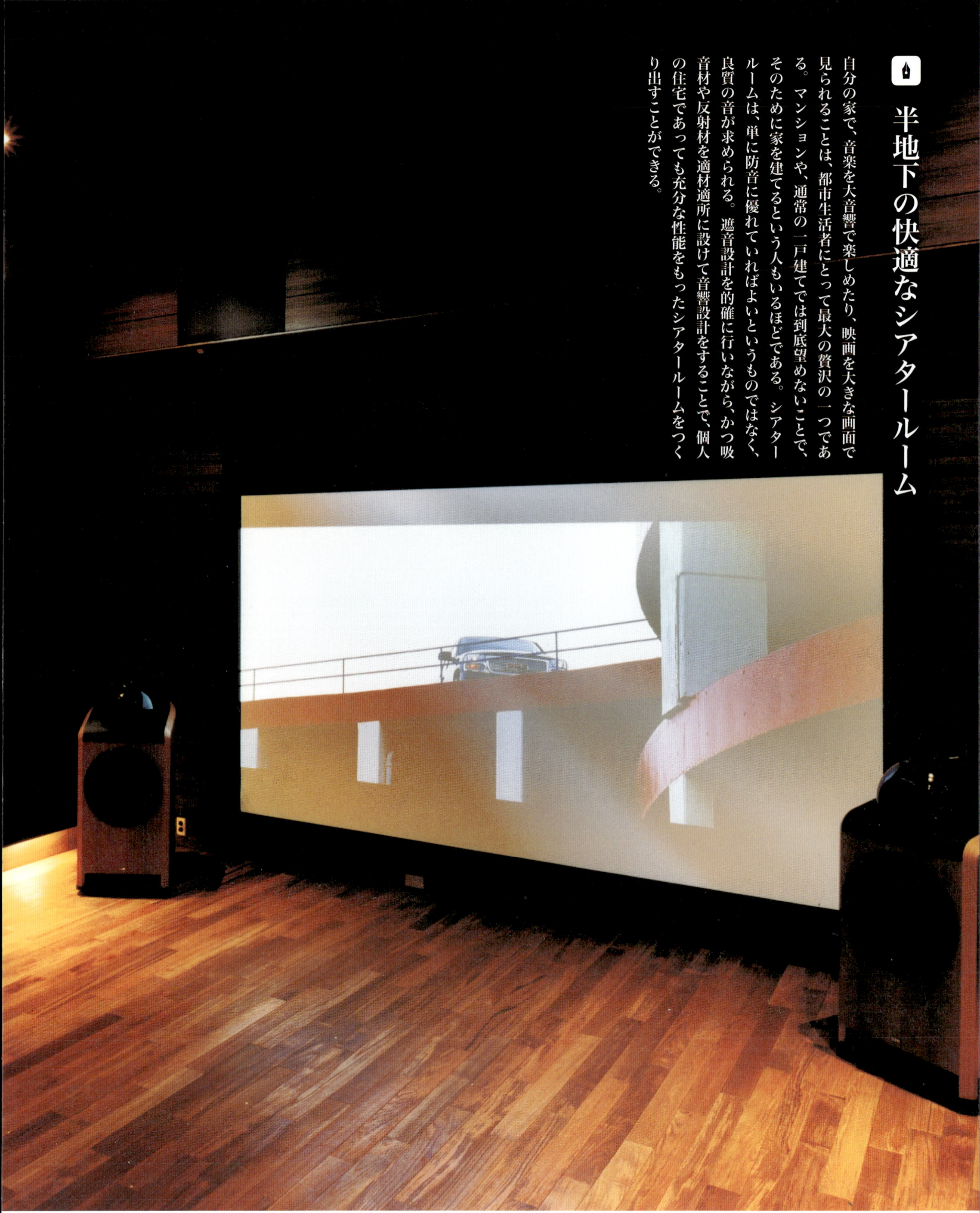

半地下の快適なシアタールーム

自分の家で、音楽を大音響で楽しめたり、映画を大きな画面で見られることは、都市生活者にとって最大の贅沢の一つである。マンションや、通常の一戸建てでは到底望めないことで、そのために家を建てるという人もいるほどである。シアタールームは、単に防音に優れていればよいというものではなく、良質の音が求められる。遮音設計を的確に行いながら、かつ吸音材や反射材を適材適所に設けて音響設計をすることで、個人の住宅であっても充分な性能をもったシアタールームをつくり出すことができる。

[音響の黄金比率をもとに計画]

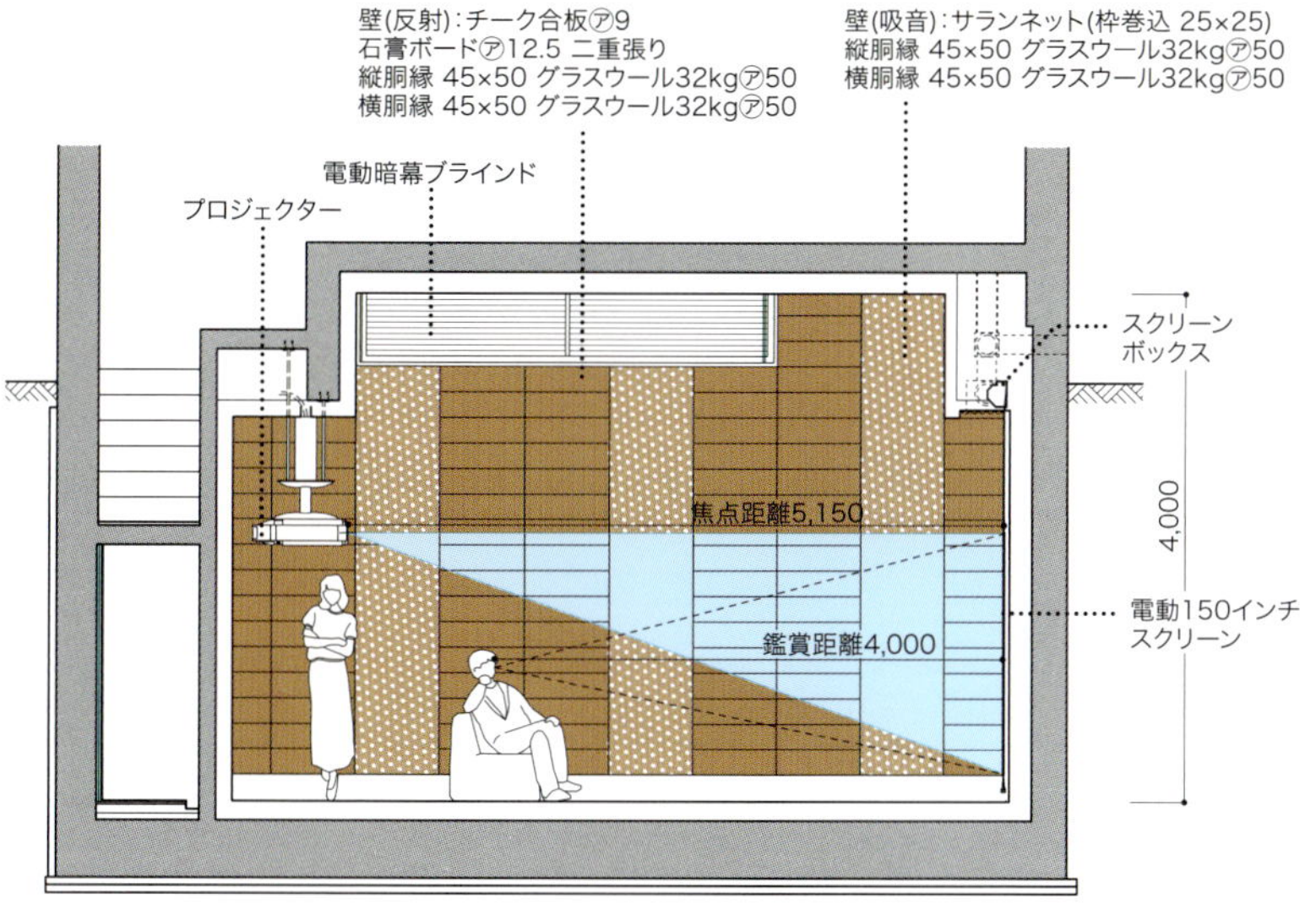

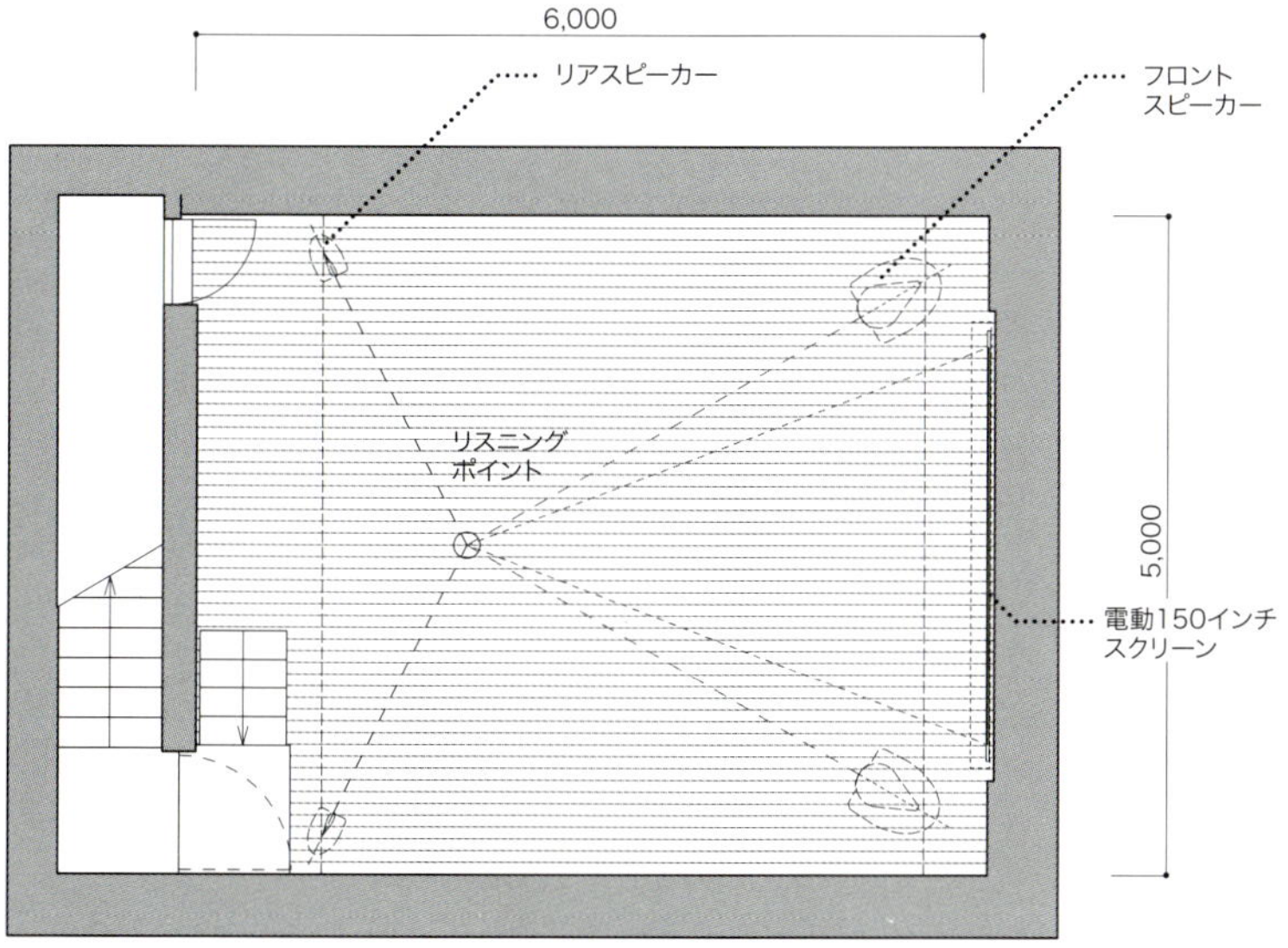

ホームシアターをつくるときの重要なポイントは部屋の奥行き・幅・高さの寸法比である。この家では、理想比（1：0.845：0.725）に近い比率で実現できた

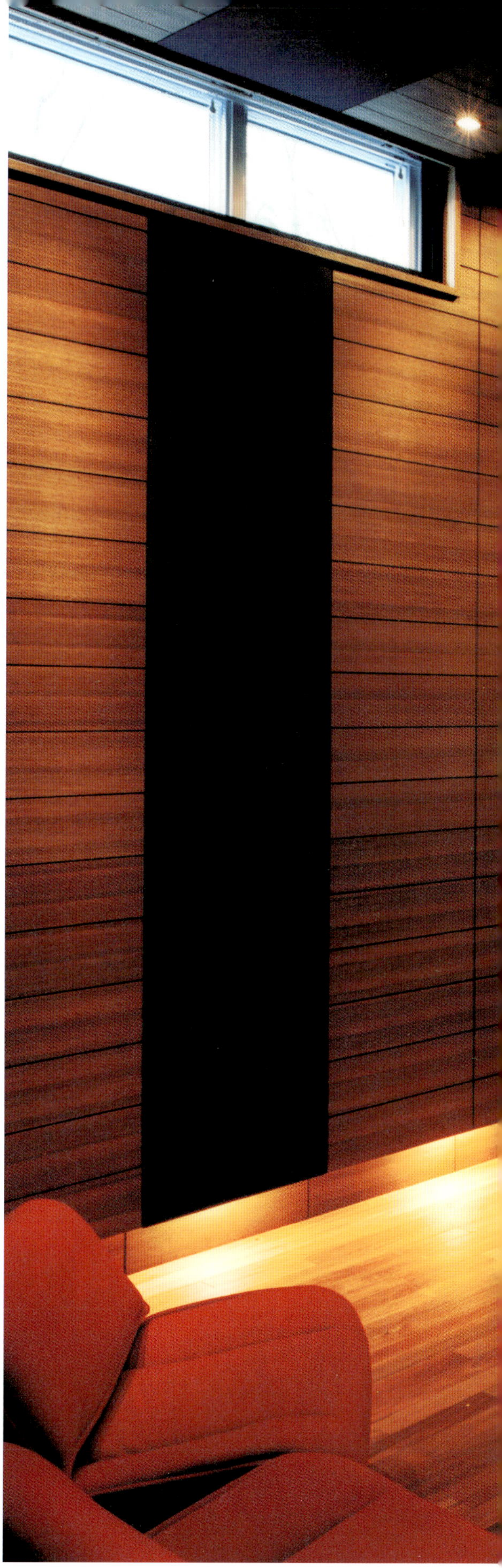

音の反射面の仕上げはチーク材

木部にチーク材を使った落ち着きのあるシアタールーム。約20畳、天井高さ4m。音響専門家・石井伸一郎氏のアドバイスのもとでつくりあげた

カーマニアのための書斎

ガラス越しに愛車を眺める
開放性と閉鎖性のバランスが居心地のよさを生み出している。一人の時間を堪能できる

車に思い入れのある人にとっては、家の中に居ながら愛車を視界の一部に感じられることが、このうえない喜びとなる。この住宅では、地下の車庫に面して書斎を設け、自分だけのカーライフを楽しむ部屋をつくった例である。地下室で、プランの制約上、外部に面して窓を開けられない場合でも、車庫などのスペースとつなぐことで、視線が遠くまで通り、思わぬ開放的な部屋をつくり出すことができるものである。

田園調布の家

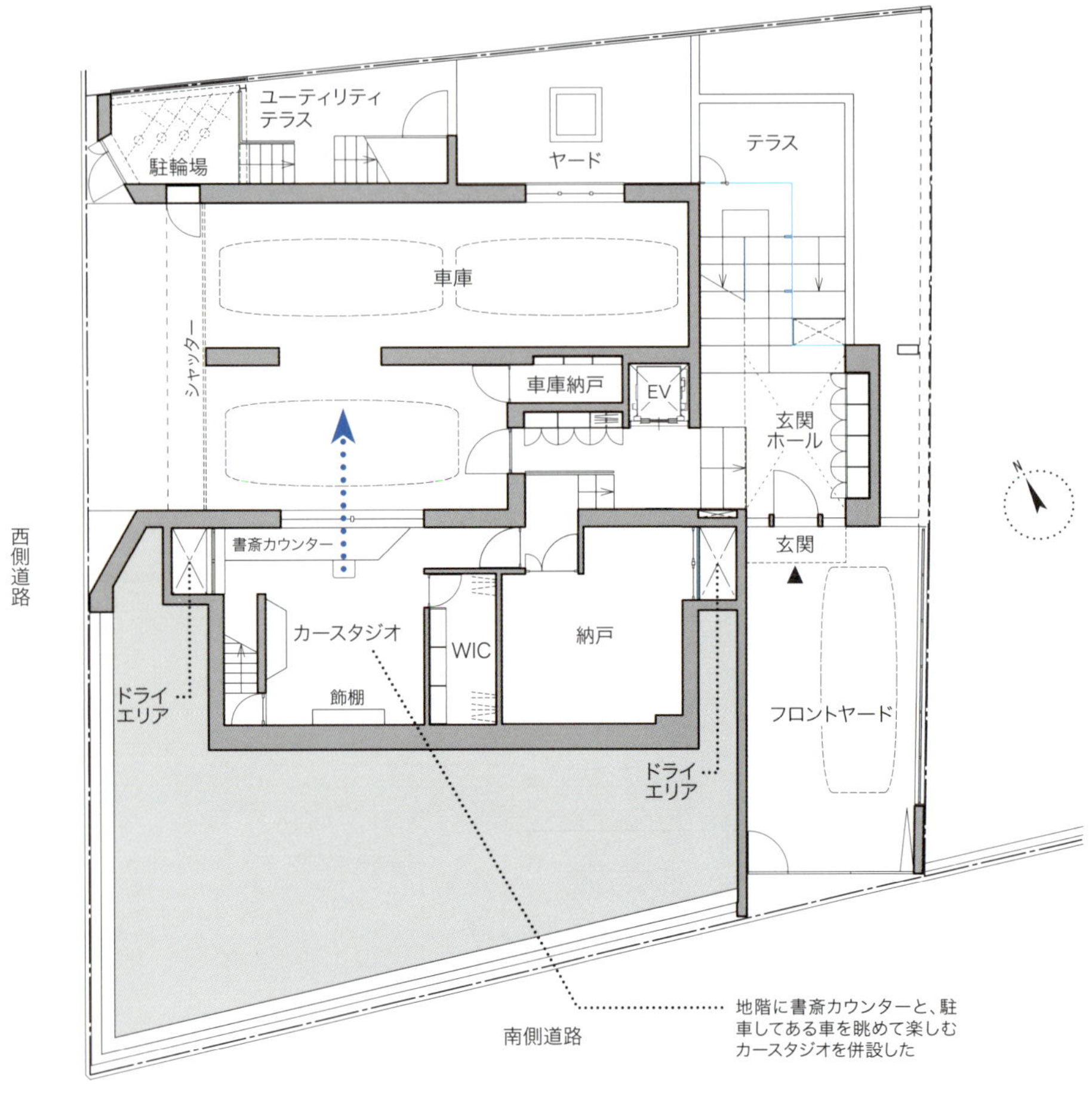
ユーティリティテラス
駐輪場
ヤード
テラス
車庫
シャッター
車庫納戸
EV
玄関ホール
玄関
書斎カウンター
カースタジオ
WIC
納戸
飾棚
ドライエリア
ドライエリア
フロントヤード
西側道路
南側道路
地階に書斎カウンターと、駐車してある車を眺めて楽しむカースタジオを併設した

［地下の車庫に面して書斎を設ける］

吹抜けをめぐるようなワークスペース

ゆとりを感じるワークスペース
吹抜けに面した両サイドはギャラリーのよう。棚にはCDや蔵書などが収められている

ワークスペースの正面にはスクリーンを設置。プライベートシアターも楽しめる

家の中に吹抜けを設けても、必ずしも有効に利用されているとは言えない例を見かける。吹抜けに面した壁は、下の階からは手が届かないため、案外単調になりやすいものである。この住宅では、リビングの吹抜けに面して、ワークスペースやギャラリー廊下のような書棚を設けて、重層的な人の動きを感じられるようにした。ワークスペースの正面には電動で昇降するスクリーンが設置されており、映画を楽しむこともできる。

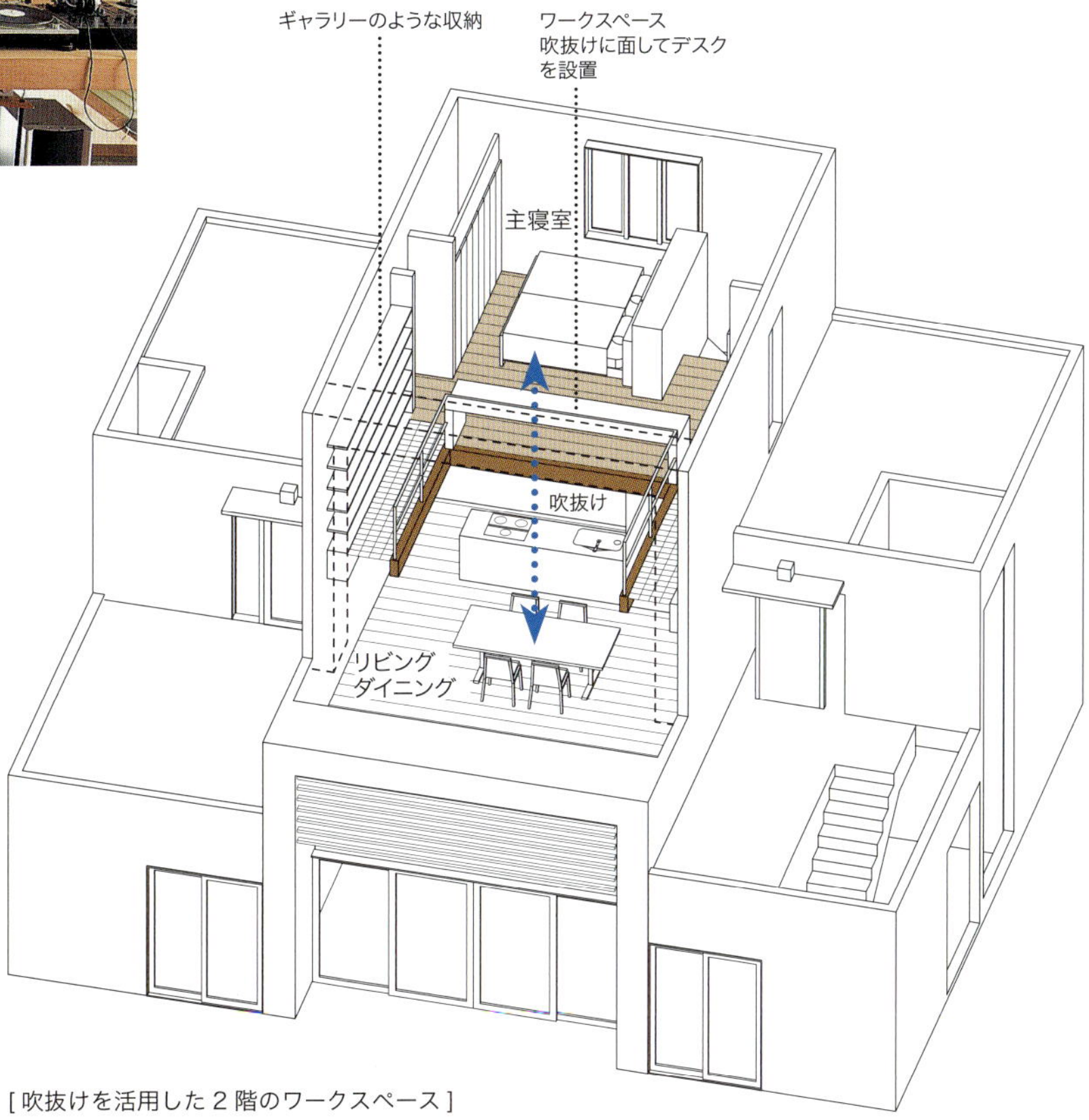

[吹抜けを活用した２階のワークスペース]

川口の家

遥かにビューが開ける

湖が目の前にあるワークスペース
カウンターに仕込まれた照明が手元を照らす。
視線が抜けるワークスペースで読書も進む

[ワークスペースの前面に吹抜け]

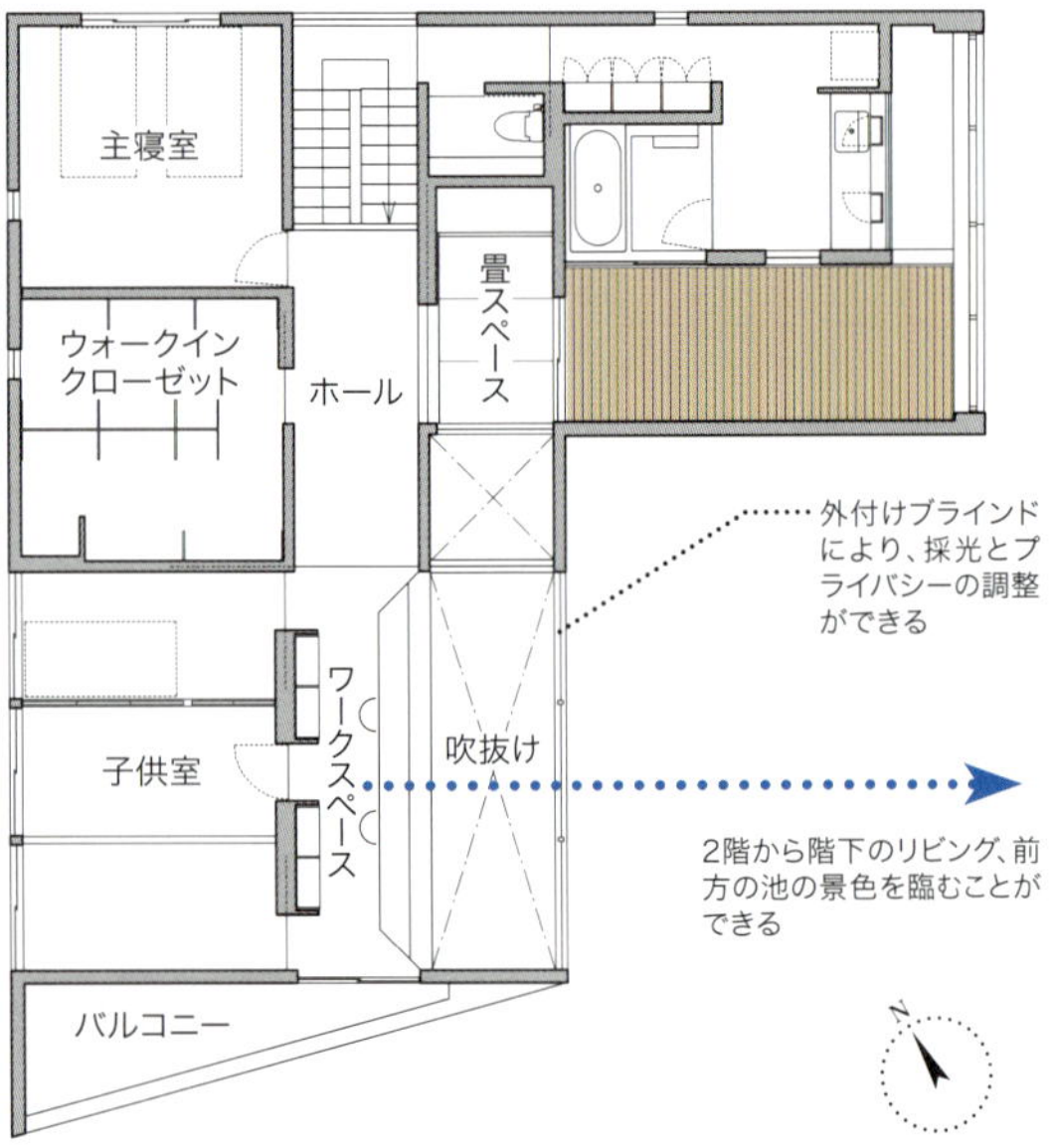

主寝室
ウォークイン
クローゼット
ホール
畳スペース
外付けブラインドにより、採光とプライバシーの調整ができる
ワークスペース
吹抜け
子供室
2階から階下のリビング、前方の池の景色を臨むことができる
バルコニー

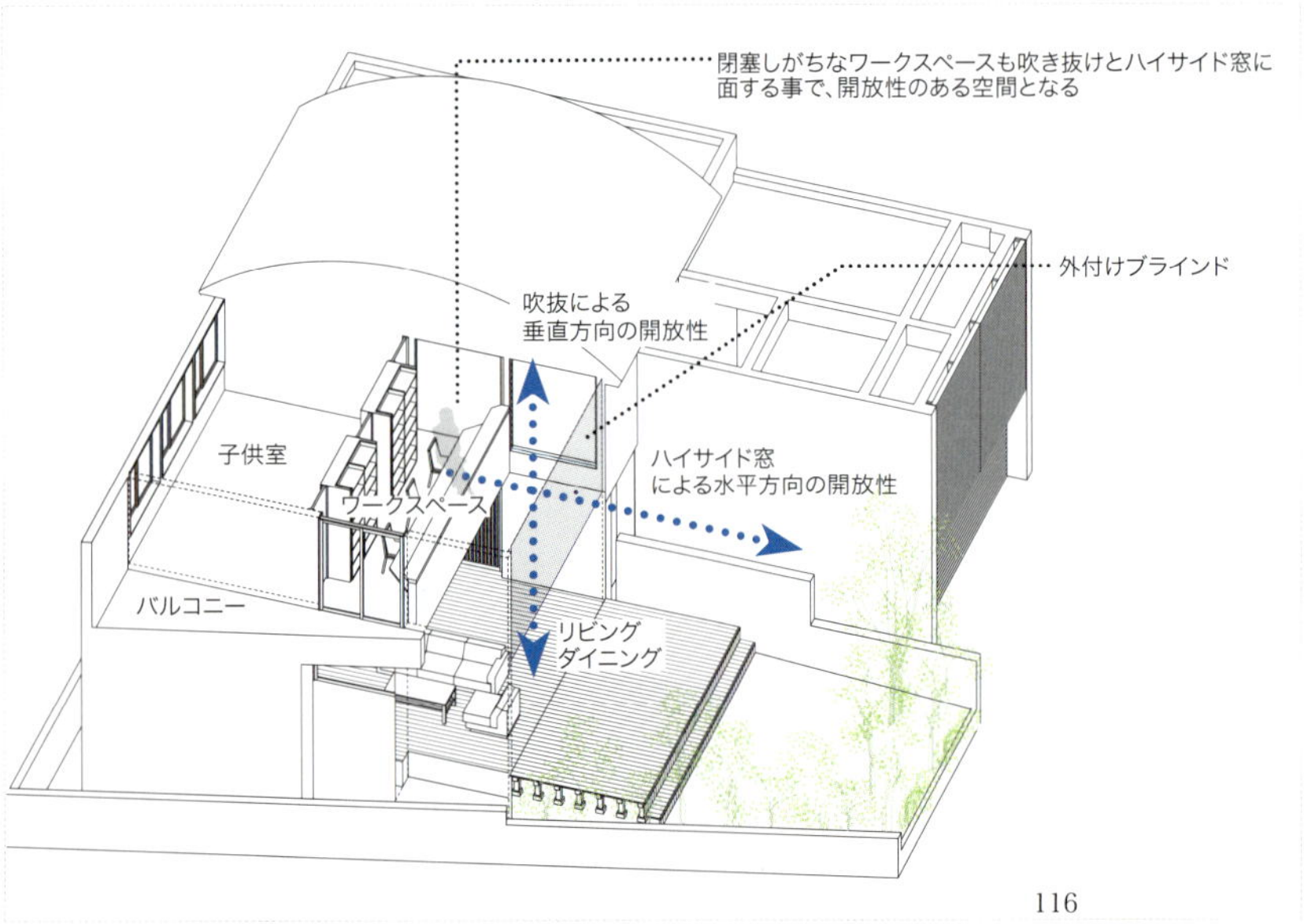

閉塞しがちなワークスペースも吹き抜けとハイサイド窓に面する事で、開放性のある空間となる
外付けブラインド
吹抜による
垂直方向の開放性
子供室
ハイサイド窓
による水平方向の開放性
ワークスペース
バルコニー
リビング
ダイニング

書斎やワークスペースにいると、視線がどうしても近くなり、閉塞感を覚える場合がある。この住宅は、湖に面した敷地に建っており、遥か遠くに視界が開けている。そのロケーションを生かすべく、家族皆のためのワークスペースを2階の開口部分に面して設けた。また、ワークスペース前面に吹抜けを設けることで、光は階下のリビングルームに落ち、ワークスペースの机の上に直射日光が当たることを防いでいる。開口部の窓には外付けブラインドを取りつけており、必要に応じて開閉ができる。

埼玉の家

ギャラリーが引き立つ中庭のゆとり

長い廊下は、住まい手にとって、単なる移動のためのスペースではなく、「意識の切り替えスペース」となる。この住宅では、母屋から、中庭を挟んだ離れの母親室への行程が長い廊下になっており、離れの独立性を保てるようにしている。ただし、窓のない長い廊下というのは、閉塞感があり退屈なものである。ここでは、中庭に面した棚や窓を利用して、建て主がもっている美術品などの展示スペースとすることで、母親が自分の部屋へ移動するときに意識を切り替えるスペースとしての性格をより高めている。

[離れと母屋を結ぶギャラリー]

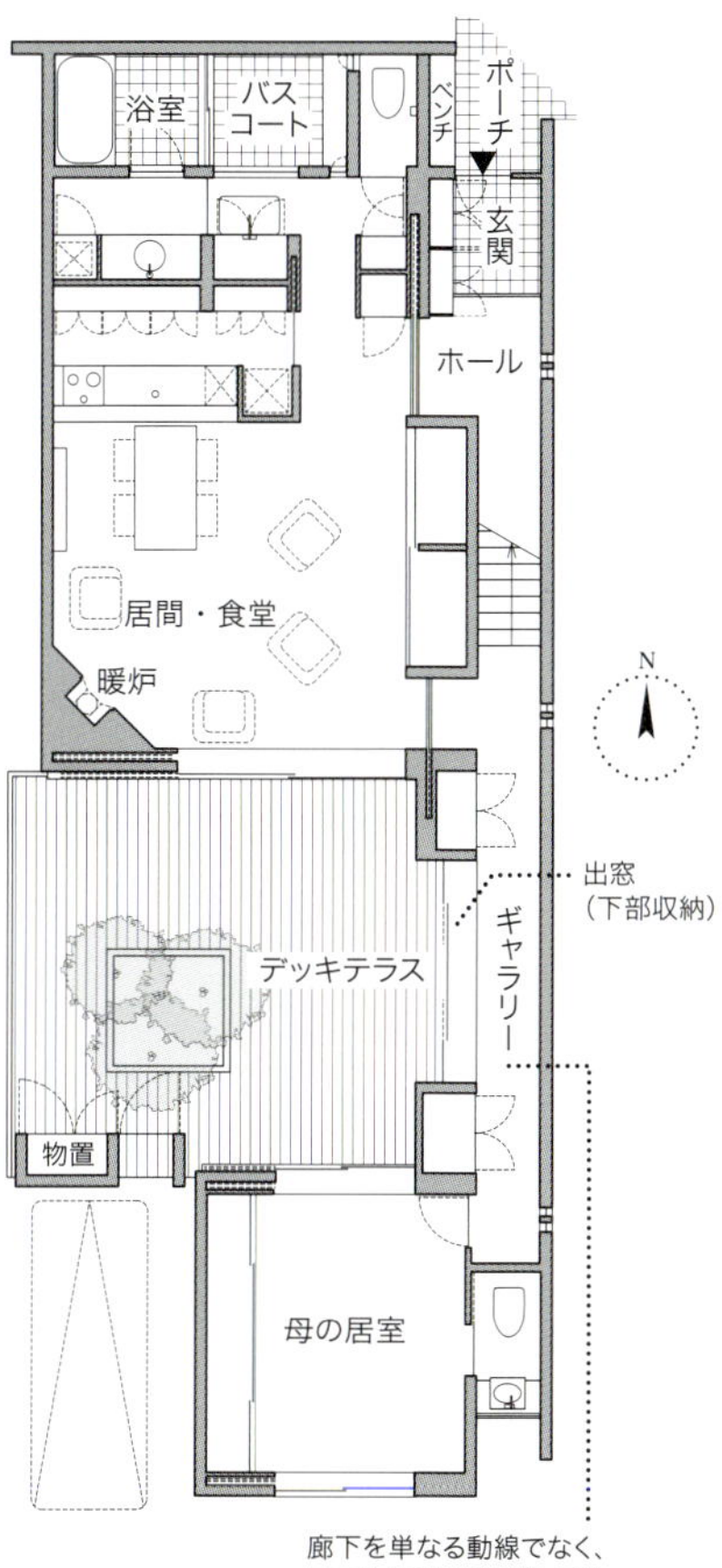

廊下を単なる動線でなく、テラスとつながるギャラリーとして活用している

廊下がギャラリーに
中庭に面して窓や棚を設け、美術品を置けるようにすると、廊下はギャラリーに一変

上連雀の家

屋外ギャラリーにもなる中庭

アトリエに続くオープンスペース
コンクリート打放しの壁に囲まれた中庭を
ギャラリーとして使うことができる

六甲の家

宝飾品を製作するアトリエを1階にもつ住宅である。アトリエに続く中庭は、シンボルツリーであるヤマボウシの木を植えた明るい場所で、それに続くガレージも含め、全体を一体的に屋外のギャラリーとして使用することも可能である。道路から続く、オープンな庭というのは便利なもので、あるときは来客時の予備パーキングとしても活用できるし、あるときは車をどけて、全体をパーティースペースとして使用することもできる。

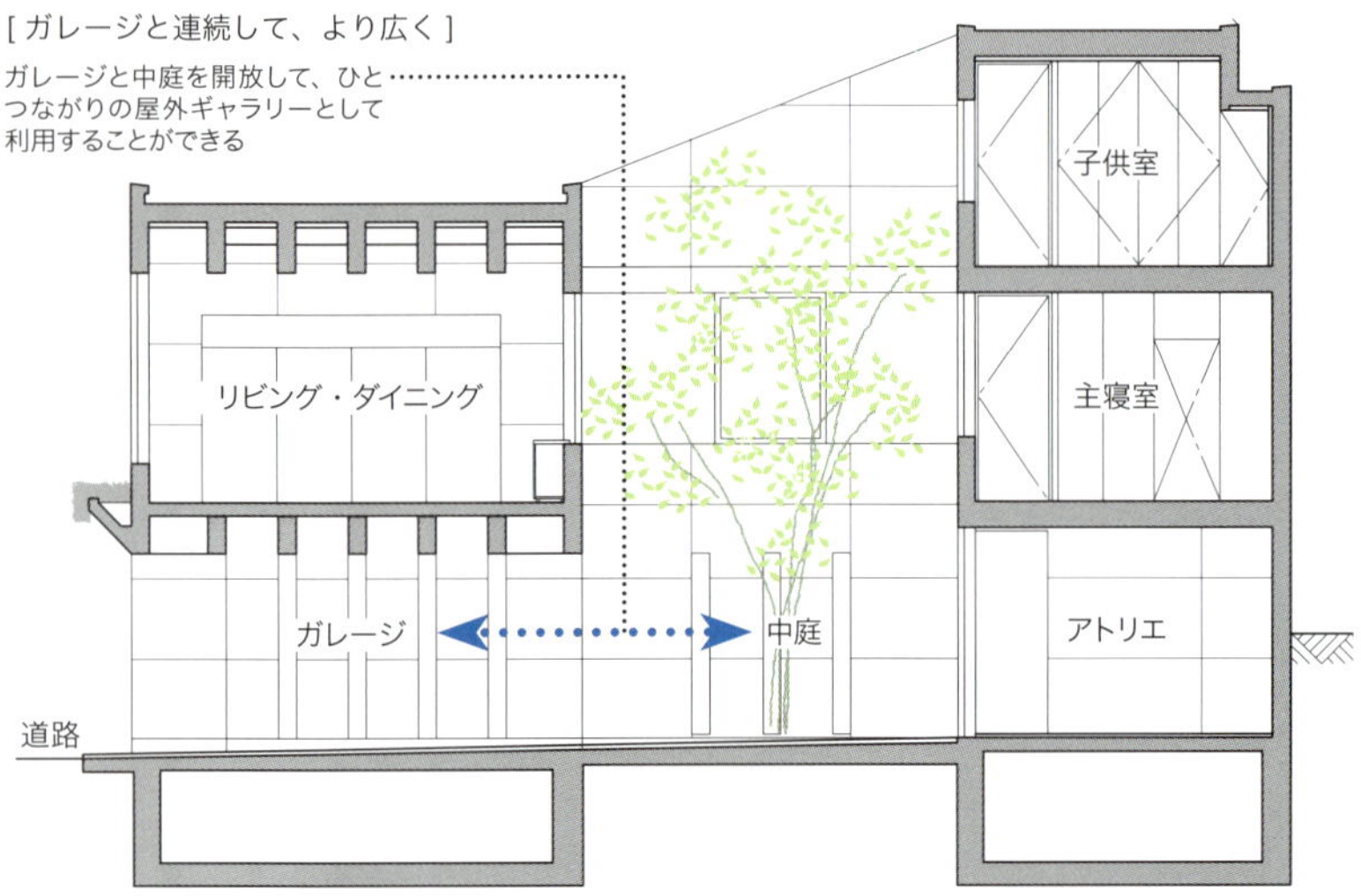

[ガレージと連続して、より広く]
ガレージと中庭を開放して、ひとつながりの屋外ギャラリーとして利用することができる
子供室
主寝室
リビング・ダイニング
ガレージ
中庭
アトリエ
道路

子供たちがこもらない間取り

2つの小さな子供室
子供室は必要最小限の広さ。普段、子供たちは手前の多目的室を含めたスペースで過ごす

勉強は多目的室で
窓辺にカウンターや吊り棚を設けている。ワークスペースとして十分なしつらえ

子供室の面積を最小にして、共用の多目的室を連続させた。子供たちはここで勉強や習い事をする。廊下の一部のような場所にあるため、子供の生活や営みは、自然と親の視線に入ることになる。また場合によると、この場所は子供だけでなく、親が何かをするときにも利用され、親子のコミュニケーションスペースとしても活用されている。

代田の家

[親の目も届きやすい間取り]

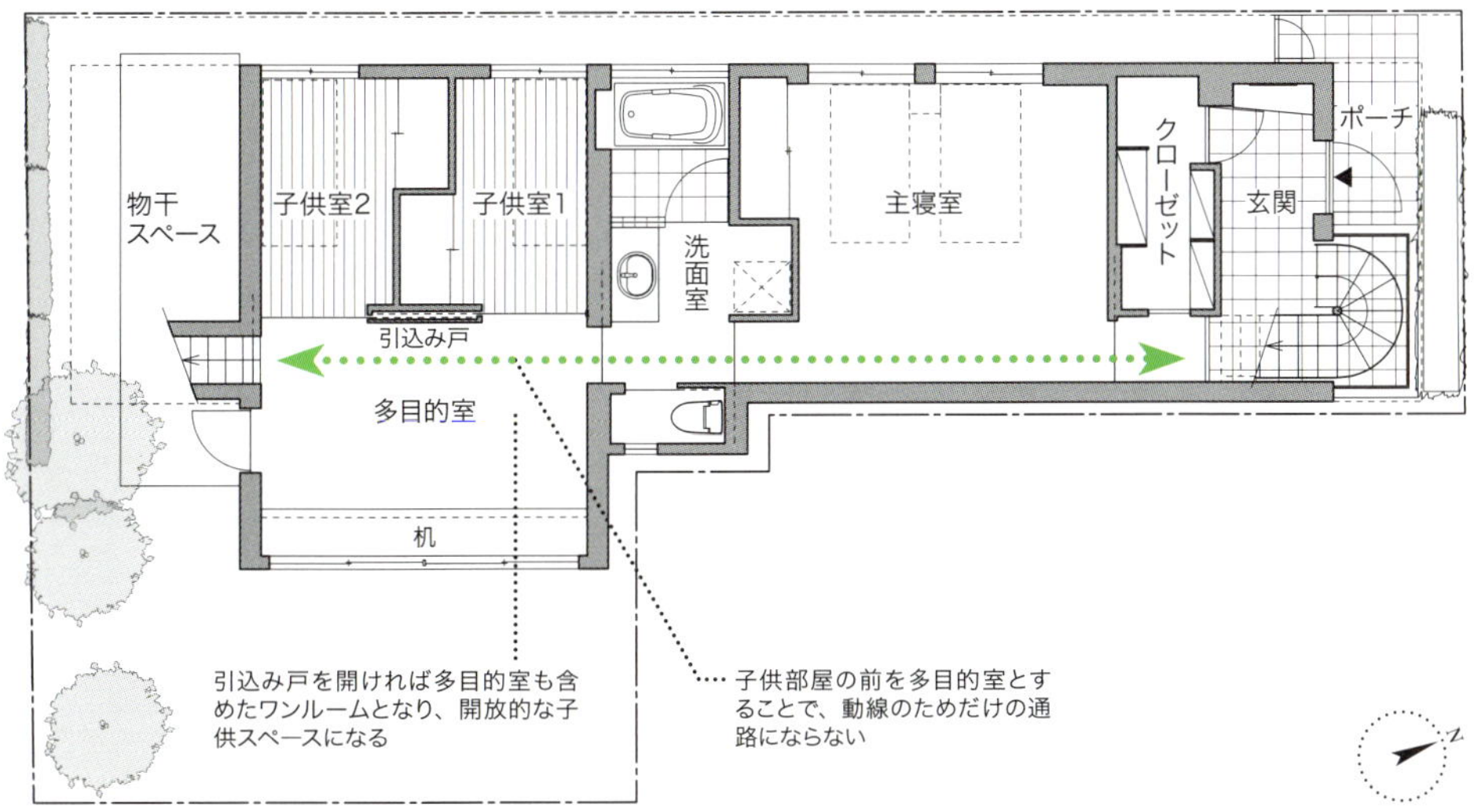
物干スペース
子供室2
子供室1
主寝室
クローゼット
ポーチ
玄関
洗面室
引込み戸
多目的室
机
引込み戸を開ければ多目的室も含めたワンルームとなり、開放的な子供スペースになる
子供部屋の前を多目的室とすることで、動線のためだけの通路にならない

119

ガラス張りの写真スタジオ

太陽光があふれる撮影スペース
自然光で撮影するためにガラス張りになっている。室内は十分な空調設備を用意し、快適性も高めている。奥の中空に設置されているのは浮遊スタジオ

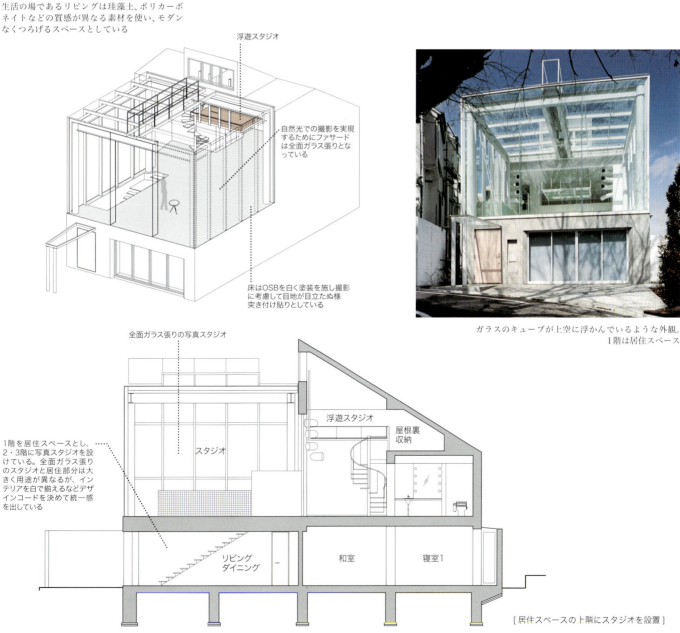

写真家の撮影スタジオを併設した住宅である。写真家にとって理想の撮影条件の一つである、自然光での人物撮影を実現するために、壁・天井がすべてガラス張りのスタジオをつくり出した。実際に撮影を行うときは、白いシルクの布をガラス面に設置して光の状態を調節したり、空や建物前面にある桜の巨木を背景として取り込むなど、さまざまな手法を活用している。このスタジオで撮影した女性のポートレート写真をよく見かけるが、明るく清潔で健康的な印象は、人工光ではなく、自然光の撮影ならではのものと感じさせる。

白いリビングルーム
生活の場であるリビングは珪藻土、ポリカーボネイトなどの質感が異なる素材を使い、モダンなくつろげるスペースとしている

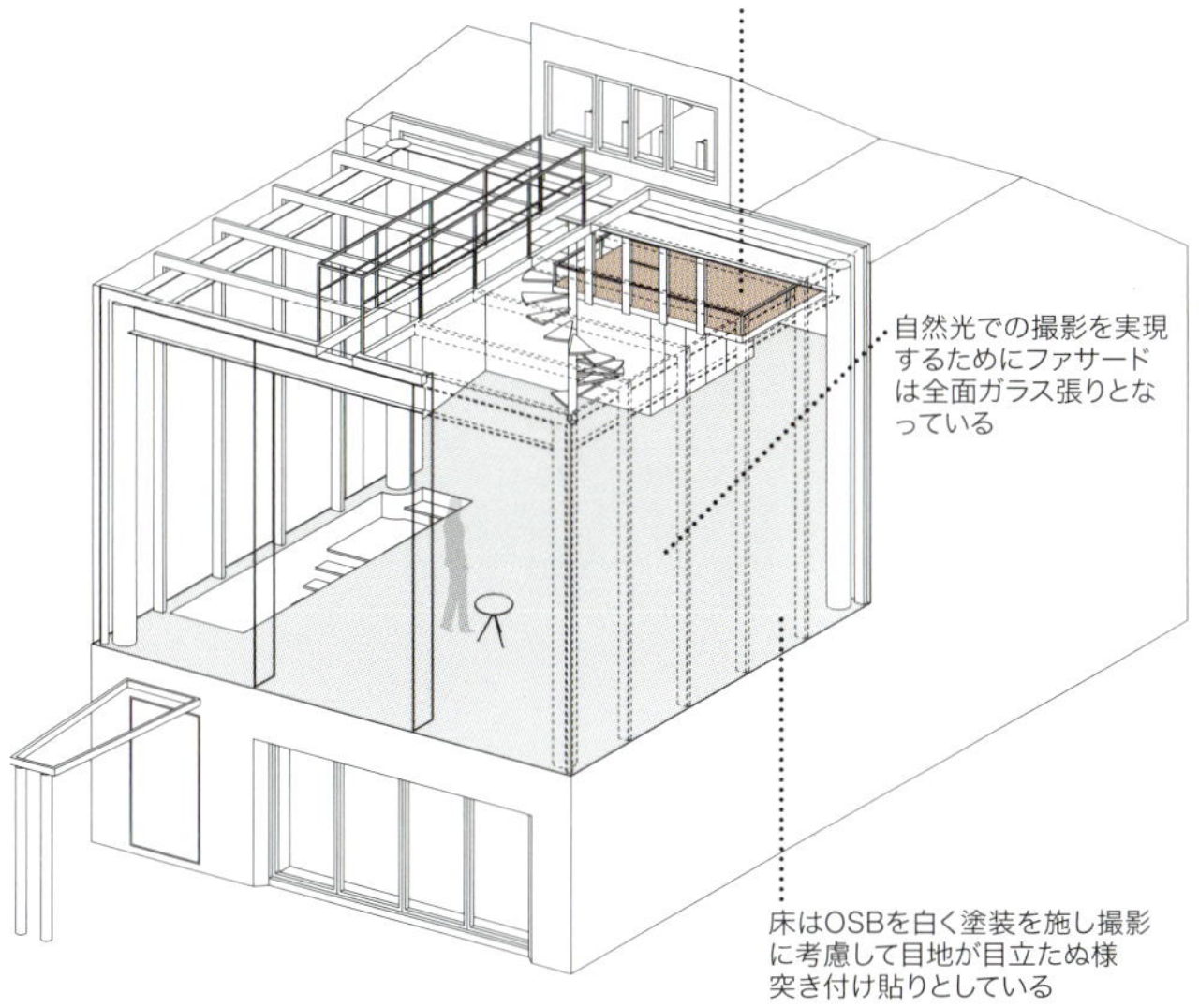

浮遊スタジオ
自然光での撮影を実現するためにファサードは全面ガラス張りとなっている
床はOSBを白く塗装を施し撮影に考慮して目地が目立たぬ様突き付け貼りとしている

ガラスのキューブが上空に浮かんでいるような外観。1階は居住スペース

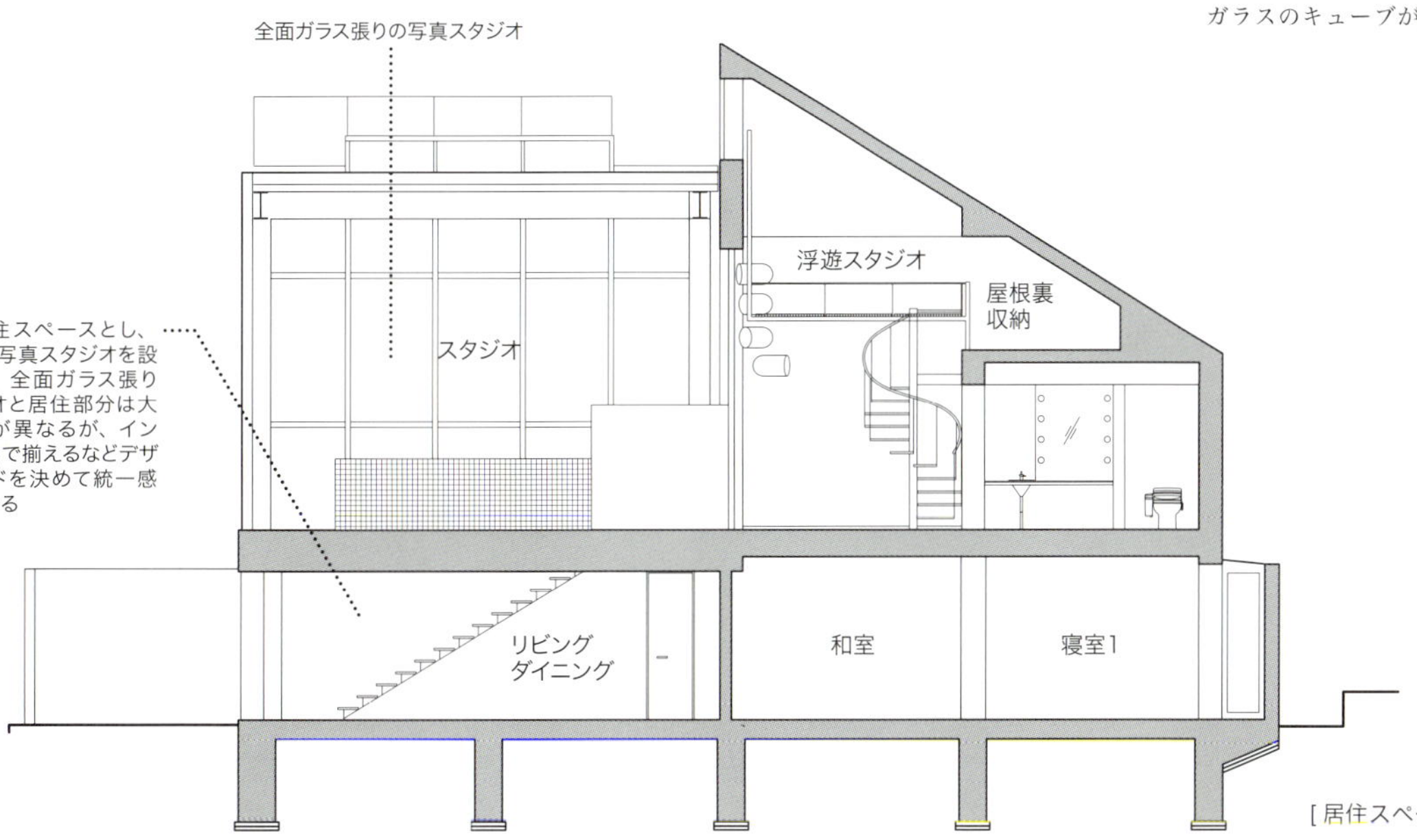

全面ガラス張りの写真スタジオ
1階を居住スペースとし、2・3階に写真スタジオを設けている。全面ガラス張りのスタジオと居住部分は大きく用途が異なるが、インテリアを白で揃えるなどデザインコードを決めて統一感を出している
浮遊スタジオ
屋根裏収納
スタジオ
リビング
ダイニング
和室
寝室1

[居住スペースの上階にスタジオを設置]

和の開放感をいっぱいに

隅柱をなくした野外感
和室の建具をすべて引き込むと開口部が大きく全開。開放感あふれる心地よさが生まれる

リビングと向かい合う和室
和室は離れのような位置にある。誰もが畳に座って庭を眺めたくなる

離れの和室である。母屋のメインの生活スペースとは別に、来客などが気持ちよく過ごせることを目的としてつくられた。また、将来建て主が高齢になった折に、バリアフリーで住まえる寝室としての使用も同時に考えている。庭との一体感を出すために、部屋のコーナーにある隅柱をなくして、開口部が全開できるようにした。建具は、通風が可能なガラリ雨戸、ガラス戸、網戸が仕込まれており、すべてを全開することで、庭との一体感が楽しめる。

[庭でつながる和室とリビング]

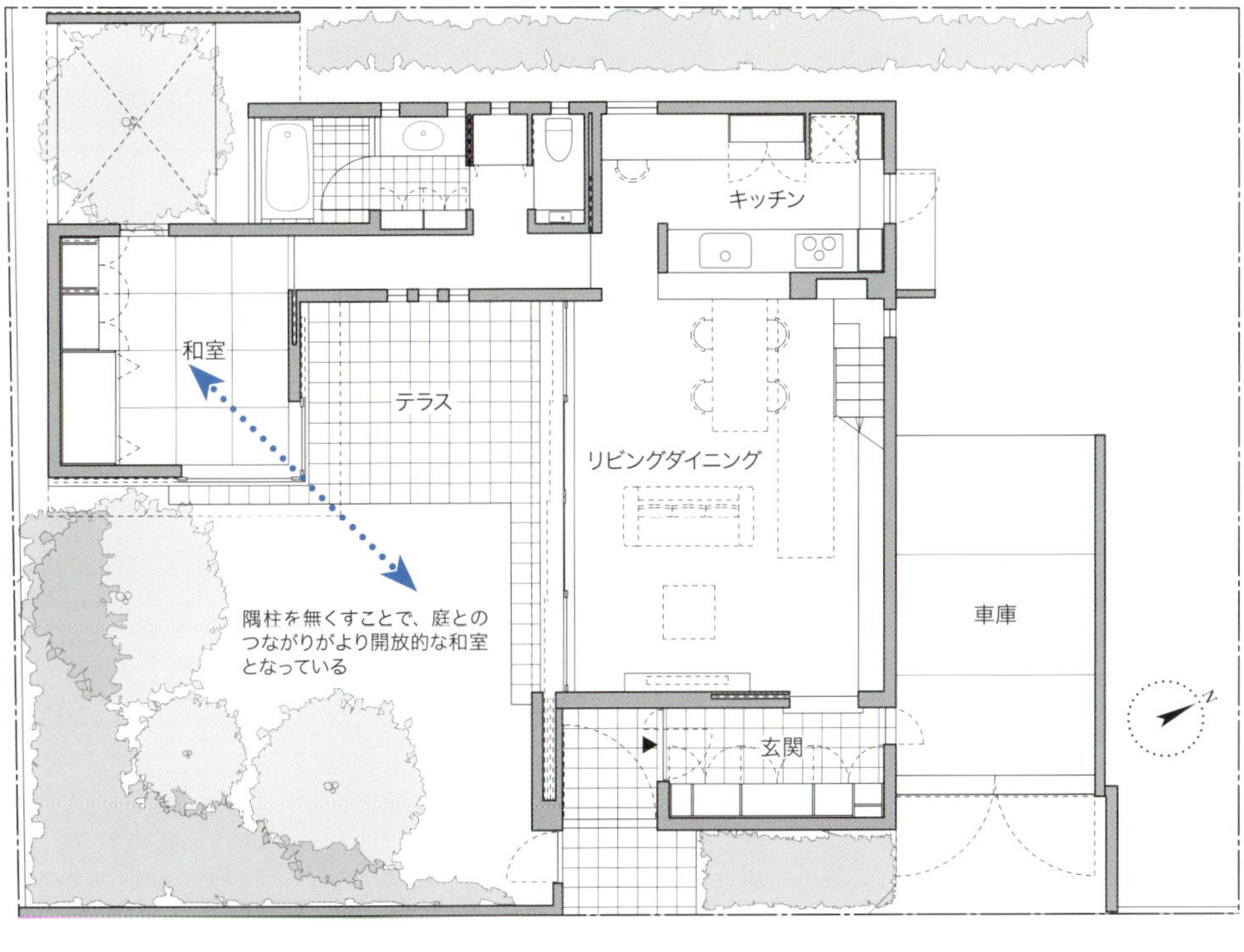
キッチン
和室
テラス
リビングダイニング
隅柱を無くすことで、庭とのつながりがより開放的な和室となっている
車庫
玄関
N

光が射し込む地下のワンルーム

ドライエリアと吹抜け
大きなドライエリアに差し込む光。通常イメージする地下室にはない快適性をつくりだしている

明るい地下の部屋
ドライエリアに面した吹抜けから、部屋に光が入る。ここで生活できるようにキッチンやシャワールームを設置

恵比寿の家

地下室が、住宅用途に限っては容積率不算入となるために、特に都市部の住宅では地下室をいかに生活スペースとして有効に利用するかが重要となっている。うまく活用すれば、本来の容積率の1・5倍の面積の住まいを手に入れることができる。この事例は、地上階が自宅で、地下部分を賃貸住宅とした例で、開口部分を吹抜けスペースとすることで上部からの採光を可能としている。地下室だからといって、自然光をあきらめることはない。つくり方によっては、明るく健康的な地下室を手に入れることができる。

[ドライエリアから光を取り込む]

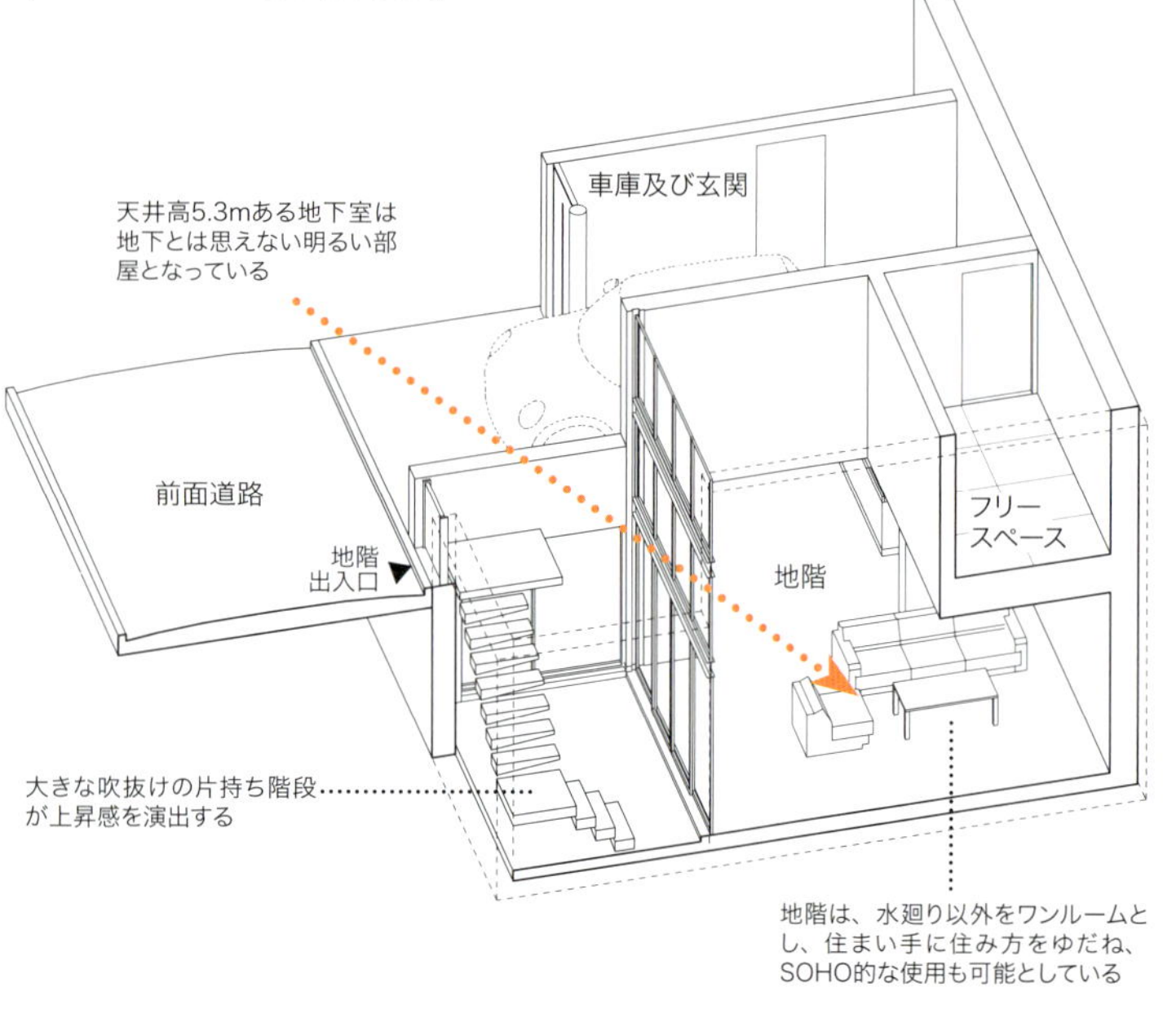
車庫及び玄関
天井高5.3mある地下室は地下とは思えない明るい部屋となっている
前面道路
地階出入口
フリースペース
地階
大きな吹抜けの片持ち階段が上昇感を演出する
地階は、水廻り以外をワンルームとし、住まい手に住み方をゆだね、SOHO的な使用も可能としている

06

浴室

楽しい水廻りをつくる

水廻りスペースは、住まいの中でも、使い勝手のよさやメンテナンスのしやすさなど、きわめて機能性が要求される場所である。だが同時に、住む人の気持ちをリラックスさせ、リフレッシュしてもらうことができる場所でもある。リビングやダイニングと違って、水廻りは長時間過ごす場所ではないが、日々の暮らしを終えて安らぐ浴室は、いわば、家の中にある「別荘のような場所」と言えるかもしれない。

よい水廻りスペースをつくるためには、庭やよい景色など、周辺の環境を含めて楽しめる場とすることも有効な方法である。プライバシーの守られた外部スペースと、水廻りスペースを適切に連続させることにより、人の気持ちをリラックスさせる癒しの場をつくり出すことができる。

格調を感じさせる浴室
御影石の質感に満たされた入浴スペース。バスコートの水盤や植栽にライトアップが加わり、さらに雰囲気を高めてくれる

御影石づくしの浴室

浴槽をどのような材質でつくるかは、大切にしたいことがらである。既製品の浴槽を使えば手軽だし、メンテナンスも比較的簡単だが、あえて御影石のような熱容量の大きい材質でつくると、いったん暖まれば冷めにくく、既製品では到底味わえない上質感のある浴槽とすることができる。この事例では浴槽全体を洗い場の床と同じ御影の錆石でつくり、脇には溶岩石でつくった岩盤浴を設置した。浴室から見る外部の庭は、水盤、砂利、植物を組み合わせて、隣家からの視線を気にせずに過ごすことができる。また、庭に出て、ちょっと一杯というのも可能である。

[外に閉じ内に開くお風呂]

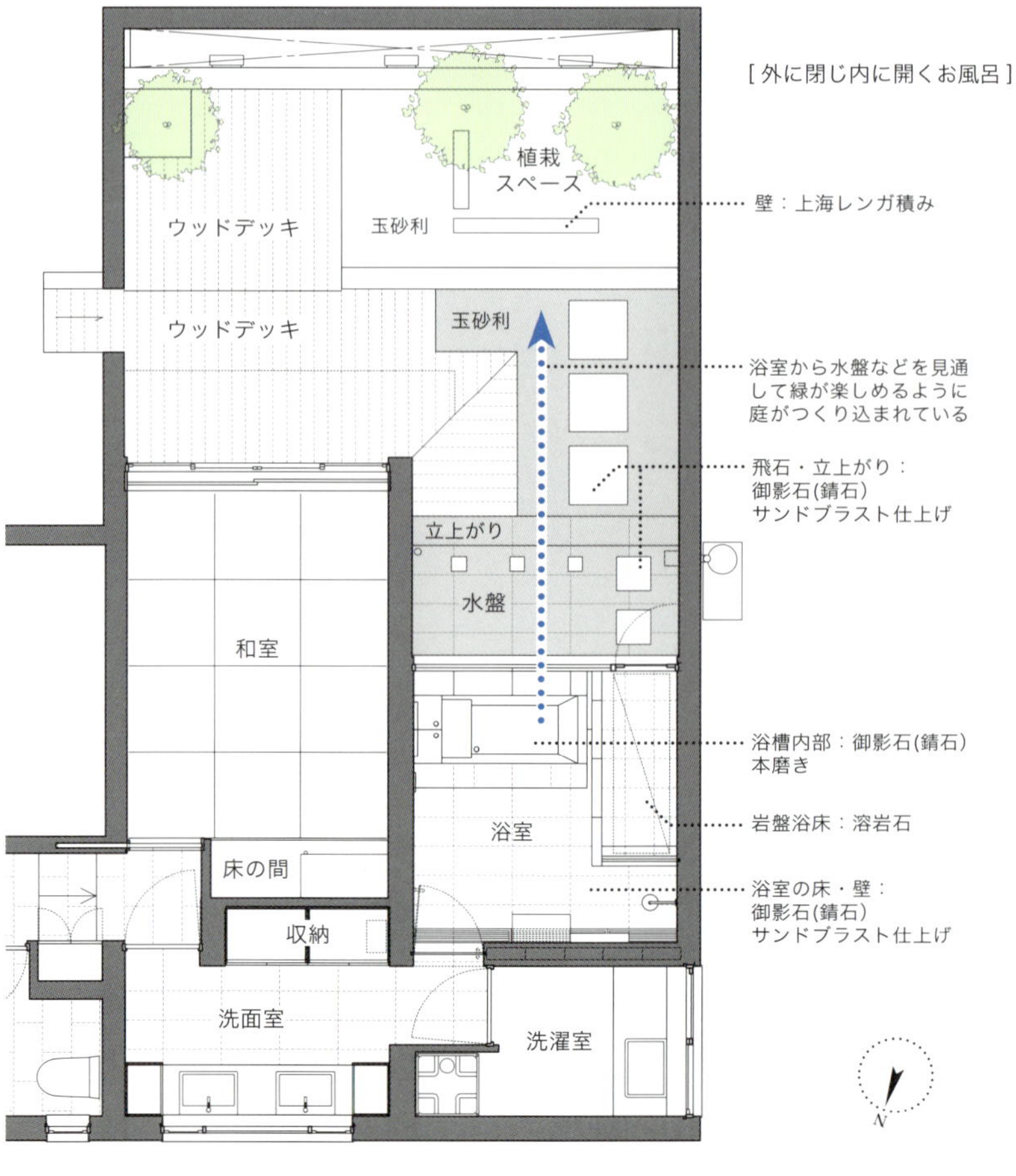

植栽スペース
ウッドデッキ
玉砂利
ウッドデッキ
玉砂利
立上がり
水盤
和室
浴室
床の間
収納
洗面室
洗濯室
壁：上海レンガ積み
浴室から水盤などを見通して緑が楽しめるように庭がつくり込まれている
飛石・立上がり：御影石(錆石)サンドブラスト仕上げ
浴槽内部：御影石(錆石)本磨き
岩盤浴床：溶岩石
浴室の床・壁：御影石(錆石)サンドブラスト仕上げ
N

横浜の家4

06　浴室

樹木に包まれ、お風呂三昧

庭に出れば露天風呂
シャラ、ヤマボウシなど、たくさんの緑が庭を彩る。
ジャグジーの向こうは「四季の庭」と呼んでいる庭。
森の中にいるようなシーンで露天風呂が楽しめる

「浴室は住宅の中の別荘である」という考え方がある。実際に別荘へ行くのは時間がかかるし手間もかかり、結局あまり行かなくなったという話をよく聞く。自宅に居ながらにして、非日常を味わえる別荘のようなスペースを設けるとすれば、浴室をそのようにつくり込めれば楽しいし、現実的でもある。この住宅では、サウナと水風呂、ジャグジーバス、屋外には露天風呂を設け、いろいろな入浴を楽しめる「楽水スペース」とした。隣家の視線が気になる方向には、研ぎ出しコンクリートブロックのアール形状の壁を設け、浴室の開口部分の周囲には目隠しも意識して常緑樹の緑を中心とした、野趣に富んだ庭をつくった。

[4 種類の入浴を楽しむ別荘のようなお風呂]

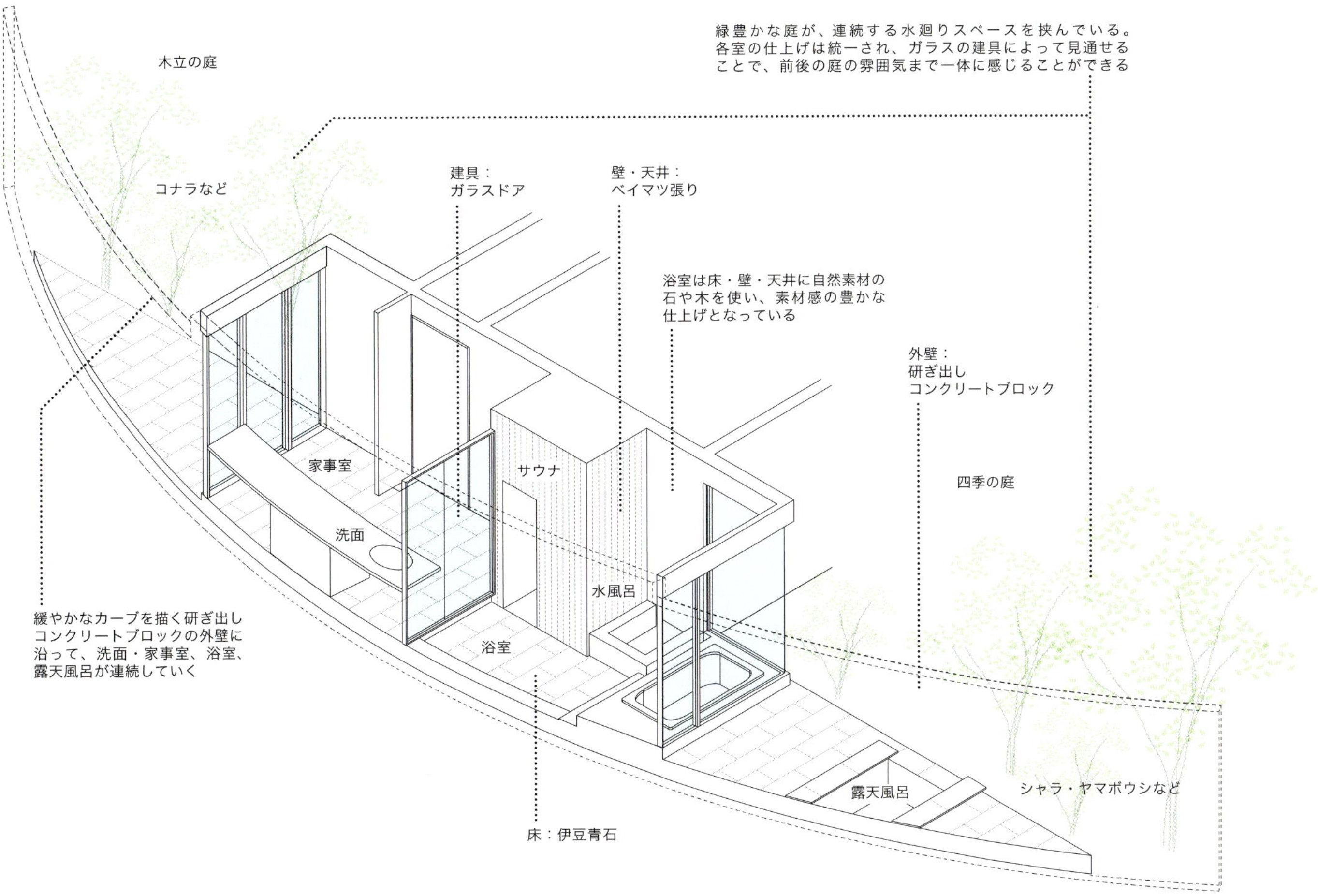

緑豊かな庭が、連続する水廻りスペースを挟んでいる。
各室の仕上げは統一され、ガラスの建具によって見通せる
ことで、前後の庭の雰囲気まで一体に感じることができる
木立の庭
コナラなど
建具：
ガラスドア
壁・天井：
ベイマツ張り
浴室は床・壁・天井に自然素材の
石や木を使い、素材感の豊かな
仕上げとなっている
外壁：
研ぎ出し
コンクリートブロック
四季の庭
家事室
サウナ
洗面
水風呂
浴室
緩やかなカーブを描く研ぎ出し
コンクリートブロックの外壁に
沿って、洗面・家事室、浴室、
露天風呂が連続していく
露天風呂
シャラ・ヤマボウシなど
床：伊豆青石

一 有孔レンガでやさしくつなぐ

浴室に面してあまりに広い庭があるのも、かえって落ち着かないものである。結局大きな窓をつくっても、ブラインドを閉めないと入れないということでは、本末転倒である。この住宅では、広い敷地の中で、プライバシーを保ちながら外部を楽しむことのできる浴室をつくり出すことがテーマとなった。浴室の周囲に孔の開いたレンガをアールのついた曲面形状に積み、周囲からの視線をコントロールしながらも、通風を確保している。アールの壁は、洗面室内にも入り込み、そこに浴室の入口扉を取りつけている。レンガの壁で切り取られた坪庭は、周囲の自然風の庭とは雰囲気を変えて、白い玉石を敷き詰め、夜間は樹木やレンガの壁をライトアップできるようにした。

スクリーンのような壁
庭から見た浴室。有孔レンガの壁で視線を遮り、風を通す。特別な雰囲気も漂わせる

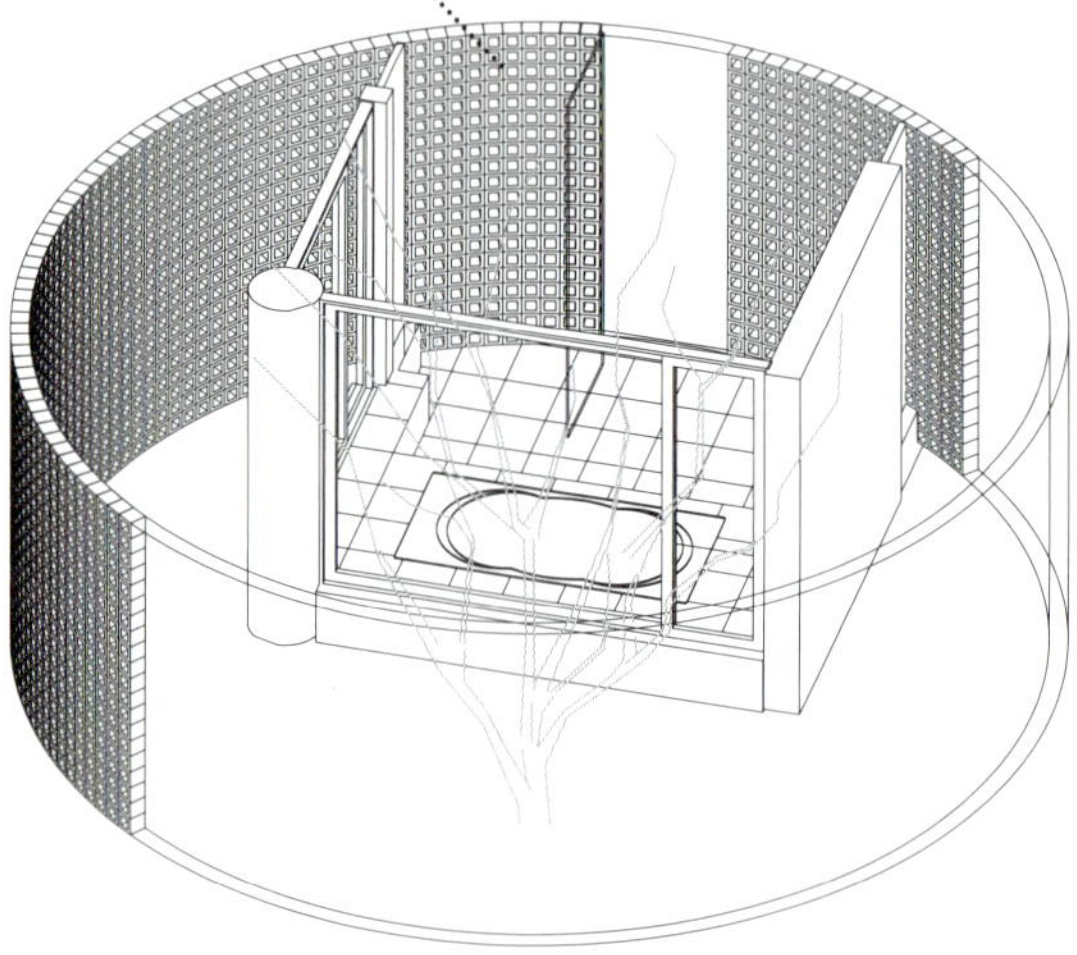
有孔レンガを用いて緩やかに仕切る

[庭の中に円く浴室を囲い込む]

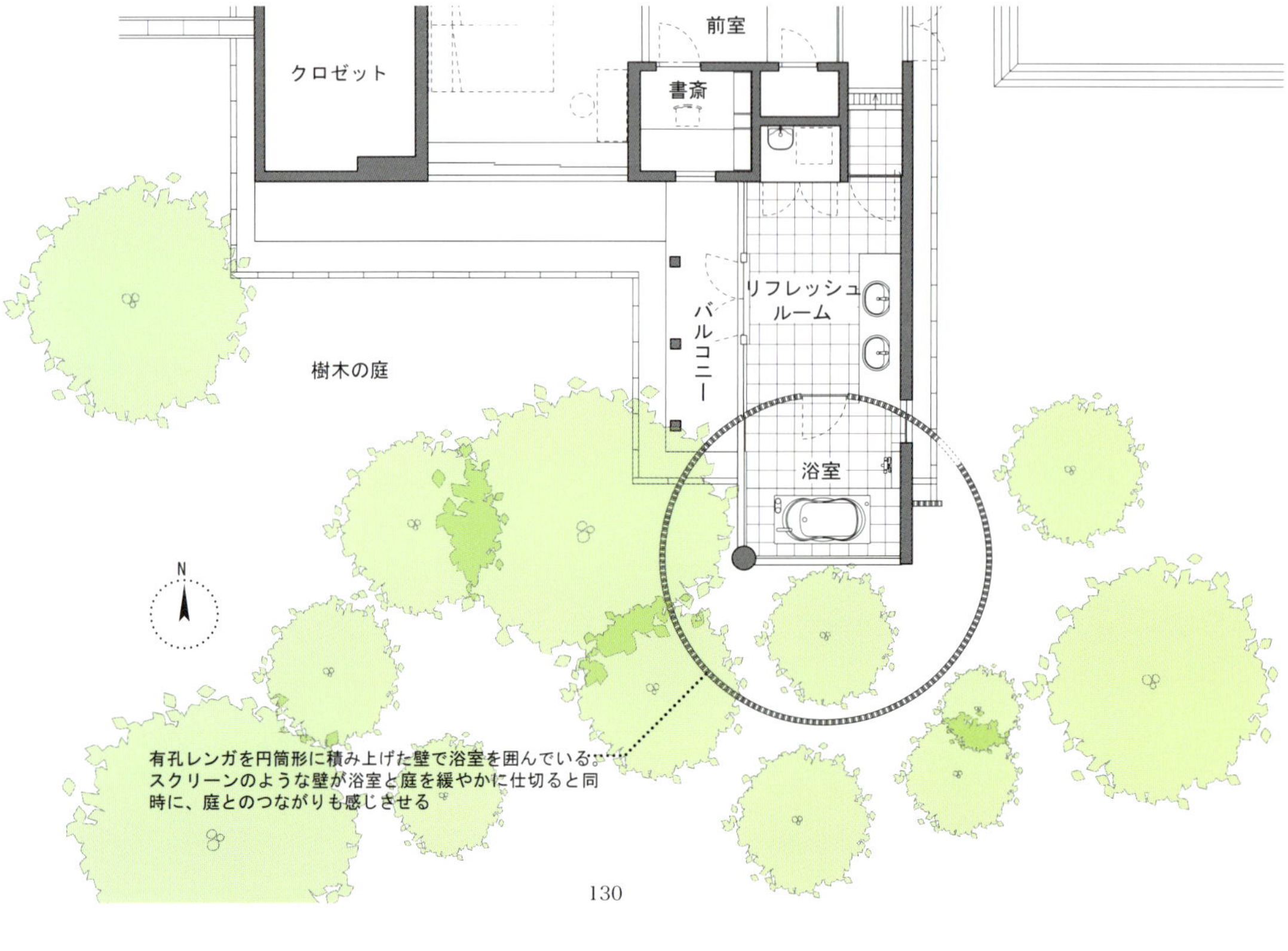

有孔レンガを円筒形に積み上げた壁で浴室を囲んでいる。スクリーンのような壁が浴室と庭を緩やかに仕切ると同時に、庭とのつながりも感じさせる

行田の家

さわやかな庭の背景
レンガの表情と敷き詰められた白い玉石が、樹の姿や緑を引き立てている

一 庭とリビングにつながった浴室

雰囲気が伝わる浴室
竹が植えられた庭までひとつながりの浴室。ゆるやかな時間の流れを感じさせてくれる。左上のスリット窓はリビング（インナーデッキ）につながっている

辻堂の家

建て主が夫婦２人なので、すべての部屋をワンルームのように連続させ、お互いの雰囲気が伝わることを意図した住宅である。地下に設けられた浴室を、竹を植えた坪庭に開放することで、明るい健康的なスペースとなるようにした。また、インナーデッキと名付けたリビングの延長部分にもスリット窓を開けて連続させ、浴室にいながら、リビングにいる家族と会話が成立するようにした。浴室は本来プライバシーを最優先するために、密室的になることが多いが、思わぬスペースと連続させ、関連付けることで、空気がよどまず、楽しい場となる。

リビングにスリット窓
リビングの床の近くに浴室が見える景色は新鮮

[スキップフロアの段差で楽しい浴室をつくる]

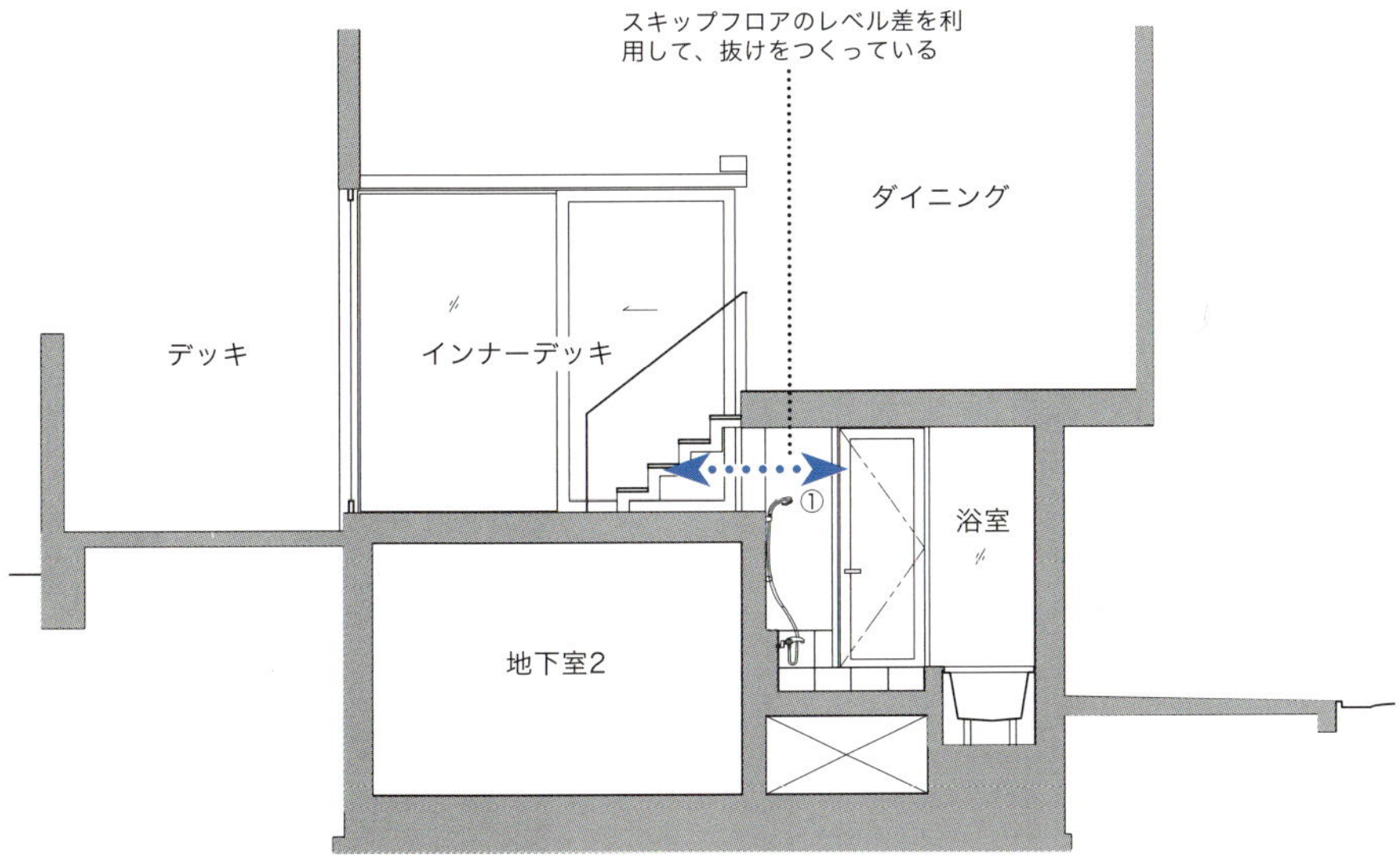

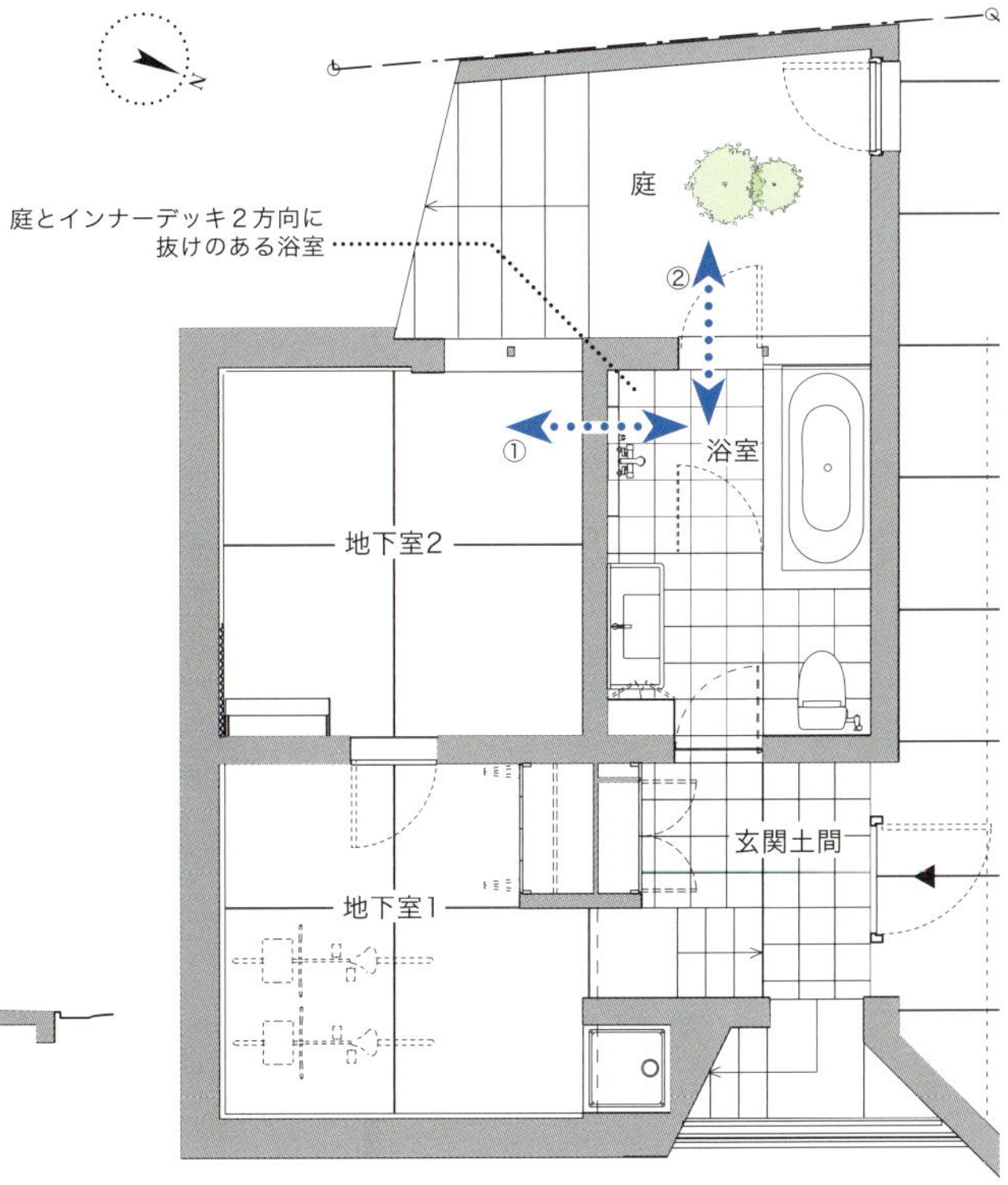

一

ヒノキの肌合い、香りにやすらぐ

鵠沼の家

自然素材を組み合せたお風呂
浴室は約1坪と標準的な広さだが、自然素材を用い、趣のあるやすらぎの場となっている古来から水廻りに使用されているヒノキは、腐朽にも強く、浴室の壁や天井に最も適した樹種の一つである。水がかかることで独特の芳香を放ち、人に安らぎを与えてくれる。定期的に乾燥させるメンテナンスはどうしても必要になるが、床からなるべく離れた部分に使用することで、劣化はかなり防ぐことが可能である。この事例では、水がかかりになる床や腰壁には十和田石を使用している。また、隣家からの視線に留意して、外部には木製のルーバーを設けている。

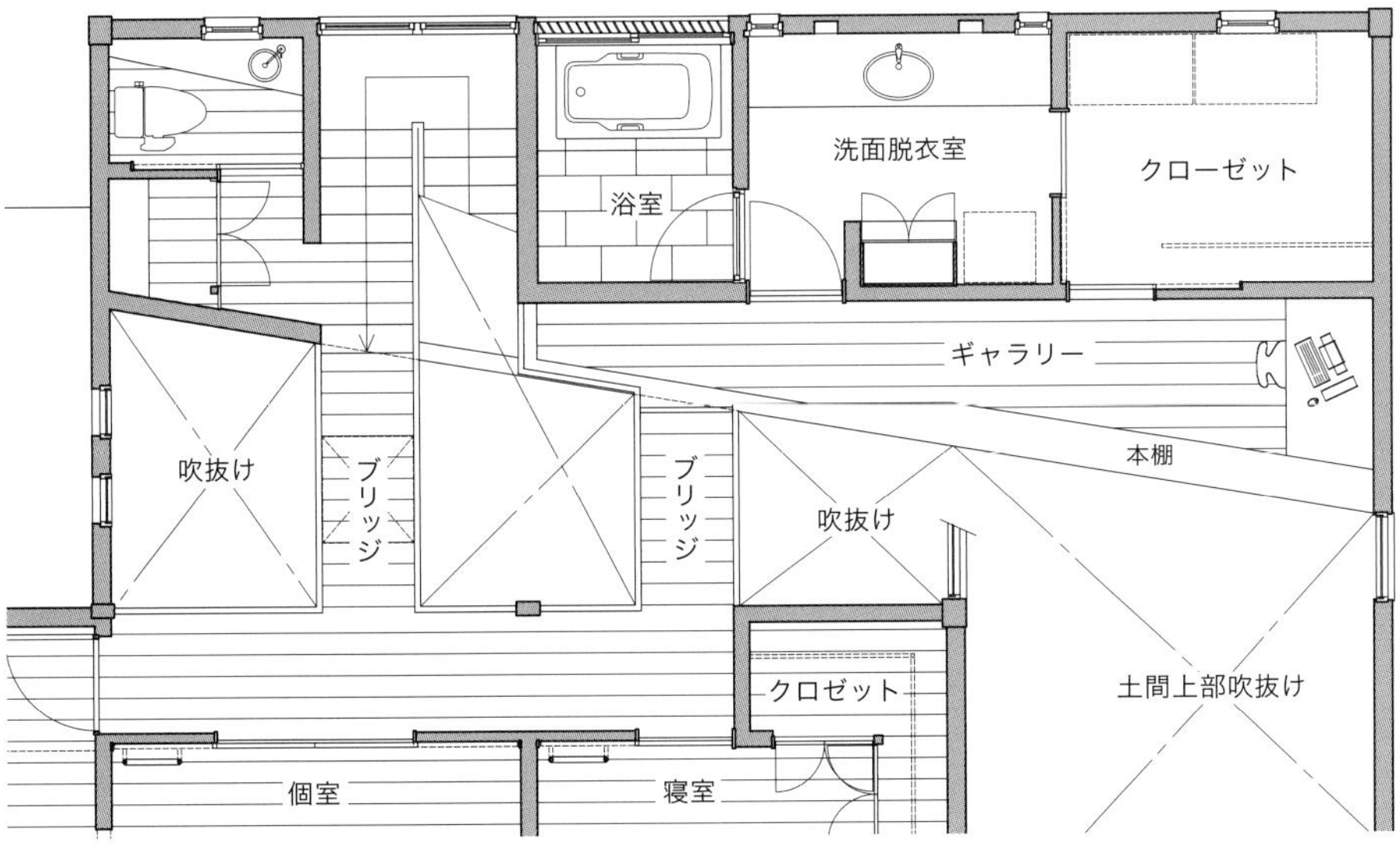

[吹抜けを渡って浴室へ]
寝室などから浴室に向かうときは、1階の大きな通り土間の吹抜け上に架けられたブリッジを渡る。水廻りに面して書棚のあるギャラリーも設けられ、この家の楽しい場所になっている

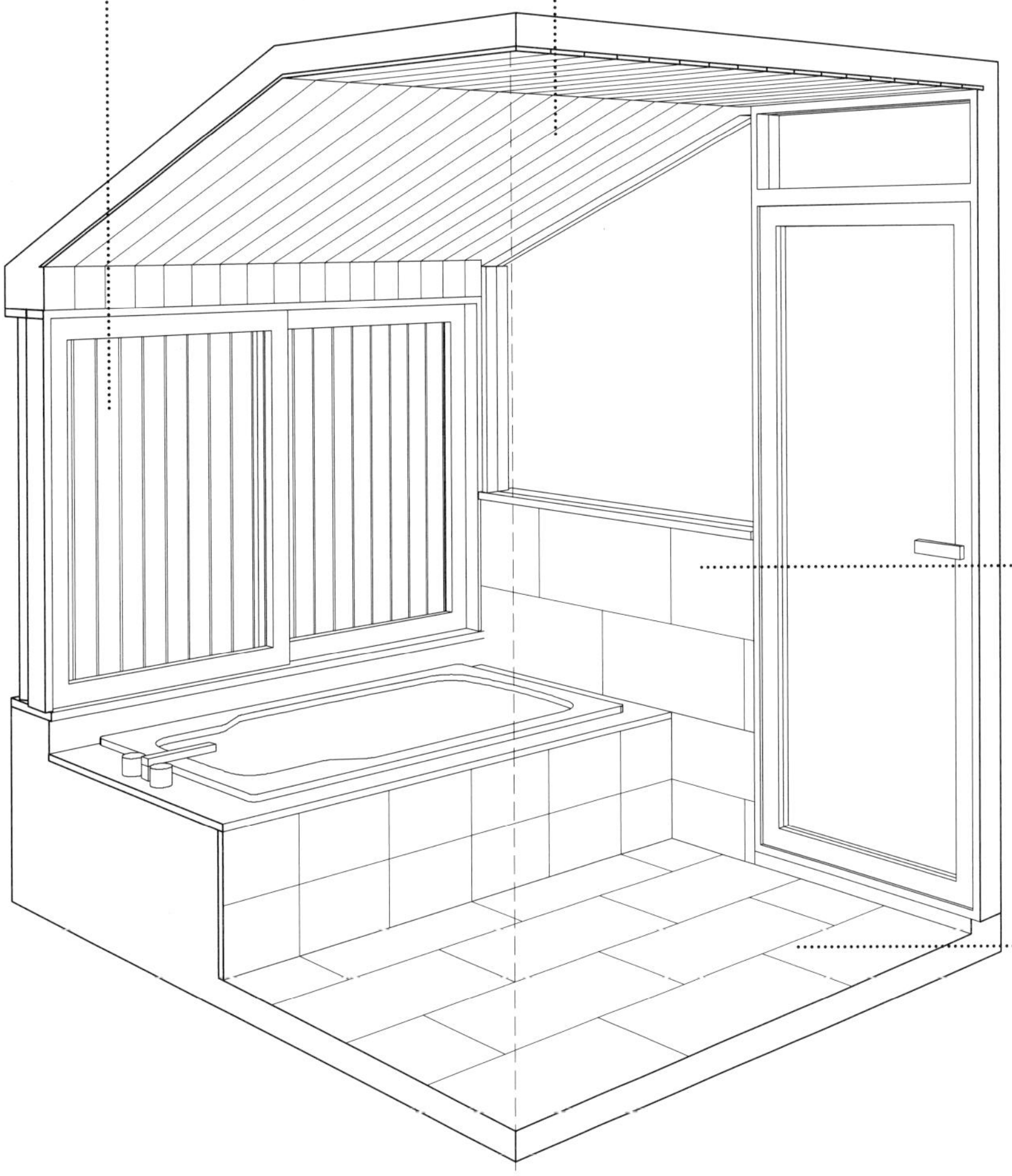

[浴室の素材と開口部]
同じ自然素材でも、水がかりの少ない壁や天井に無垢のヒノキ、水がかかる床や腰壁には十和田石と使い分けている

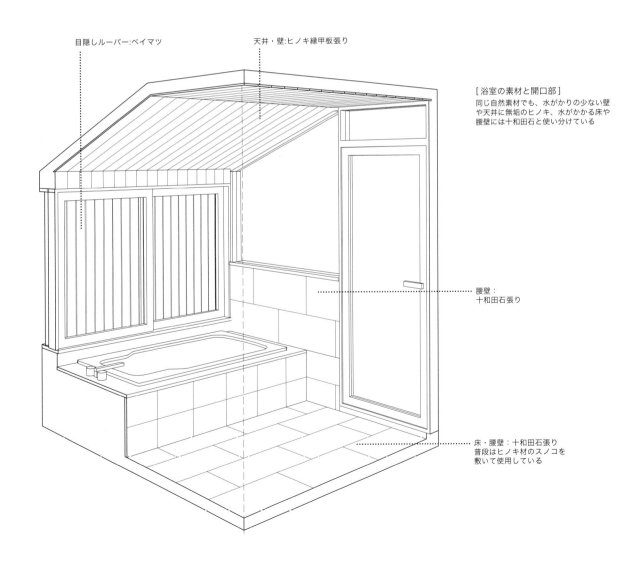

広く感じさせるパウダールーム

浴室やパウダールームといった水廻りスペースは本来、寝室の近くにあると利便性が高いものである。この住宅では、主寝室からウォークインクローゼットを介して、水廻りを設けている。こうすることで、パウダールームを身繕いのための部屋として使用することができる。特に洗面スペースに連続してドレッサーを造り付けると、化粧をしたり、装飾品を身につけたりするのに大変便利である。また、浴室と洗面の間はガラス張りとして、広がりを演出し、外部には目隠しのためのルーバーを設けている。

視線が抜けるガラスで広さを演出
奥の浴室との境のガラスの間仕切、統一された床のタイル仕上げで広がりを出している

[主寝室とクローゼット、水廻りがつながる間取り]

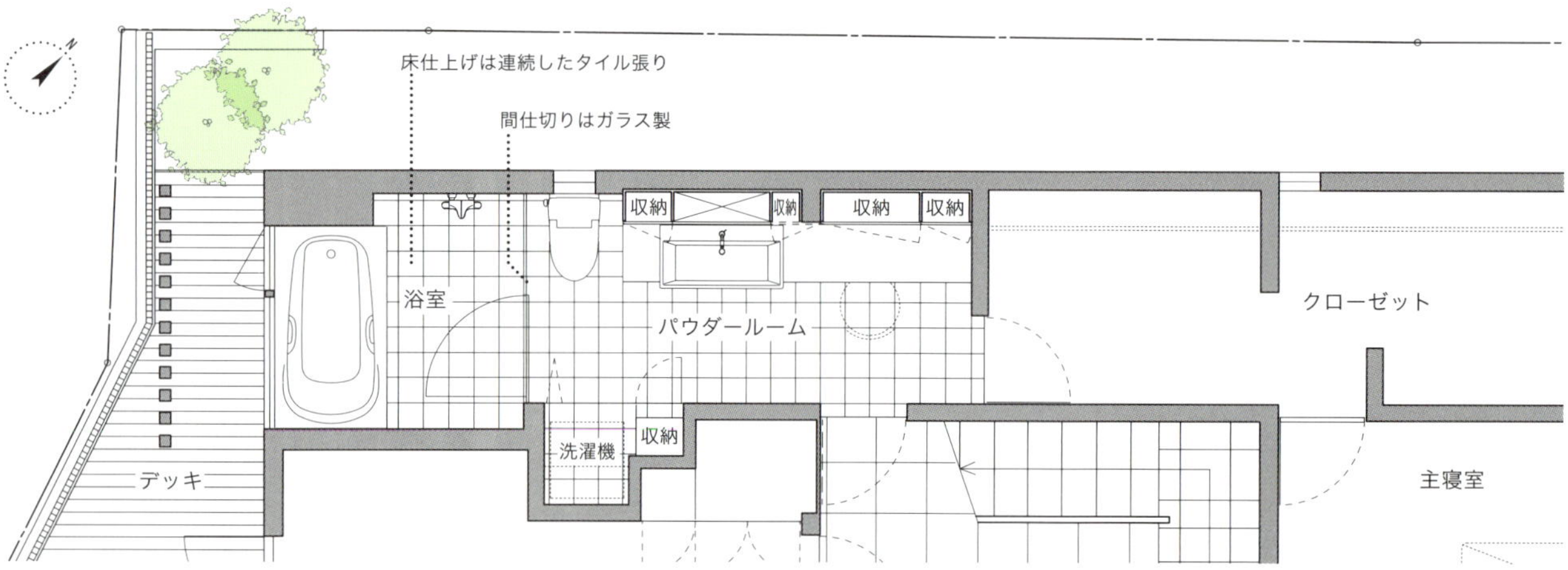

白楽の家

空に向かって開く階段サニタリー

上昇する水廻りの開放感
洗面サニタリーから浴室、さらに屋上へ抜ける螺旋階段が見える。階段状の水廻りが日常の気分を変えてくれる

浴室にはあまり段差がない方がよいというのには、確かに一理ある。バリアフリーを考えれば、そのようになるのかもしれない。ただ、あえてそのセオリーを打ち破り、階段状の浴室をつくってみると、違うものが見えてくる。1階の入口から入ると、トイレ、洗面、浴室と続き、徐々にレベルが上がってゆく。突き当たりはライトコートとなっており、さらに螺旋階段で屋上まで上がることが可能である。上部に向かって開くことで、プライバシーを確保しながらも、空に開いた開放感を味わうことができる。

スパイラルウォールの家

[浴室から屋上へ抜ける]

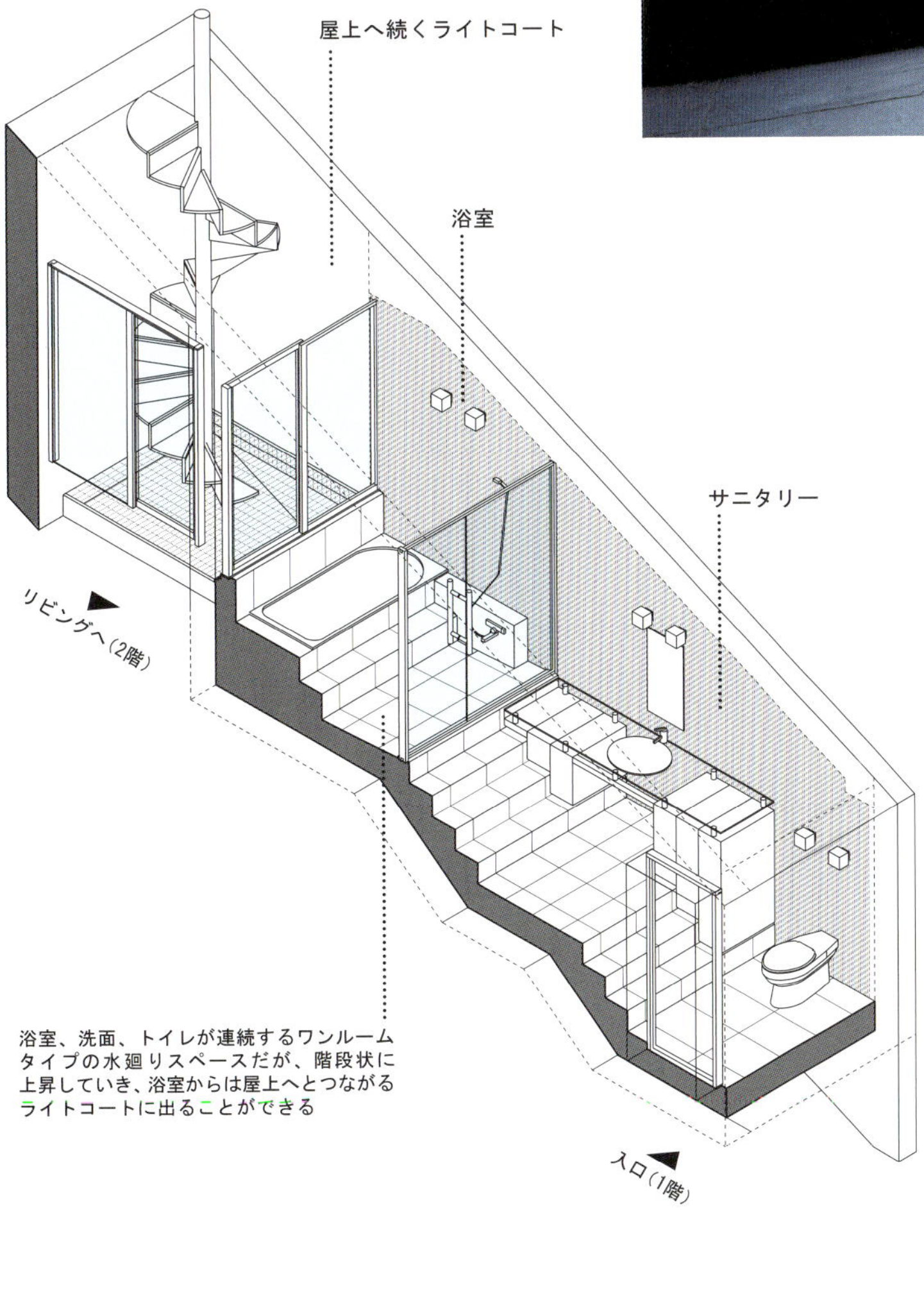

屋上へ続くライトコート
浴室
サニタリー
リビングへ(2階)
入口(1階)

浴室、洗面、トイレが連続するワンルームタイプの水廻りスペースだが、階段状に上昇していき、浴室からは屋上へとつながるライトコートに出ることができる

中庭のシンボルツリーを楽しみながら

四季を通じて癒してくれる樹木
中庭にはシンボルツリーのサルスベリの他、中木のハイノキ、低木にはユキヤナギ、トサミズキ、センリョウなどが混植されており、お風呂から季節ごとの眺めが楽しめる

中庭の緑を見ながら、入浴を楽しめる浴室である。外部に直接出入りすることも可能で、子供などは中庭、浴室と言わず、元気に駆け回っている。洗面室と浴室の間はガラスで仕切っており、通風と光を最大限に生かしながら、広がりのあるオープンなスペースとしている。この住宅は、ほとんどの部屋が中庭に面しており、中庭から、さまざまな家族の動きが感じられる。浴室もそれらの部屋の一つとして性格付けた。植物の種類は、自然樹形のサルスベリを中心として、四季折々の表情を豊かに見せる樹木を混植し、自然な庭としている。

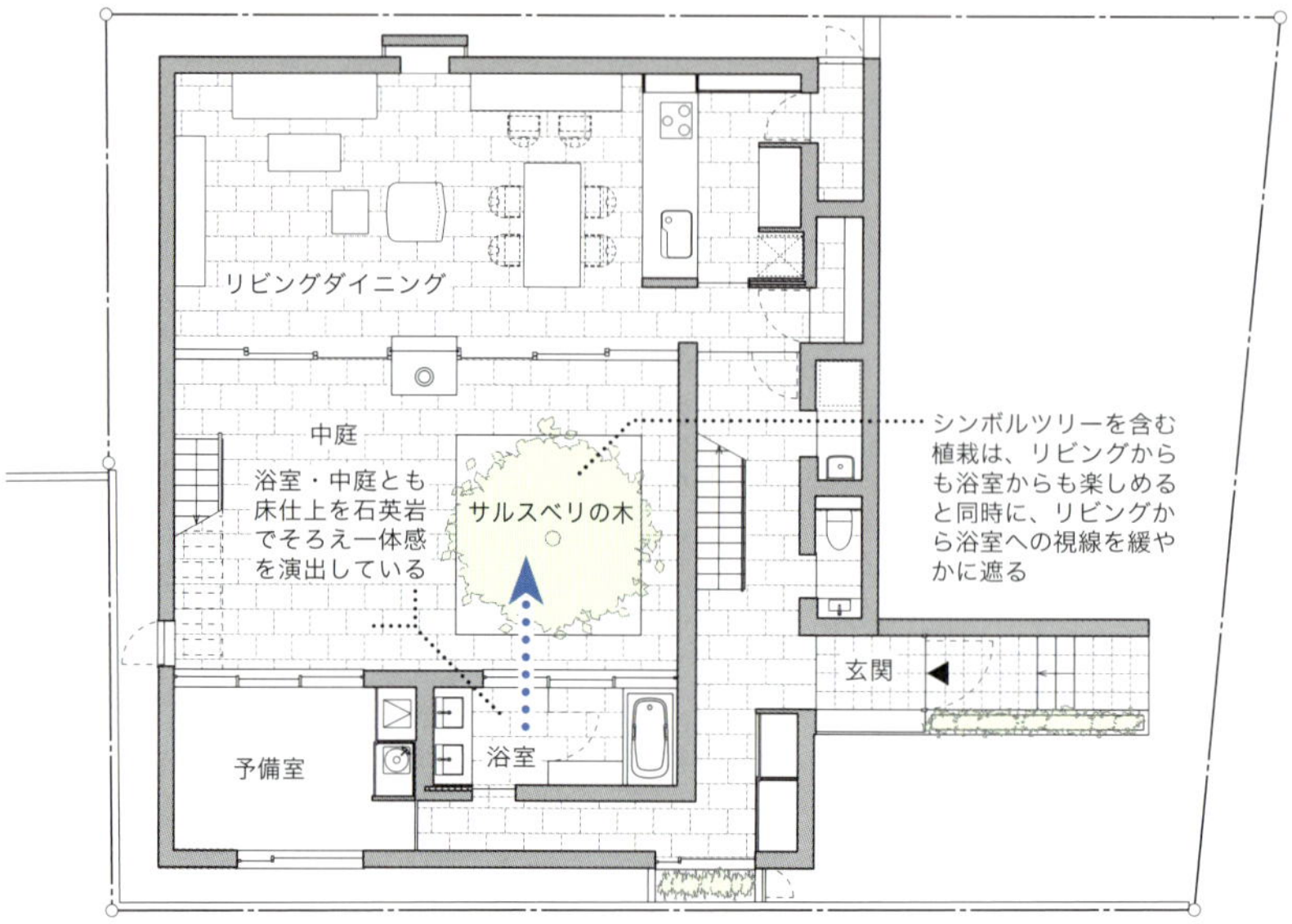
リビングダイニング
中庭
浴室・中庭とも床仕上を石英岩でそろえ一体感を演出している
サルスベリの木
シンボルツリーを含む植栽は、リビングからも浴室からも楽しめると同時に、リビングから浴室への視線を緩やかに遮る
玄関
予備室
浴室

N

[浴室への視線も植栽が緩やかに遮る]

07

美しい階段

部屋を上下につなぐデザイン

階段は本来、階と階をつなぎ、移動するための「段のついた廊下」であり、きわめて機能的なものである。ただし、階段にはそれだけではない別の力があると思う。通過することで、住まい手の気分を切り替えたり、あるいは訪問者の気持ちを高揚させたりと、人の気持ちに強く働きかけることのできる力である。寝室に続く階段を上りながら、人は意識をリラックスモードに切り替え、あるいは玄関ホールの吹抜けにある階段を上りながら、来訪者が次のスペースに対する期待感を高めることもあるだろう。

階段は特に設計の難易度が高い部分で、その設計者の腕前が最も発揮される場所でもある。上りやすいこと、安全であることなど、移動の装置として機能的であることは当然として、美しさやアイディア、人の心に働きかけるしつらえなど、プラス・アルファの要素が求められるのである。

ゆるやかに部屋をつなぐ

廊下を歩くような感覚
中庭に面している階段室は全面ガラス張り。とても緩い勾配の階段が、スキップフロアをつないでいることがわかる

階段から洗面室に入る
右手は洗面室の入口。足元の大きな段板が入口の床と一体になっており、無理なく入れる

[ストレスのない動線をつくる]

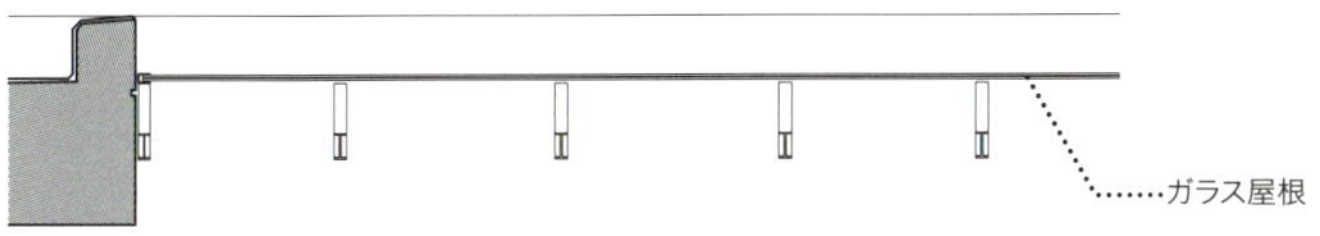

ガラス屋根

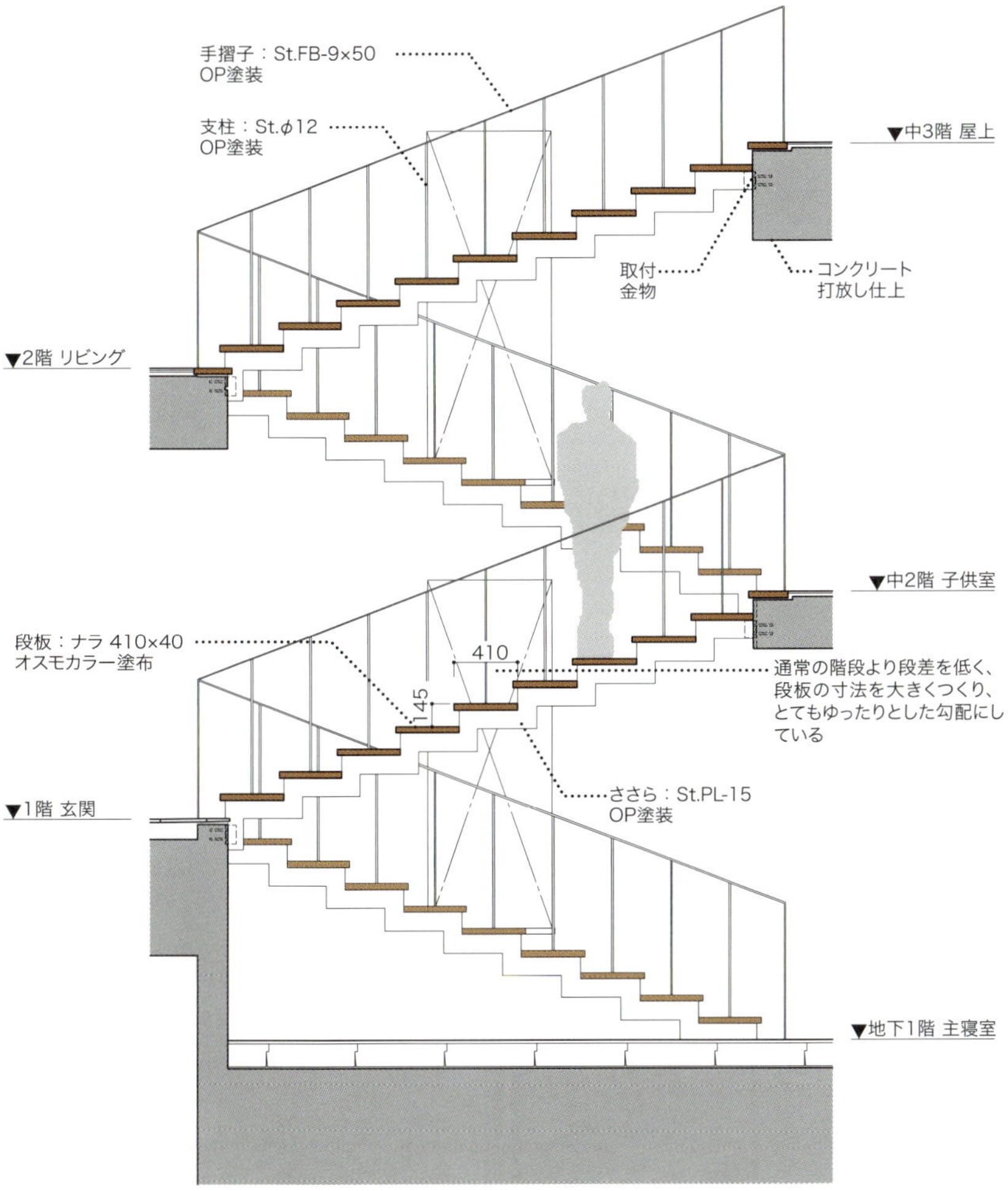

手摺子：St.FB-9×50
OP塗装
支柱：St.φ12
OP塗装
▼中3階 屋上
取付
金物
コンクリート
打放し仕上
▼2階 リビング
▼中2階 子供室
段板：ナラ 410×40
オスモカラー塗布
410
145
通常の階段より段差を低く、段板の寸法を大きくつくり、とてもゆったりとした勾配にしている
▼1階 玄関
ささら：St.PL-15
OP塗装
▼地下1階 主寝室

この住宅は半階ずつずれたスキップフロアの構成となっており、それぞれのフロアをつなぐ部分の勾配を極端に緩やかにして、「廊下のような階段」とした。１段の高さが１４５ミリ、踏み面が４１０ミリだから、通常の階段の約半分程度の勾配となっている。廊下とも階段ともつかぬこのスペースは、「上り下りする」という意識をもたずに、ストレスのない移動が可能で、自然に次の階に着いている感覚になる。また、通常は階段の途中に部屋の入口が取りつくことはないが、この家では、直接洗面室や倉庫などに通じる扉がついており、違和感なく入ることができる。

暮らしの場に一体感をつくる階段

オープンな階段
建物の中心に据えた階段に寄り添うように、
暮らしの場が配置されている

小さな住宅の場合、階段をきわめてコンパクトにつくって居室面積に影響が出ないようにするか、あるいは通常の階段をつくり、それも部屋に取り込んで生活スペースとして活用するかの２つの方法がある。この住宅ではあえてオープンな階段を中心に据え、生活の場として積極的に活用することを考えた。オープンな階段は生活動線の中心となり、暮らしの場を結びつける役割をもち、時には椅子のように利用されたりもする。

東大泉の家

家族が集まるメスルーム
「メスルーム」は船の中の食堂を意味する。
階段は遊び場になったり、腰掛けになったり

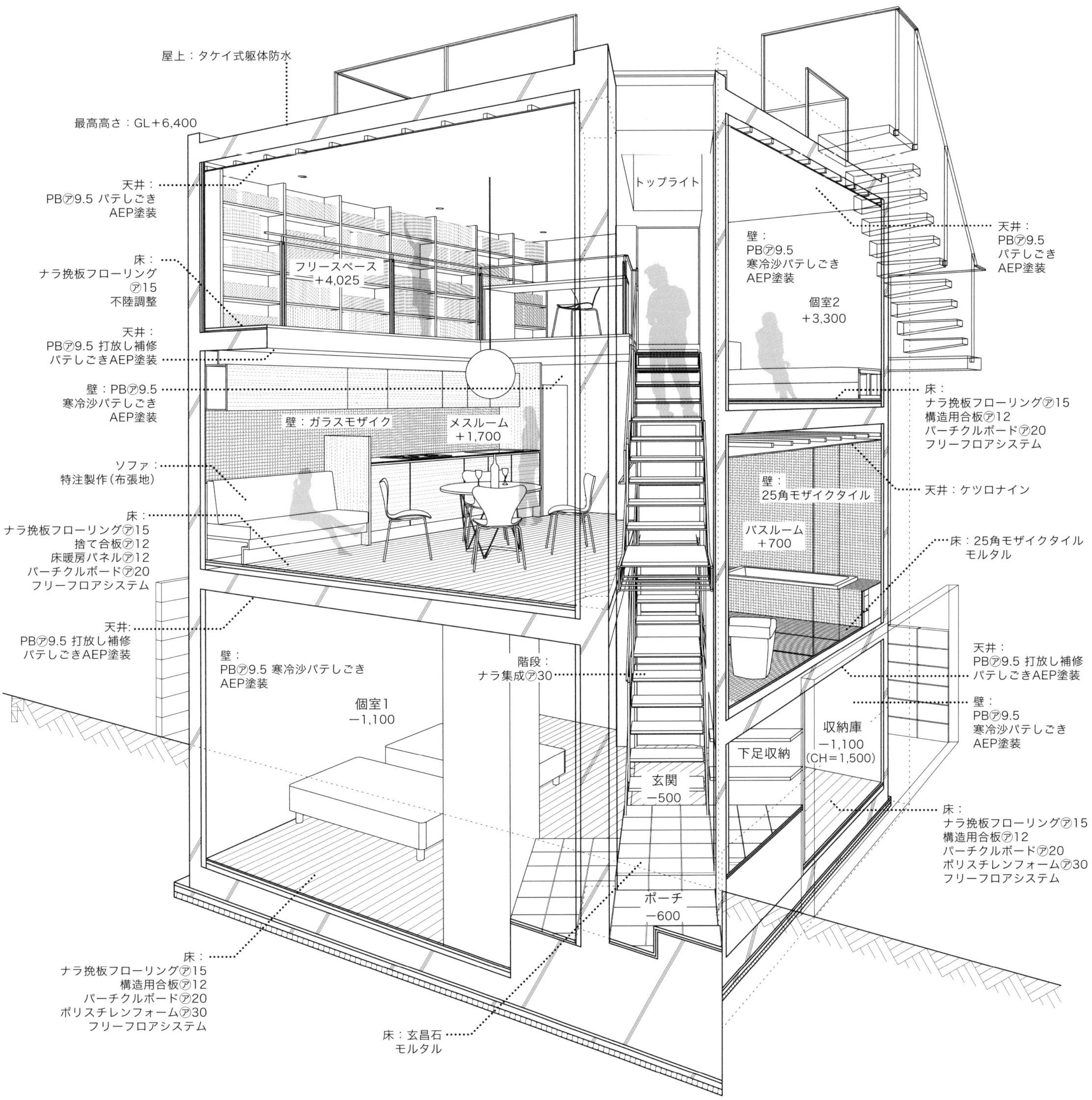

[暮らしの場を結ぶオープンな階段]

捻り手摺子が優雅に連なる

階段室でその垂直性を強調するために手摺子に格子材やスチール棒を用いることは多々あるが、ここではフラットバーの手摺子に捻り加工を加えて、優雅な演出を生み出すように意図した。一般的によく使用する材料でも、一手間加えることで空間に大きな存在感を与える。

4層にもわたる手摺子
捻り手摺子は、フロアごとに分断せず1階から4階まで連続して垂直性を演出する。

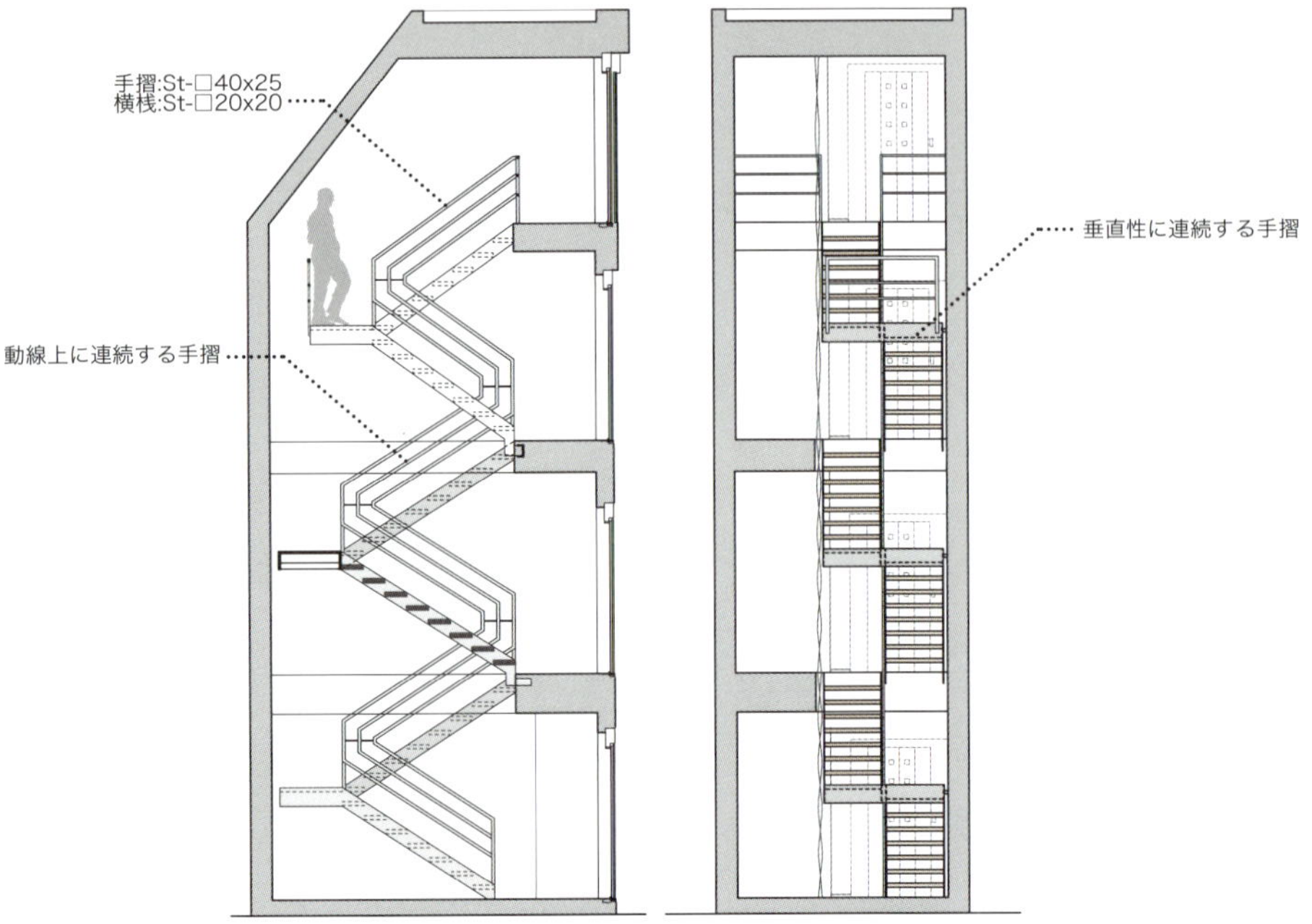
手摺:St-□40x25
横桟:St-□20x20
動線上に連続する手摺
垂直性に連続する手摺

[手摺と手摺子２つのデザイン]

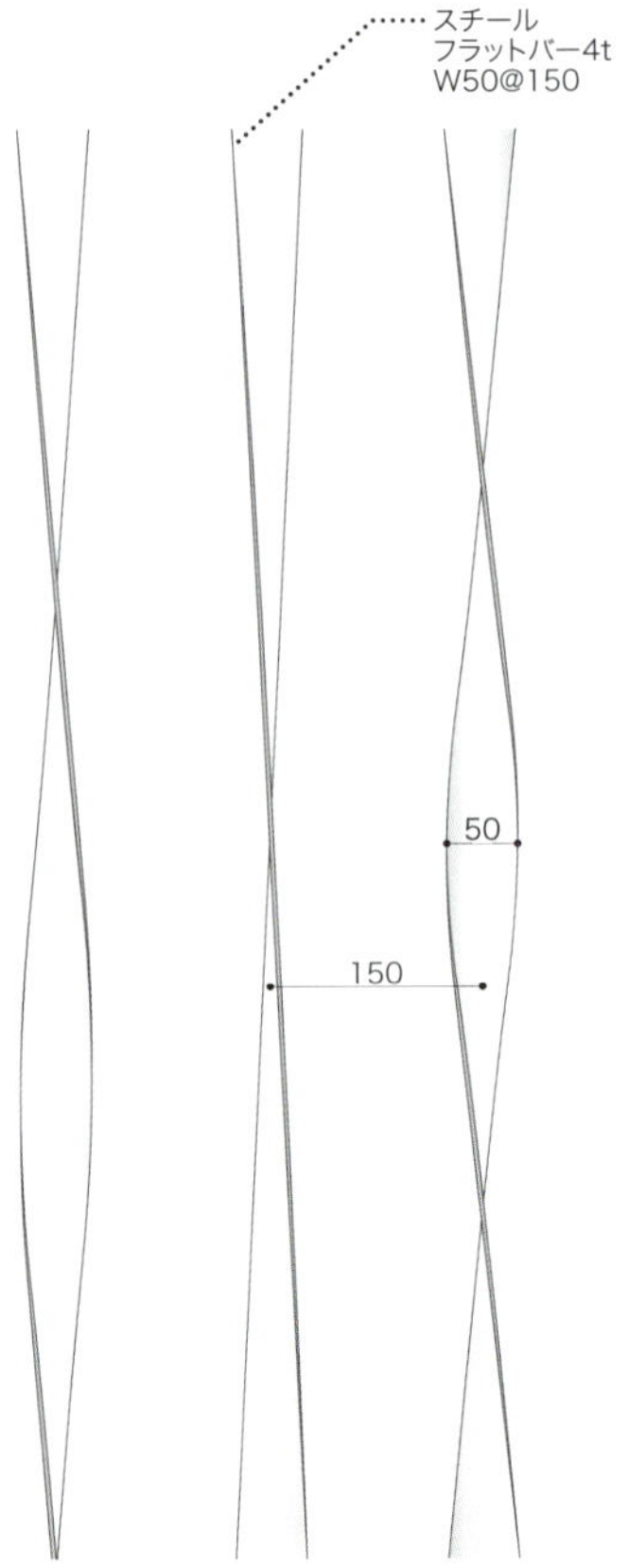
スチール
フラットバー4t
W50@150
50
150

[階段廊下側スチールバー詳細図]

白金の家

シンプルで美しい跳ね出し回り階段

回り階段をシンプルにデザインすることは簡単そうで難しい。階段を支えるのに必要な、支柱、ささら、腰壁等の構造要素との兼ね合いが肝となる。ここでは、それらの構造要素をなるべく露出しないデザインとした。段板は壁からの跳ね出し構造とし、段裏にはリブ(段板を裏から支える三角上の補強材)が露出しないよう、特別な下地を用意した。また、天井からの丸鋼材は手摺と併せて階段を支える事補強材で、軽やかさを損なわずに補強の要素も兼ねている。

リブもささらもない回り階段
回り階段でありながら、支える構造材を極力見せない事で軽やかさを醸し出している

フレームの存在を感じさせない段板
無骨に見えないように30角のスチール材を上手くタモ材で挟み込む。

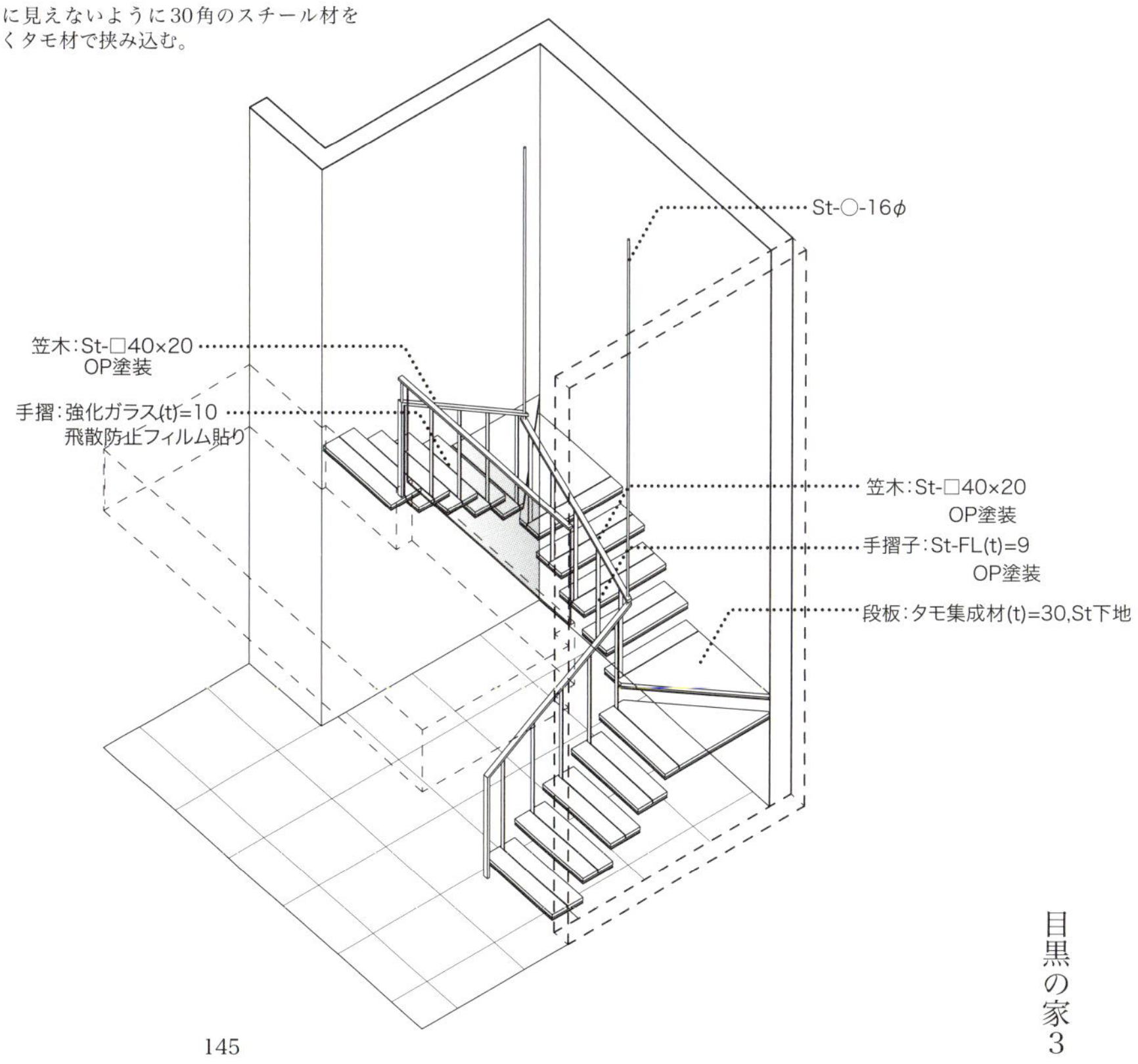
St-○-16φ
笠木:St-□40×20
OP塗装
手摺:強化ガラス(t)=10
飛散防止フィルム貼り
笠木:St-□40×20
OP塗装
手摺子:St-FL(t)=9
OP塗装
段板:タモ集成材(t)=30,St下地

目黒の家3

インテリアに映える螺旋階段

眼が吸い込まれる螺旋の風景
螺旋階段はオブジェのように楽しいもの。プロポーションや手摺りなどのデザインが目を引く

吹き抜けリビングと呼応する
高く大きな吹き抜けリビングがもつ豊かさにインテリア性の強い螺旋階段が共鳴する。

東玉川の家

リビングルームから階上のプレイルームへ行くための小さなサブの階段である。螺旋階段は最もコンパクトに納めることが可能で、他のスペースの広さを損なうことが最も少ない。途中ですれ違ったりしにくく、引越しのときに苦労することを除けば、ケースによっては積極的に活用したいものである。また、螺旋階段はきちんとデザインすれば、視覚的にも楽しいものになり、リビングスペースの中でアイキャッチ的な役割を果たすことができる。この住宅では、小さな子供も安全に昇降ができるように、手摺りにも横桟を配っている。

[安全に配慮したデザイン]

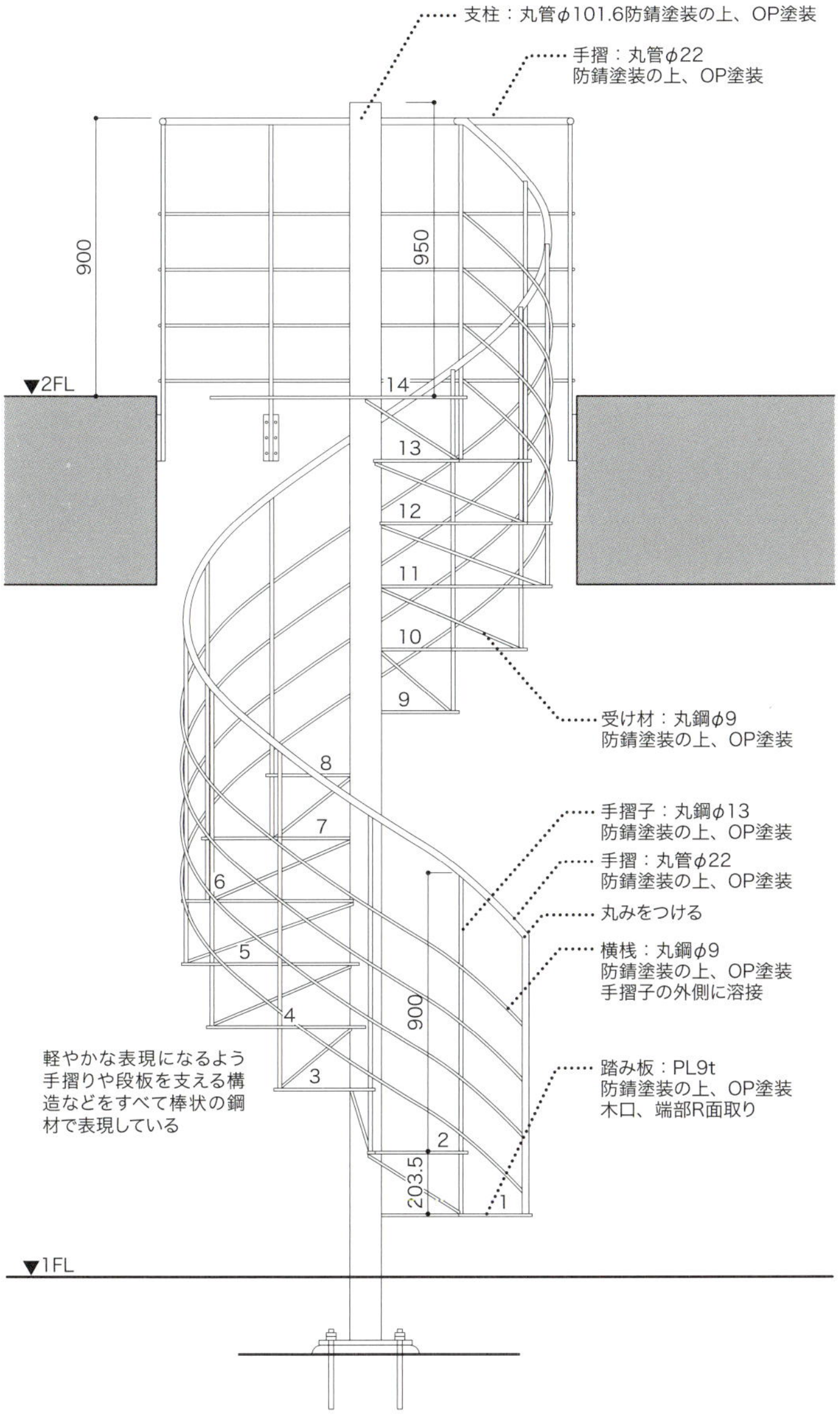

支柱：丸管φ101.6防錆塗装の上、OP塗装
手摺：丸管φ22
防錆塗装の上、OP塗装
900
950
▼2FL
14
13
12
11
10
9
受け材：丸鋼φ9
防錆塗装の上、OP塗装
8
7
6
5
4
3
2
1
手摺子：丸鋼φ13
防錆塗装の上、OP塗装
手摺：丸管φ22
防錆塗装の上、OP塗装
丸みをつける
横桟：丸鋼φ9
防錆塗装の上、OP塗装
手摺子の外側に溶接
900
軽やかな表現になるよう
手摺りや段板を支える構
造などをすべて棒状の鋼
材で表現している
踏み板：PL9t
防錆塗装の上、OP塗装
木口、端部R面取り
203.5
▼1FL

少し小振りなサブ階段

この螺旋階段はリビングからロフト状のプレイルームへ行くためのサブ階段。インテリアに遊び心が加わる

視線が抜ける木製の階段

鉄と木のスケルトン階段
スチールの段板をタモ材で挟むことで、
やわらかな印象を生み出している

経堂の家

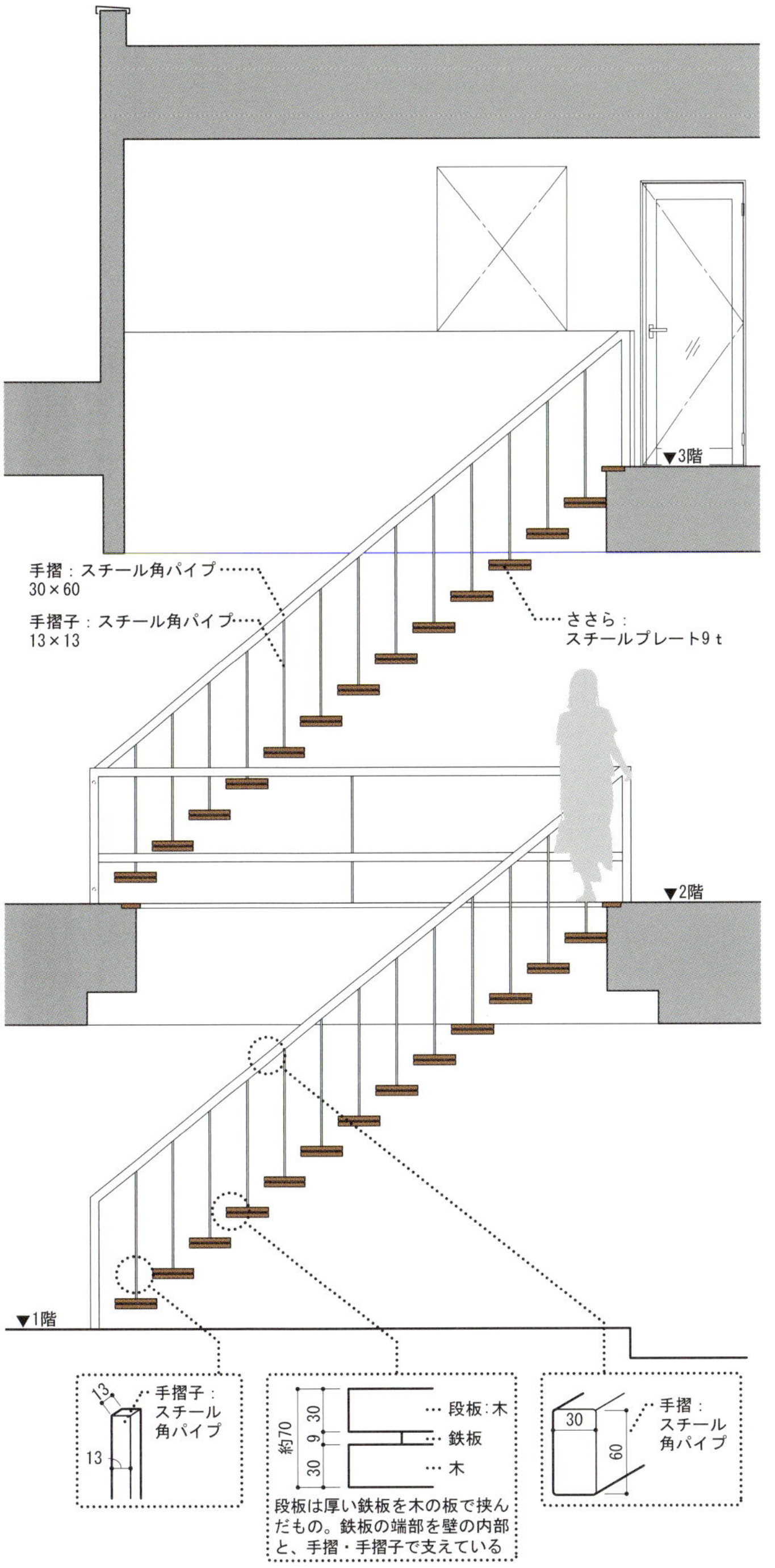

［スチールの角パイプで構造を支える］

エントランスで出迎える階段
視線が抜ける先には小物やインテリア家具がアイストップを飾る

廊下に面したオープンな階段である。あまり存在感のあるものにすると、近くを通過したときに圧迫感を感じさせるため、安全で、かつなるべく存在感がなく、視線が通るような階段が望まれた。段板をどのように支えるかは、さまざまな手法があり、通常は「ささら」と呼ばれる骨組みを設けることが多いが、重量物を支えるため、ごついものになりやすい。この事例では、手摺りのスチール角パイプを構造材とし、そこからスチールパイプで段板を吊ることで、ささらのないすっきりとした形状にすることができた。

スロープで回遊するギャラリーのような家

[廊下、スロープ、階段で回遊する]

建て主が収集している現代版画を楽しみながら暮らす家。1、2階をつないでいるスロープをめぐれば、版画作品や家族の様子の見え方もさまざまに変化していく

武蔵浦和の家

家の中にスロープがあるのは珍しい。まして一般的な面積の住宅においては、さらにレアケースであろう。この住宅では階段とは別に、吹抜けにしたスペースを回遊するスロープをあえて設けた。建て主は版画のコレクターで、住宅でありながらギャラリーのような機能が同時に求められた。版画は見る角度によってその表情を変え、光の入り方によっても違った顔を見せる。スロープは、そのような版画を愛しむための装置であると同時に、現在は小さな2人の子供の格好の遊び場ともなっている。

版画とともに暮らす
建て主は版画のコレクター。暮らしの場全体が展示ゾーンとなっている。中央の吹抜けスペースはリビングダイニング

ガラスと鉄の階段

素材感で魅了する

地上からの光が、ガラス階段を透過して地階へと差し込む。鉄とガラスという硬質な素材の組合せが非日常的なシーンを演出している

スパイラルウォールの家

階段は通常、段板を木製などで製作することが多いが、まったく異なった材質を使用することで、非日常的なものとすることができる。特に階段下のスペースは、薄暗くなる場合が多く、何となく不健康な感じになりやすいものである。この事例は、地下へ行く階段の上部に設置した鉄骨階段で、下に光を落とすために、あえて段板をガラスでつくった。充分に強度の検討を行い、なおかつ滑り止めにも配慮している。鉄部分の仕上げは、「色を塗る」という選択になることが多いが、ここでは質感を重視し、メンテナンスフリーにすることを考えて、メッキを施し、リン酸処理を行った。

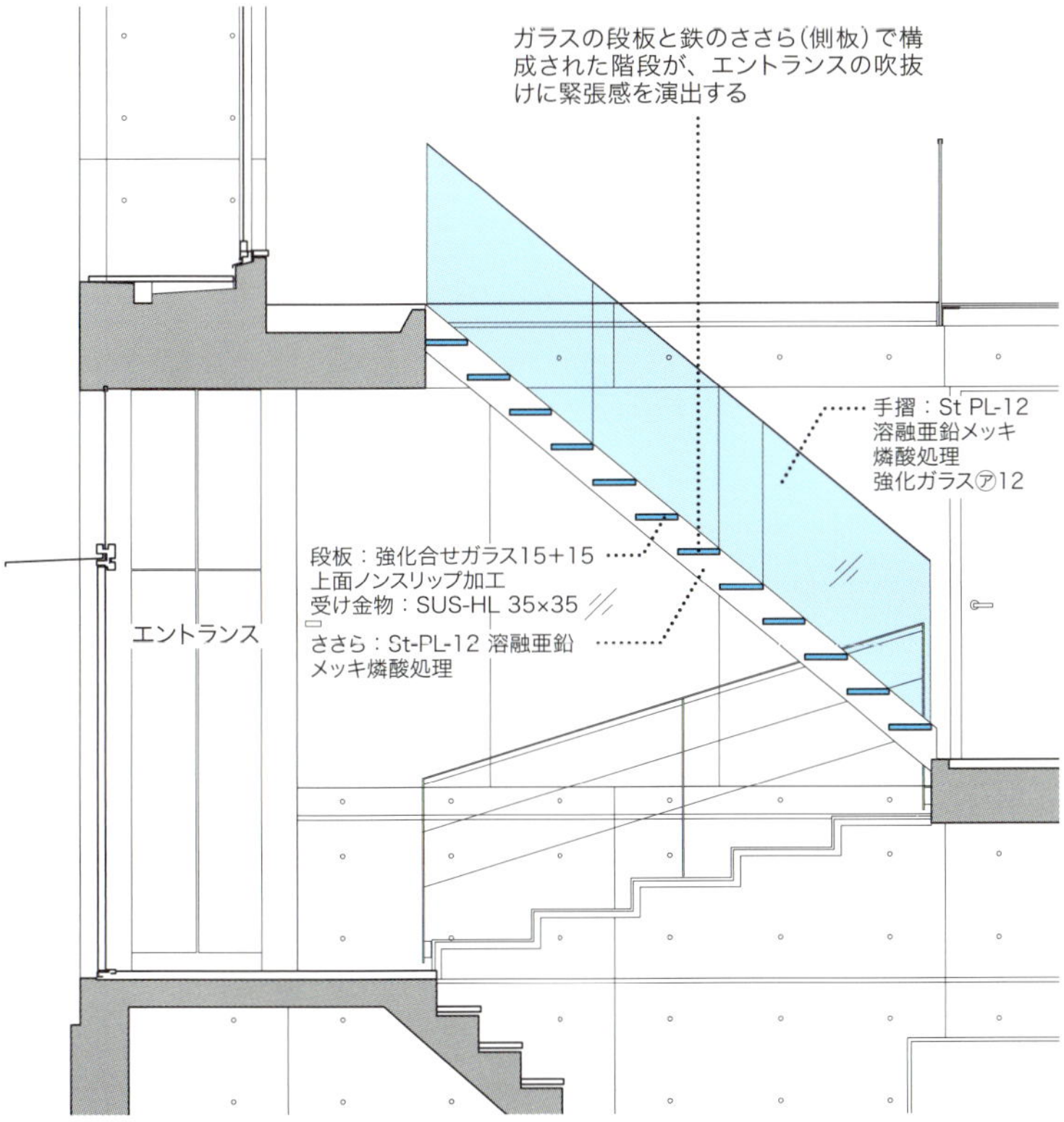

ガラスの段板と鉄のささら(側板)で構成された階段が、エントランスの吹抜けに緊張感を演出する
手摺：St PL-12
溶融亜鉛メッキ
燐酸処理
強化ガラス㋐12
段板：強化合せガラス15+15
上面ノンスリップ加工
受け金物：SUS-HL 35×35
ささら：St-PL-12 溶融亜鉛メッキ燐酸処理
エントランス

[光を地下へ導き入れる階段]

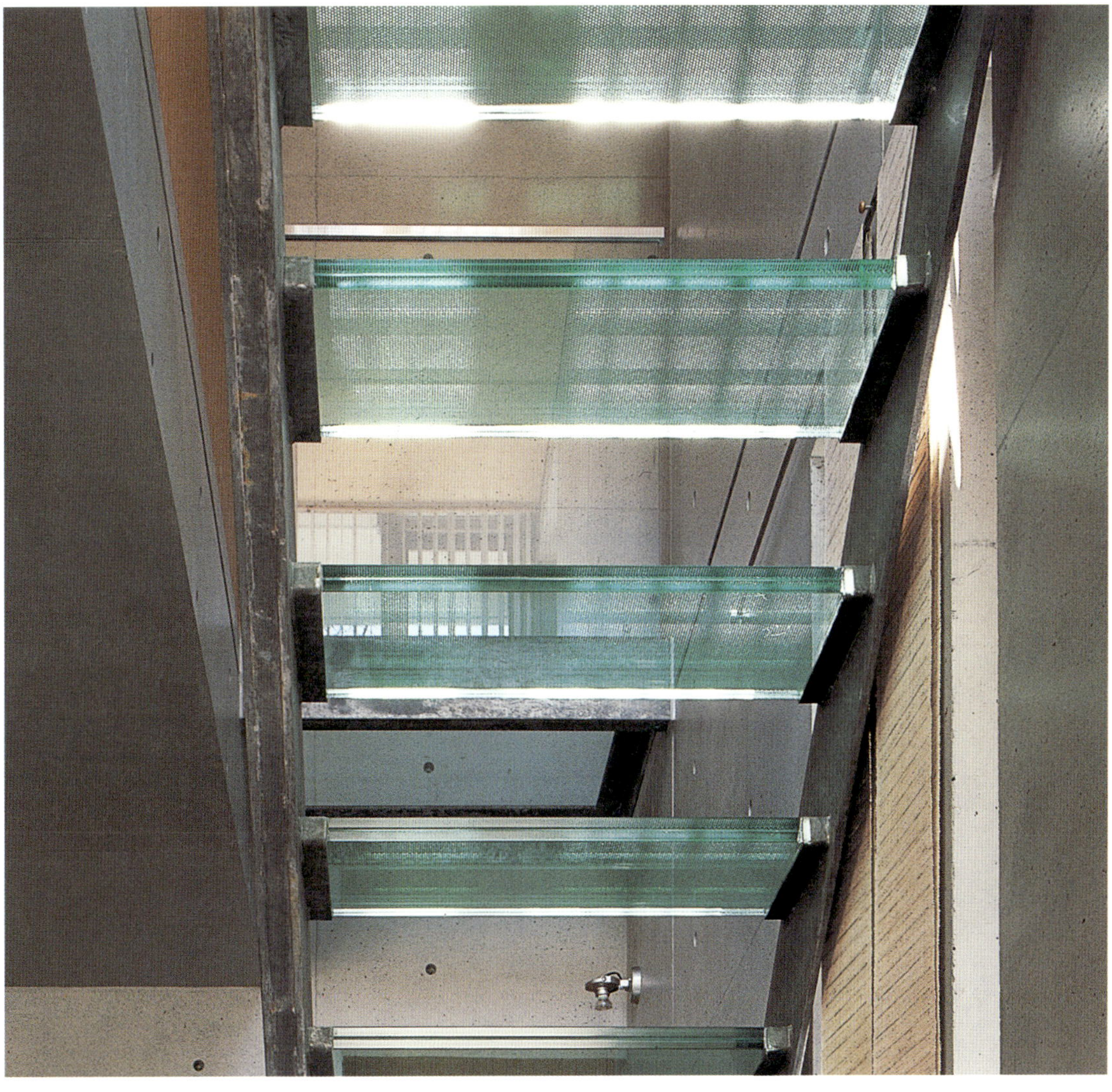

強固に取りつけられた段板

段板は強化ガラス2枚を重ねた合せガラス。強度・滑り止めなどの安全面は十分留意されている

浮かぶ階段

永福町の家

玄関の抜けを美しく彩る
V型のスチールの手摺りを吹抜けの壁に固定し、デザインに取り込んでいる

壁から現れたようなフォルム
軽やかなデザインがオブジェとともに玄関を演出する。段板にはゴムタイルを貼り、安全面を考慮している

階段は本来、ストレートの形状がデザインしやすく、段板が三角形など不定形になる「廻り段」があると難しいものだが、プラン上どうしても廻り段ができてしまうことがある。この住宅では壁からの片持ち階段として、玄関スペースの広さを損なわず、存在感を極力消すようにした。片持ち階段は強度が重要であるが、壁の中に鉄骨を仕込み、段板を溶接で固定している。プランの制約上、階段の上下に廻り段が出てしまったが、かえって動きのある印象的な階段となった。また、段板の形状は、原寸でデザインして鋭角部分が危険でないように配慮している。

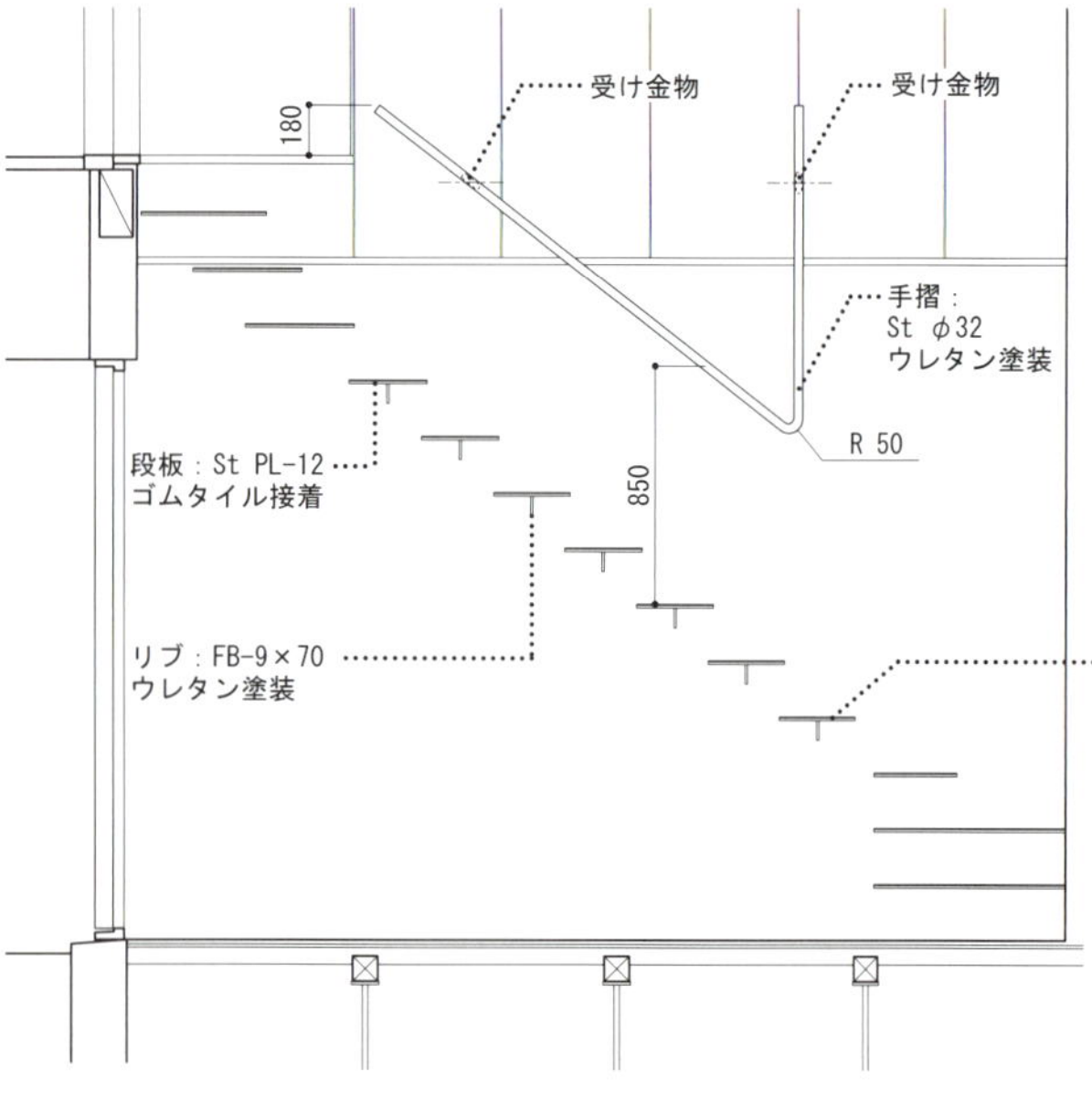

[スチールの片持ち階段]
階段を壁から跳ね出させる構造とし、手摺も独立させて吹抜けの壁面に固定することで、軽やかなデザインとしている

08 インテリア・家具・収納

身近に触れる部分をきちんとつくり込む

住まいの印象には、そこに訪れた瞬間に感じるものと、滞在してしばらくして感じる印象の2種類がある。瞬間に感じる印象には、部屋の構成や、光の取り入れ方など、ダイナミックな要因が大きく作用する。それに対して、しばらくして感じるものは、その部屋の構成要素一つ一つがいかに丁寧につくられているかによることが大きい。例えば、それは家具の取手のデザインであったり、カウンターテーブルの素材感や手触り、場合によるとドアの閉まる「音」などであるかもしれない。

これらは、どちらの要素も重要で、片方だけが成り立てばよいというものではない。だが、住まい手の視点に立ったときには、長く滞在したときに感じる上質感が、より切実な重要性をもってくる。

そのような意味で、家具やインテリアといった住まいの「部分」をきちんとつくり込むことが大切であり、長く愛される家をつくるうえで決してないがしろにできない。

ナラ材とライムストーンのダイニング

やわらかな印象の色調と質感

壁、床、天井と、建具、家具などを上質の自然素材でつくっている。手前のダイニングテーブルはパーティーにも対応する８人掛けのビッグテーブル。奥はリビング

［シンクを造り付けたビッグテーブル］

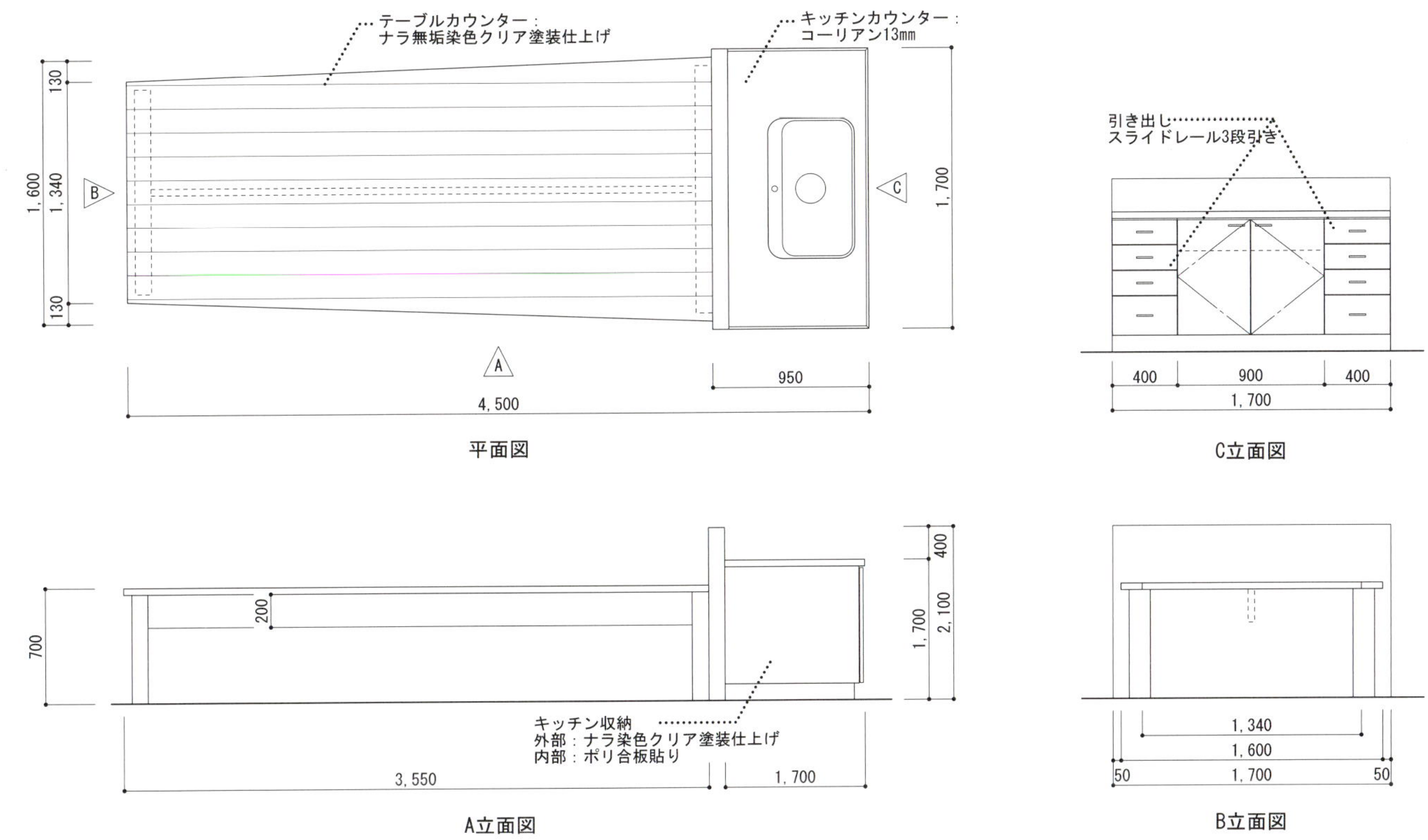

パーティーもできるダイニング
ビッグテーブルにシンクを造り付け、手元が見えないように板を立ち上げている

もともと和室の続き間だった部分のスケルトンリフォームである。家族がくつろぐスペースであると同時に、人を呼んでパーティーなどが開けるスペースをつくることが求められた。仕上げ材料は、床はライムストーン、壁は珪藻土、天井はナラの格子天井として、すべてベージュ系のグラデーションになるように色を調整している。設備は、照明を格子の間に隠して器具が直接見えないようにし、また空調は壁に埋め込んでいる。家具はダイニングとキッチンのシンク部分を一体化して、多人数が集まれるパーティーテーブルとした。

図 無垢の自然素材をふんだんに

素材の質感の中で暮らす
自然素材でまとめられたLDK。自然光をやわらかく受け止め、光や影の微細な変化を映し出している。左手は通り土間

［土間も部屋も生成りの素材感］

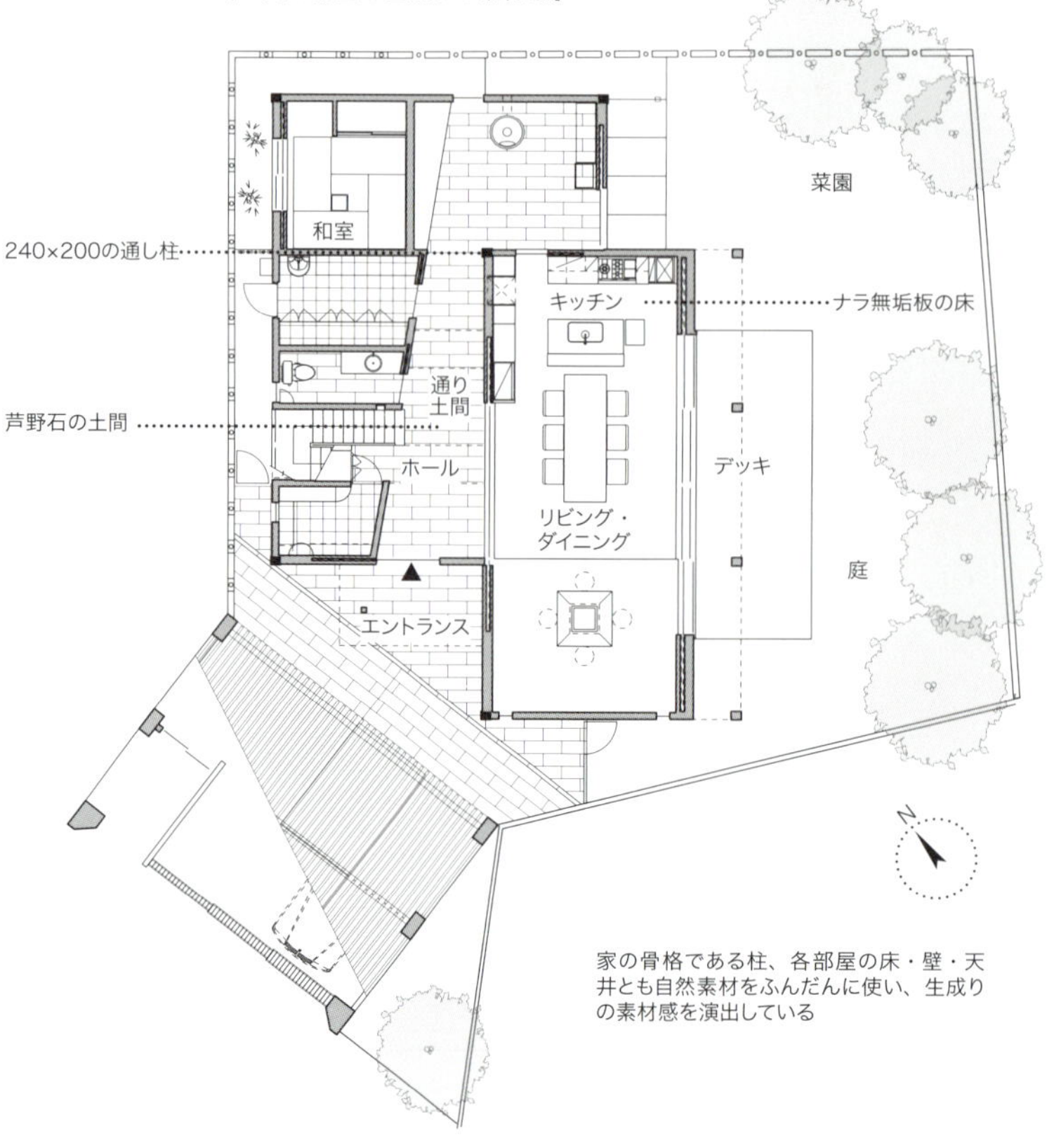

家の骨格である柱、各部屋の床・壁・天井とも自然素材をふんだんに使い、生成りの素材感を演出している

「生成り」の素材でつくられた住宅には品があり、しかも健やかさを感じさせてくれる。そのような家をつくり出すためには、フェイクでない本物の素材を使用することが望ましい。化学物質を含まず、無垢の自然素材からつくられた建材は、長持ちすると同時に、時間が経過するにしたがい、味わいのある表情を見せてくれる。この住宅の構造材料はマツ、床はナラのフローロング、壁は珪藻土、天井はヨシ(葦)を張り、木部はすべて健康に留意したオイル塗装を施している。また、リビングにはソファではなく、掘り炬燵式の囲炉裏をつくり、足の触れる部分に床暖房を施した。

鵠沼の家

和室、床の間も珪藻土の左官仕上げ

モダンな和室
穏やかなアールの天井、壁、床の間。珪藻土の風合いはモダンな和室にもなじみ、円窓から入る光は床の間の壁に陰影を与える

連続する手摺子
階段の側面も木の素材感にあふれる

モダンな住宅の中に和室を組み込むのは難しいものである。和室には使用する素材や寸法、色など一定の約束事が多く、ともすれば洋風の家の中で浮き上がってしまうことも多い。ここでは洋室、和室に関わらず、すべての壁や天井を珪藻土で仕上げ、全体としての統一感に留意した。珪藻土は、和風、洋風のどちらにもよく合い、そのナチュラルな表情は人に落ち着きを与えてくれる。同時に調湿や脱臭の効果も期待できる。この事例の和室は、伝統的な形式をやや離れ、他の部分との調和を考えて、長押しや伝統的な天井形式を省略している。

前橋の家

木の存在感を内外にあらわす

垂木の素材感が映える
室内に引き込む様に中庭の光が垂木に馴染む様相が美しい。

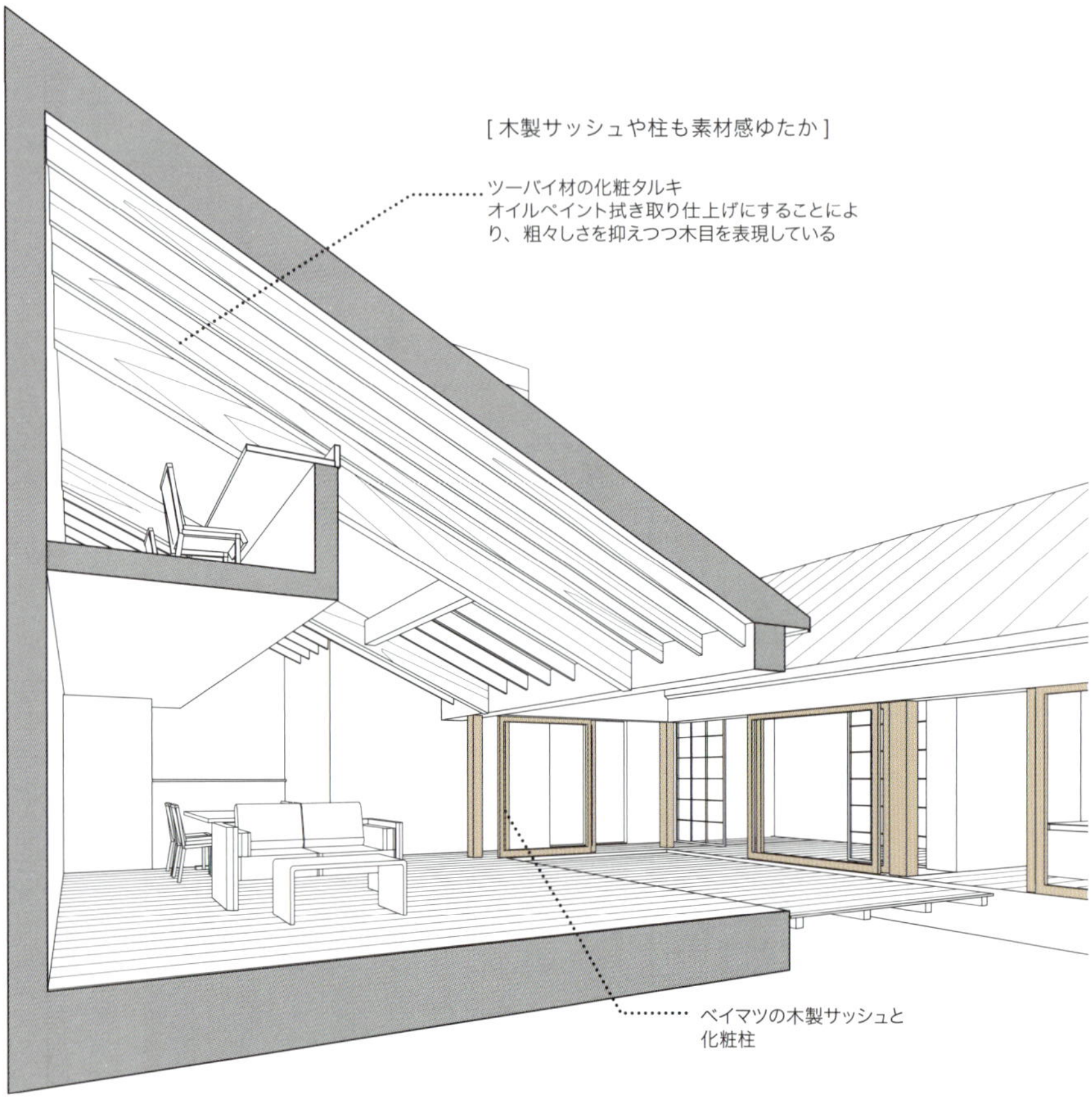
[木製サッシュや柱も素材感ゆたか]
ツーバイ材の化粧タルキ
オイルペイント拭き取り仕上げにすることにより、粗々しさを抑えつつ木目を表現している
ベイマツの木製サッシュと化粧柱

菊名の家

木材、とりわけ柱・梁といった構造材料を室内に現すときには、仕上げ方が難しい。フローリング、サッシュといった造作材料と違い、構造材料の場合は、よほど高価なものでもない限り、節があったり、表面が粗かったりと、そのまま仕上げても見るに耐えない場合が多い。この事例では、梁などの構造材部分に、壁と近似色のペイントを一旦塗装して、乾燥する前にそれを拭き取る仕上げを行った。これにより、木目を生かしながらも節などを目立ちにくくし、粗々しさをおさえ、他の部分との調和を図っている。

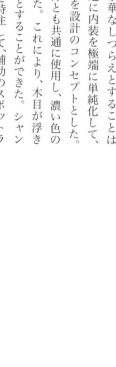

アンティークな色と木目で演出する

建て主の手持ちのシャンデリアを生かした住まいをつくることが求められた。ただし、コストが限られており、デコラティブなシャンデリアに同調した豪華なしつらえとすることは現実的でなかった。そのため、逆に内装を極端に単純化して、シャンデリアを際立たせることを設計のコンセプトとした。内装は、ラーチ合板を床、壁、天井とも共通に使用し、濃い色のオイルステインで仕上げを行った。これにより、木目が浮き立った、ややクラシカルな雰囲気とすることができた。シャンデリアは黒皮仕上げの鉄骨支柱を特注して、補助のスポットライトとともに取りつけている。

シャンデリアを際立たせるインテリア
建物全体に漂う深い色のトーンとアンティーク家具がうまく調和している

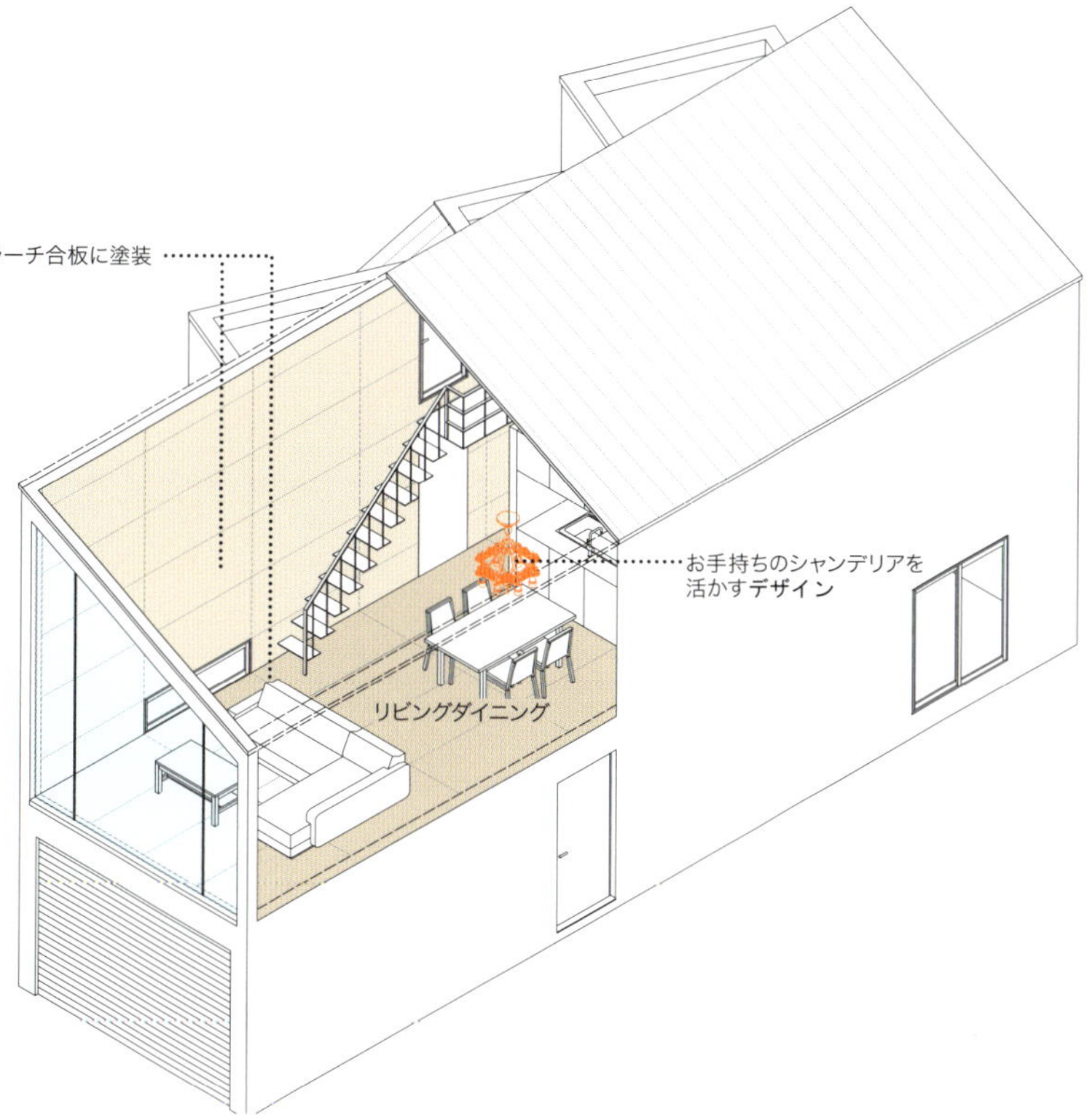

内装はラーチ合板に塗装
お手持ちのシャンデリアを活かすデザイン
リビングダイニング

[シャンデリアが中心のワンルーム]

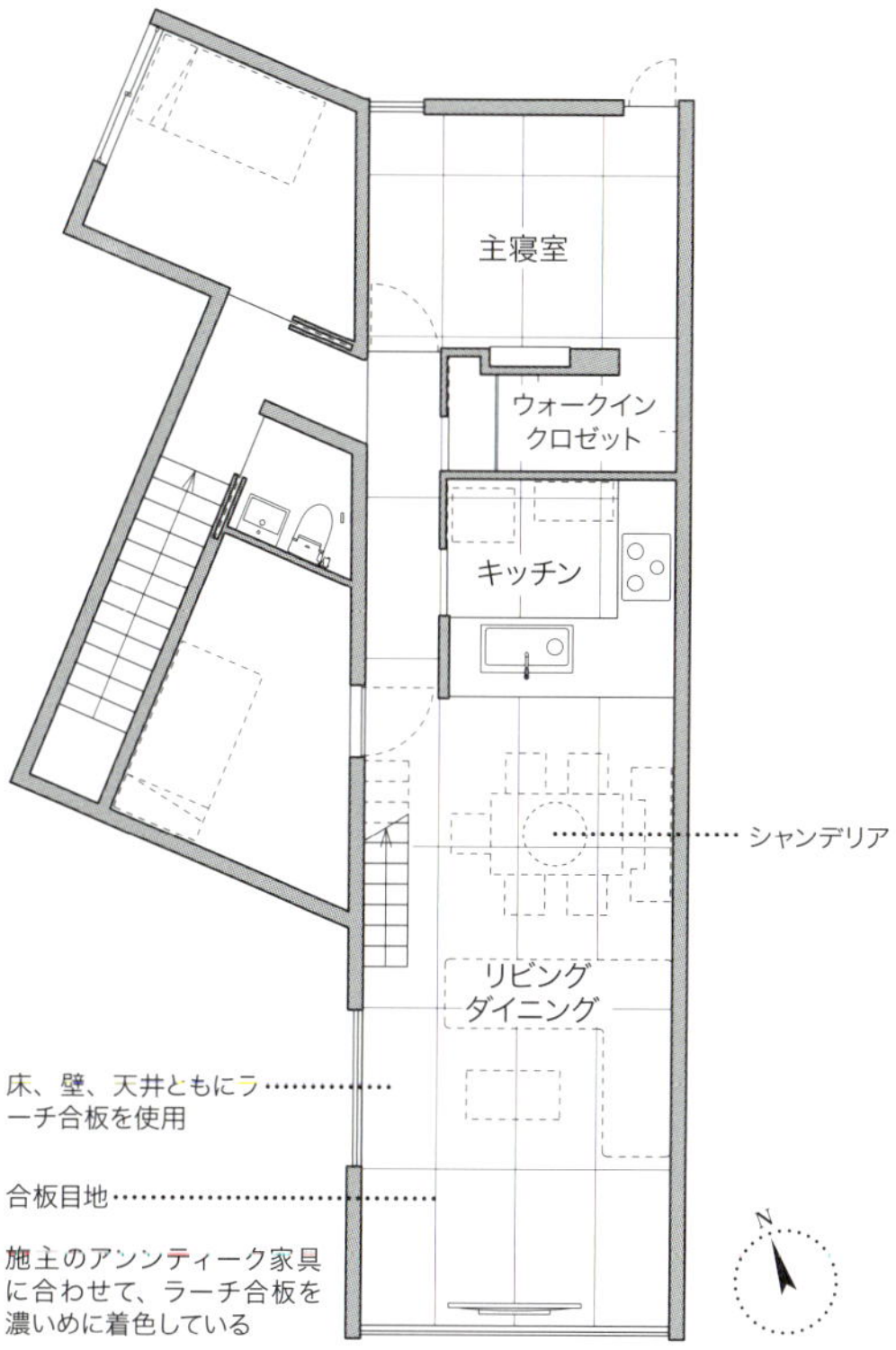

主寝室
ウォークインクロゼット
キッチン
シャンデリア
リビングダイニング
床、壁、天井ともにラーチ合板を使用
合板目地
施主のアンティーク家具に合わせて、ラーチ合板を濃いめに着色している
N

やわらかな光が降り注ぐテント屋根

東京ドームと同様の素材
リビングダイニングを覆うテント屋根は東京ドームの膜とほぼ同様の素材を使用

[テント屋根の構成]

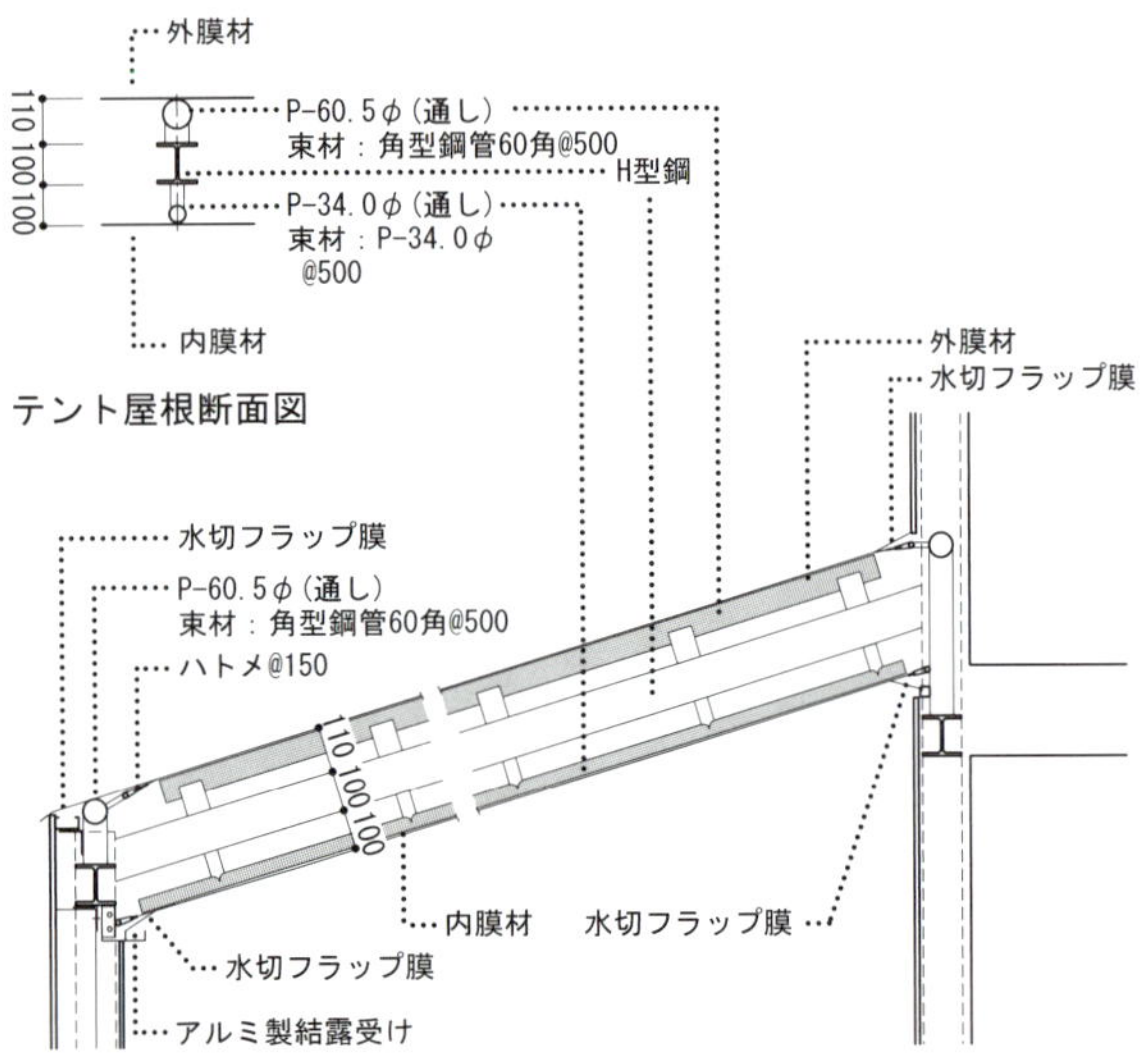

計画地である湘南の明るい空を見たときに、この明るさを室内に導き入れることができないかと考え、テント屋根の採用を思いついた。テントは太陽光を拡散して程よい明るさを室内にもたらし、天候の変化などを室内に居ながらにして感じさせてくれる。また、断熱や結露対策を考え、構造材の鉄骨を挟んで、テントを二重構造としている。雹《ひょう》が降ったときは大変な音がしたそうだが、外部の光の移ろいを感じさせる屋根は、自然を意識しながらの生活の楽しさを教えてくれる。

辻堂の家

ガラス床を通して下階に採光

書斎に光を導き入れる
1階リビングの右手の引違い戸の中が書斎。屋根の上部のハイサイドライトから自然光が入る。

書斎の天井はガラス床
2階のガラス床の突き当りに個室のドア。家族の動きも下階で感じとれる

[家の中心部にハイサイドライト]

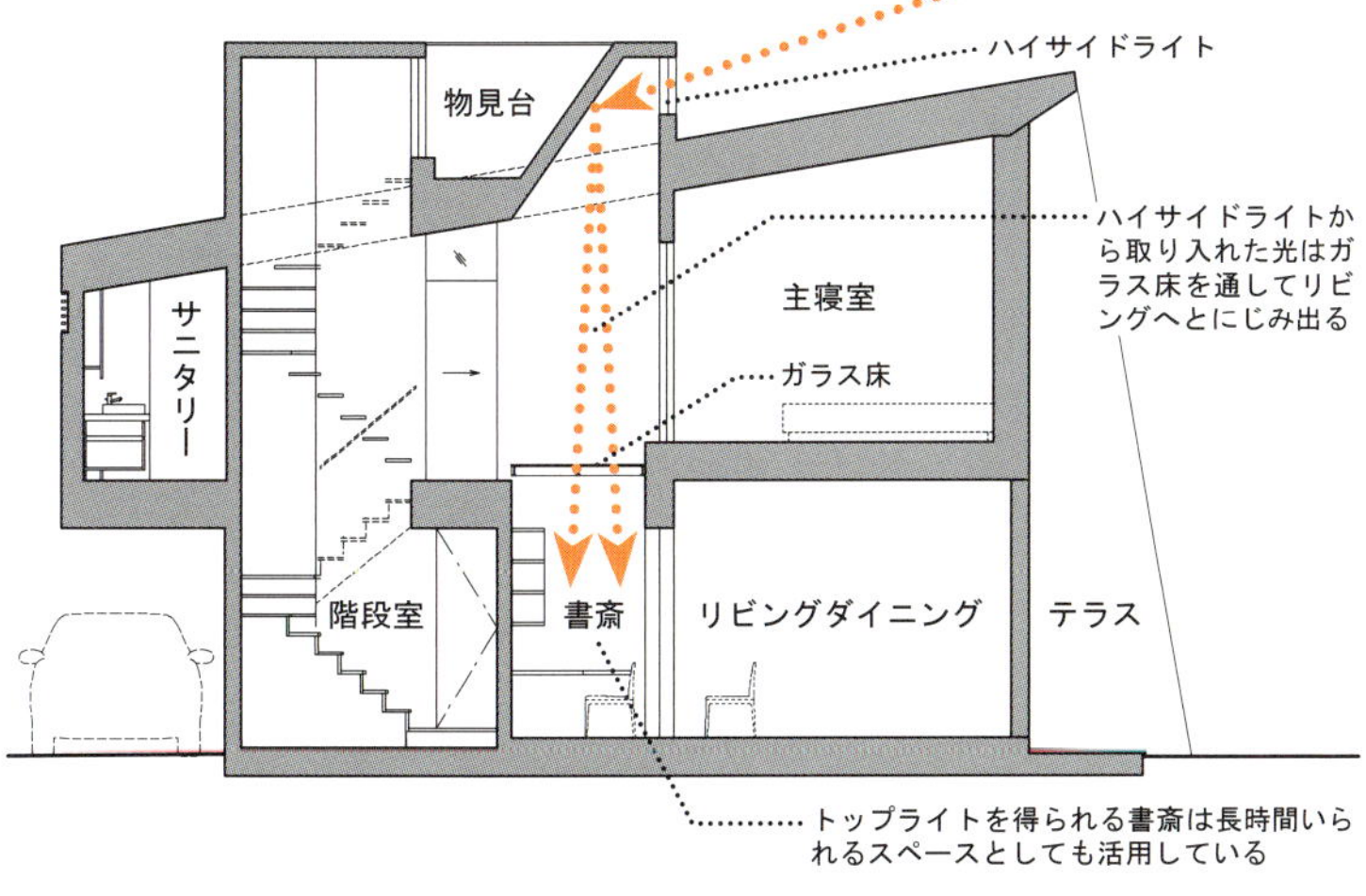
南からの採光
ハイサイドライト
物見台
ハイサイドライトから取り入れた光はガラス床を通してリビングへとにじみ出る
主寝室
ガラス床
サニタリー
階段室
書斎
リビングダイニング
テラス
トップライトを得られる書斎は長時間いられるスペースとしても活用している

自然光の入らない部屋が納戸などならばよいが、人が過ごす居室の場合は、外の雰囲気がわからずに寂しいものである。この住宅では、家の中心に位置するために窓を設けることができない書斎スペースに対し、上部の床から採光を取り入れた。2階のホールの床の一部分に強化ガラスを使用して、上部のハイサイドライトから差し込む自然光を階下に落としている。また、ここは家族の個室の入口部分に当たるので、透明性のある床で2階の人の動きが1階に居ながらにしてわかり、家の一体感を感じさせる。

蒲郡の家

展望台のような家

木の質感でつくり込む
窓辺のカウンター、すべて開け放つことができる窓。景色を楽しむためのつくりがなされている

眺望を楽しむときに、ただ大きな開口部があればよいとは限らない。重要なのは、適度な大きさの窓で風景を切り取って、室内からその眺望を、あたかも絵画を見るかのように楽しめるようにすることである。この住宅は、葉山の眺望のよい敷地に建っており、窓から江ノ島、富士山などを見ることができる。木製のサッシュは、すべて横にスライドさせて開け放すことができるので、夜間など、室内照明が窓ガラスに映り込むといったことを気にせずに、夜景を楽しむことができる。

葉山の家

[眺望に張り出した床と窓]

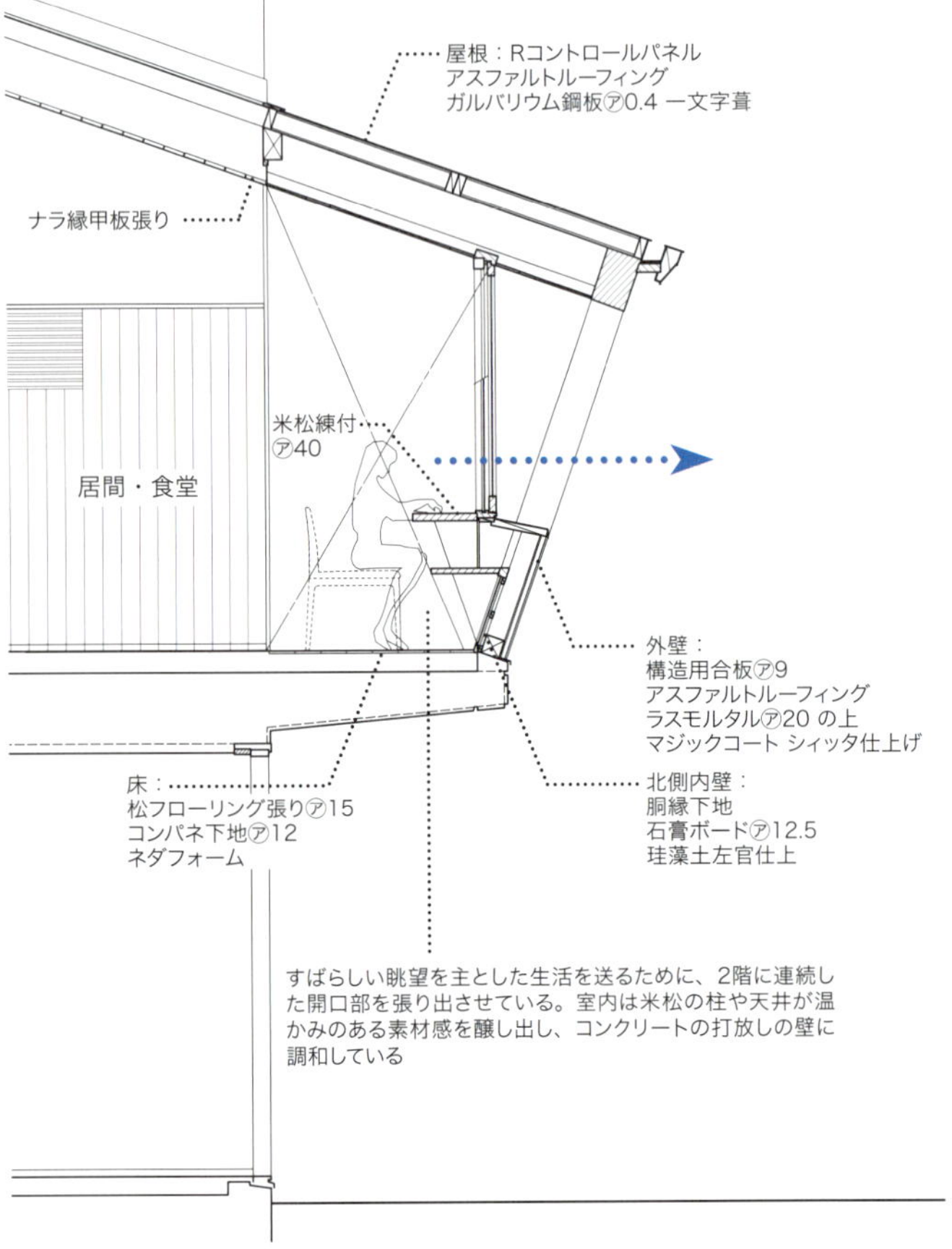

屋根：Rコントロールパネル
アスファルトルーフィング
ガルバリウム鋼板㋐0.4 一文字葺
ナラ縁甲板張り
米松練付
㋐40
居間・食堂
外壁：
構造用合板㋐9
アスファルトルーフィング
ラスモルタル㋐20 の上
マジックコート シィッタ仕上げ
床：
松フローリング張り㋐15
コンパネ下地㋐12
ネダフォーム
北側内壁：
胴縁下地
石膏ボード㋐12.5
珪藻土左官仕上

すばらしい眺望を主とした生活を送るために、2階に連続した開口部を張り出させている。室内は米松の柱や天井が温かみのある素材感を醸し出し、コンクリートの打放しの壁に調和している

図

おおらかな吹抜けに畳の縁側

ボックス状のワンルームのような住宅である。１階をピロティにして、駐車場として有効利用するために、４本の鉄筋コンクリートの柱の上に鉄骨構造のボックスを乗せた構成となっている。明るい家にしたいという建て主の要望を受けて、道路に面して大きな開口部を設けた。室内は、開口部に沿って吹抜けを設け、自然光が隅々まで行き渡るようにし、なおかつ下階のリビングと上階の個室との一体感をつくり出した。明るい吹抜け部分は、床を一段上げて畳仕上げとし、あたかも縁側のような床でくつろげるスペースとしている。

畳でくつろぐ明るいリビング
大開口と吹抜けに面する畳敷きのスペース。気取らずにくつろげる縁側である

［ボックスの中は大きなワンルーム］

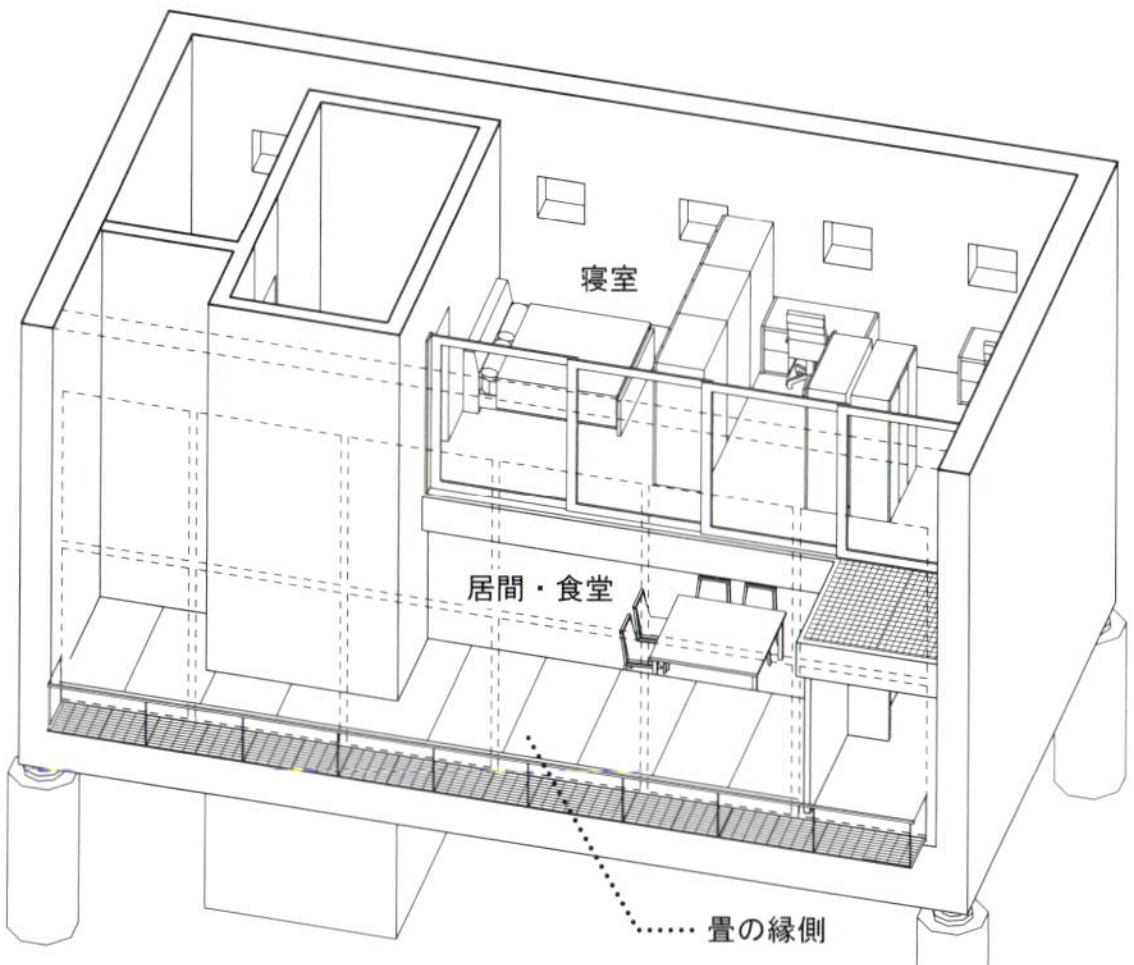

室内は白で統一しているが、開口部に面した床は段差をつけ、畳を入れた「縁側」となっている。この部分は上部が吹き抜けており、明るく開放的なスペースとした

宇都宮の家

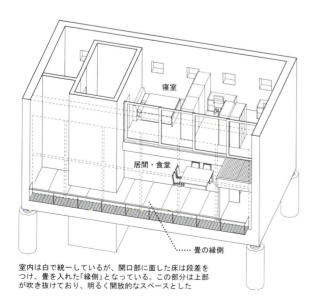

V字屋根の家はインテリアも楽しい

部屋の中央に家具、周囲に窓
V字屋根がつくる谷型の天井と三角窓が新鮮な印象を与える。中央の家具は造り付け

[採光や通風のためのV字屋根]

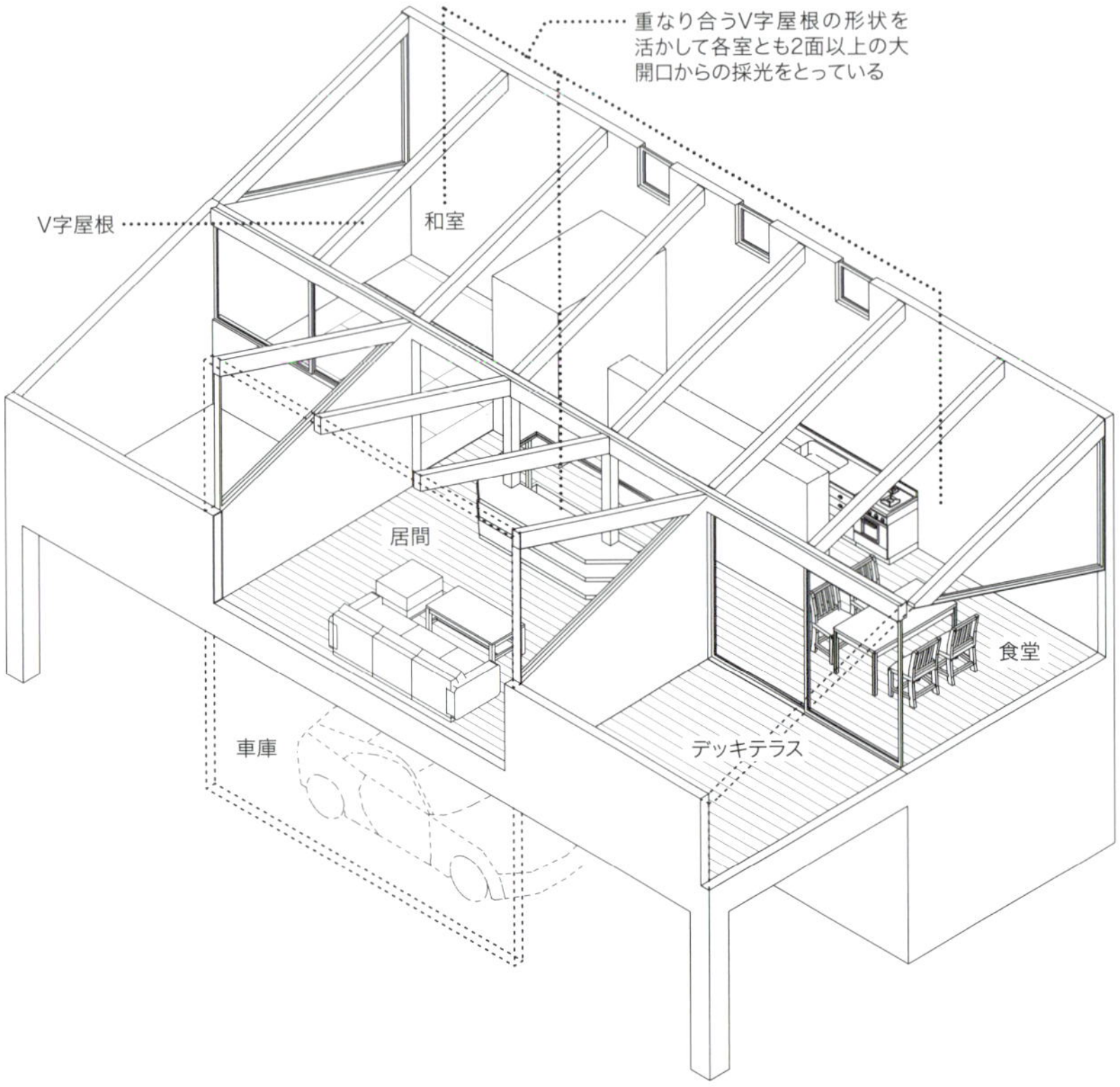
重なり合うV字屋根の形状を活かして各室とも2面以上の大開口からの採光をとっている
V字屋根
和室
居間
食堂
車庫
デッキテラス

通常の家とは逆に、屋根の中央が低く、周辺にいくほど高くなっている家である。隣地沿いの屋根が高くなっている部分から採光や通風を確保するために、このような形状となった。結果として、リビングとダイニング、キッチンなどがスペースとして分離され、それぞれの独立感を高めることができた。また、家の中央にテレビや家具を造り付け、周囲に窓を設けている。通常とは逆の発想だが、新鮮さを感じさせるインテリアとなった。

北浦和の家

コンクリート打放しと木の調和

コンクリートも木も、ある意味で自然素材である。コンクリートは確かに人工物だが、原料のほとんどは自然界に存在するものであるし、木は言うに及ばない。どちらも素材本来の色と質感をもっている。素材本来の特徴は、組み合わせて使用したときにも相性がよい場合が多い。木とコンクリートもその好例で、人が触れたり、断熱などが要求される部分には木を使用し、特にその必要がない部分はコンクリート打放し仕上げとしている。これにより、ローコストでも暖かみのある雰囲気をつくることができる。

リビングの壁は合板の仕上げ
ダイニングのコンクリート打放しに対して、小気味よく切り替えている。この家はローコストでも質の高いRC住宅にした

やわらかな印象の玄関
外も内もキュービックな家の中で唯一、玄関は円形でつくられている。内外の境界で一呼吸整える場でもある

[リビングはダイナミックな吹抜け]

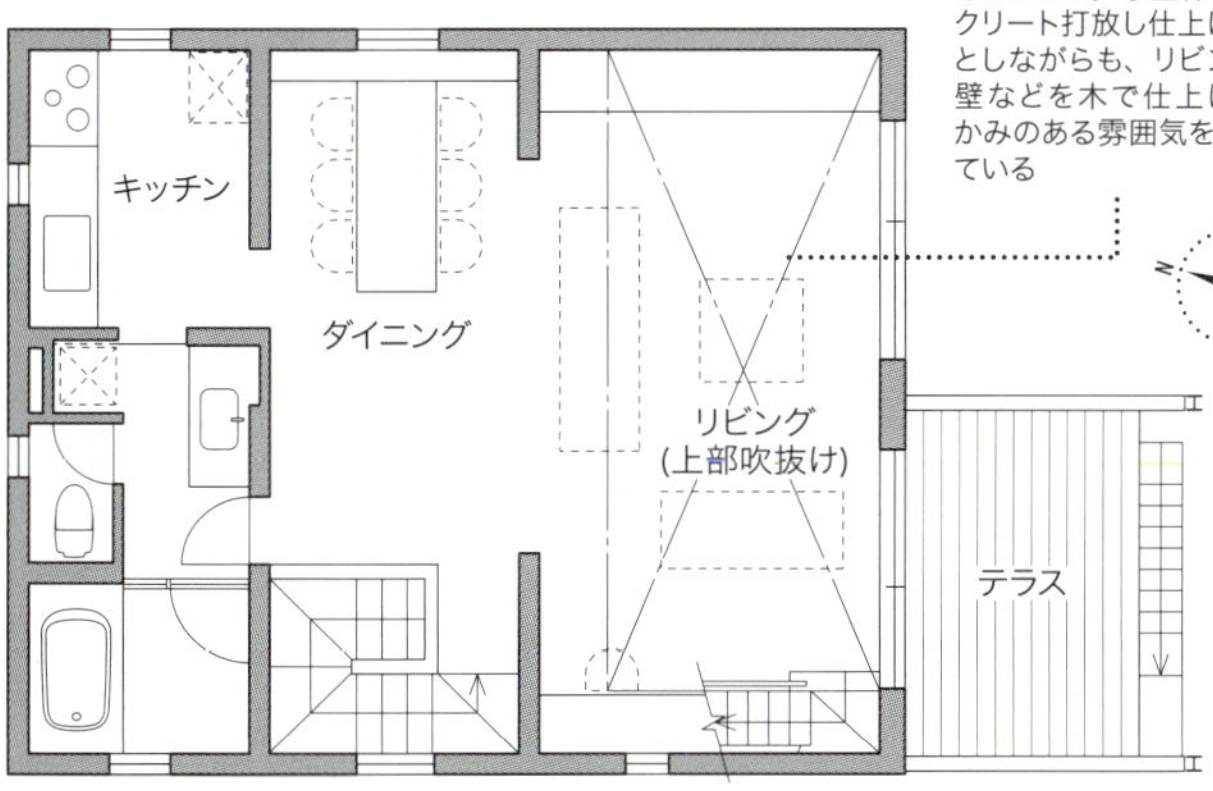

上部が吹抜けのおおらかなリビング。家全体にコンクリート打放し仕上げを主としながらも、リビングの壁などを木で仕上げ、温かみのある雰囲気をつくっている

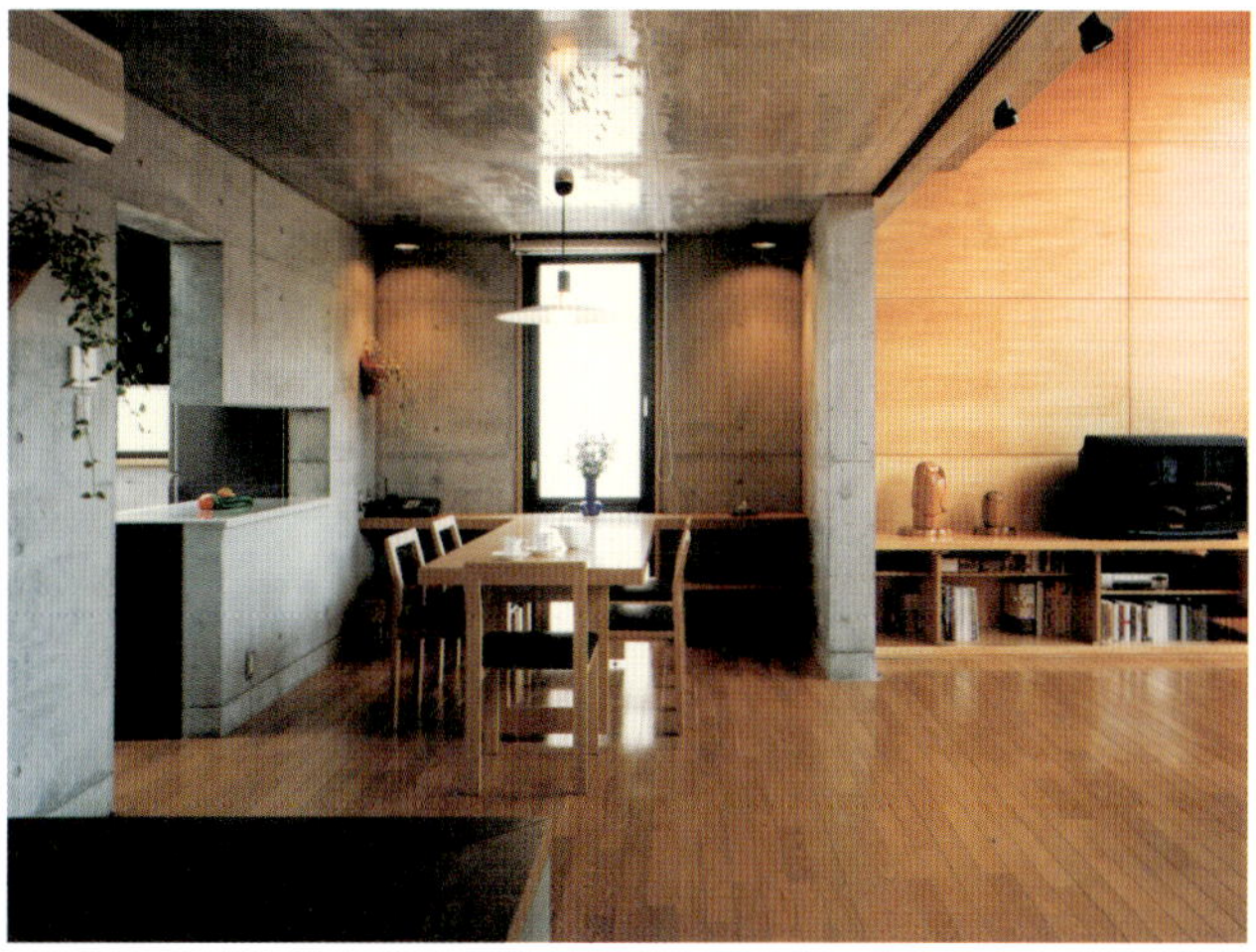

浦和の家

長大な化粧梁でオープンなリビングダイニングに

小平の家2

部屋に伸びやかさをもたらす
梁を長手方向にかけている。キッチンもオープンタイプに

[長手方向に梁をかける]

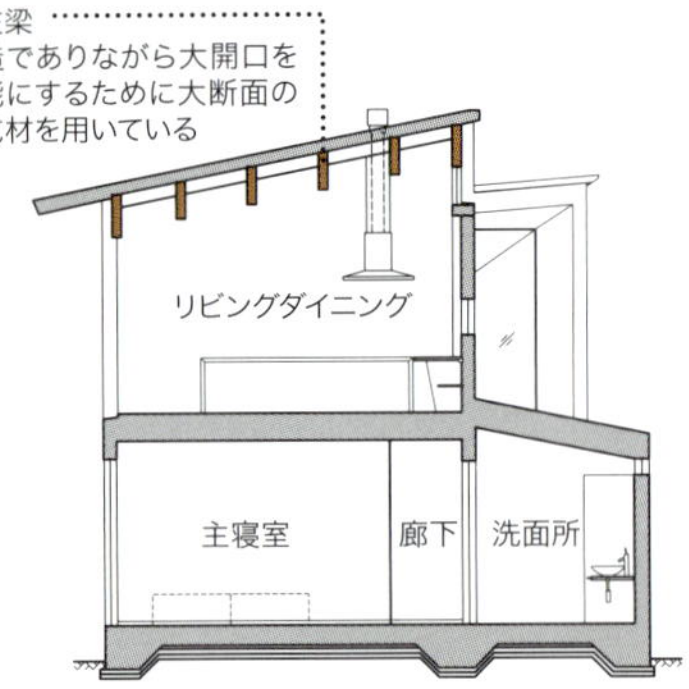

化粧梁
木造でありながら大開口を可能にするために大断面の集成材を用いている
リビングダイニング
主寝室
廊下
洗面所

より開放的な2階のリビング
1階に比べると、2階は大きな梁のおかげで壁や柱のない開口部を実現している

通常は短手（住宅の短辺方向）に屋根の梁をかけることが多いが、この住宅では逆方向の長手（長辺方向）に梁をかけて、部屋の長さをより強調し、伸びやかさを表現した。均等な大きさの梁を等ピッチで設けることで、柱のない大きな開口部を南面に設け、太陽の光と風景を室内に取り込むことができる。かつ北側にも細長い開口部を同様に設けることで、光と風の抜けがある住まいにしている。この部屋の特徴を生かすため、キッチンも完全なオープン形式として、あえて吊り戸棚などもなくしている。

くつろぎ感がアップする木製サッシュ

八柱の家・菊名の家・吉祥寺の家2

木の質感とボリューム感
木製サッシュ、床材、柱など木部の色を揃え、インテリアを調和させている。サッシュ枠はベイマツに植物性オイル塗装。(八柱の家)

暖かみのある住まいに
木製サッシュは家の中心となるスペースに暖かな雰囲気をもたらす。金物などを指示し、気密性も向上させている(上から菊名の家、吉祥寺の家2)

木製サッシュの優れている点は、その自由度にある。すべてがいわば特注品であるから、寸法も形状も自由につくることができる。壁に引き込んだり、網戸や簾戸と組み合わせたりすることで、生活のシーンに応じて住まい手がさまざまな選択をすることができる。厳密に言えば、アルミサッシュよりも気密性がやや低いかもしれないし、経年変化に対するメンテナンスも必要ではあるが、木の質感は手触りがよく、結露もないし、住まい手に窓を開け閉めすることの楽しさを教えてくれる。

細長い玄関ホールに開放感を与える

祖師ヶ谷大蔵の家

インパクトと開放感
ドアを開けると高い天井と、ハイサイドから差し込む光。来訪者もちょっと驚く

敷地の形状から、どうしても先細りの平面形の玄関ホールとなるため、開放感を出すために吹抜けスペースにした。玄関の奥の上部には、丸い天窓を設け、そこからペンダント照明を吊り下げ、建物の内部へ人を誘うようにした。また、家具などを置いても違和感がなく、さらに広さを感じるように、玄関とホールの段差をなくし、フラットな床としている。玄関は、靴を脱ぐ土間と、素足で上がるホールに分かれているのが一般的な住宅の約束事であるが、それを崩してみると、また違った側面が見えてくる。

[道路に面して限られた玄関スペース]

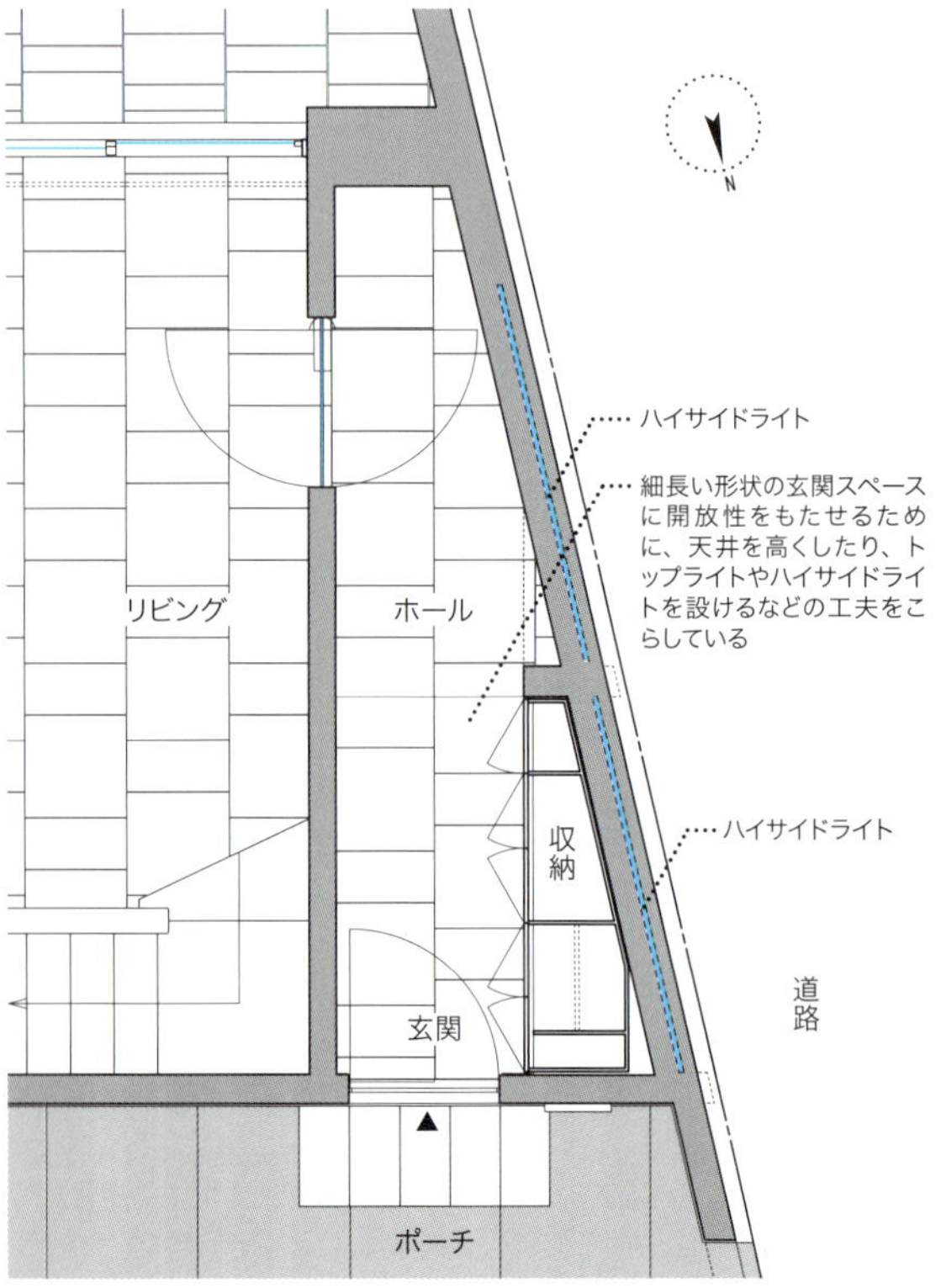
N
ハイサイドライト
細長い形状の玄関スペースに開放性をもたせるために、天井を高くしたり、トップライトやハイサイドライトを設けるなどの工夫をこらしている
リビング
ホール
収納
ハイサイドライト
道路
玄関
ポーチ

意外なトイレ

天井の面白さを生かしながら
トイレ内の照明が天井をライトアップするなど、アイディアが詰まっている

ワンルームの広いリビングダイニングにトイレを設けた例である。天井の高さを生かし、木構造も損なわないようにするために、広いスペースの中に、小さな小屋のような円いトイレを置いた。無造作に置かれているようで、実はダイニングとピアノコーナーを区切る間仕切りの役割ももっている。トイレの天井にはアクリル板が入っており、照明を点灯させると天井を明るく照らし、使用中のサインとなる。また、換気は床下から外部に排気している。

[円いトイレ]

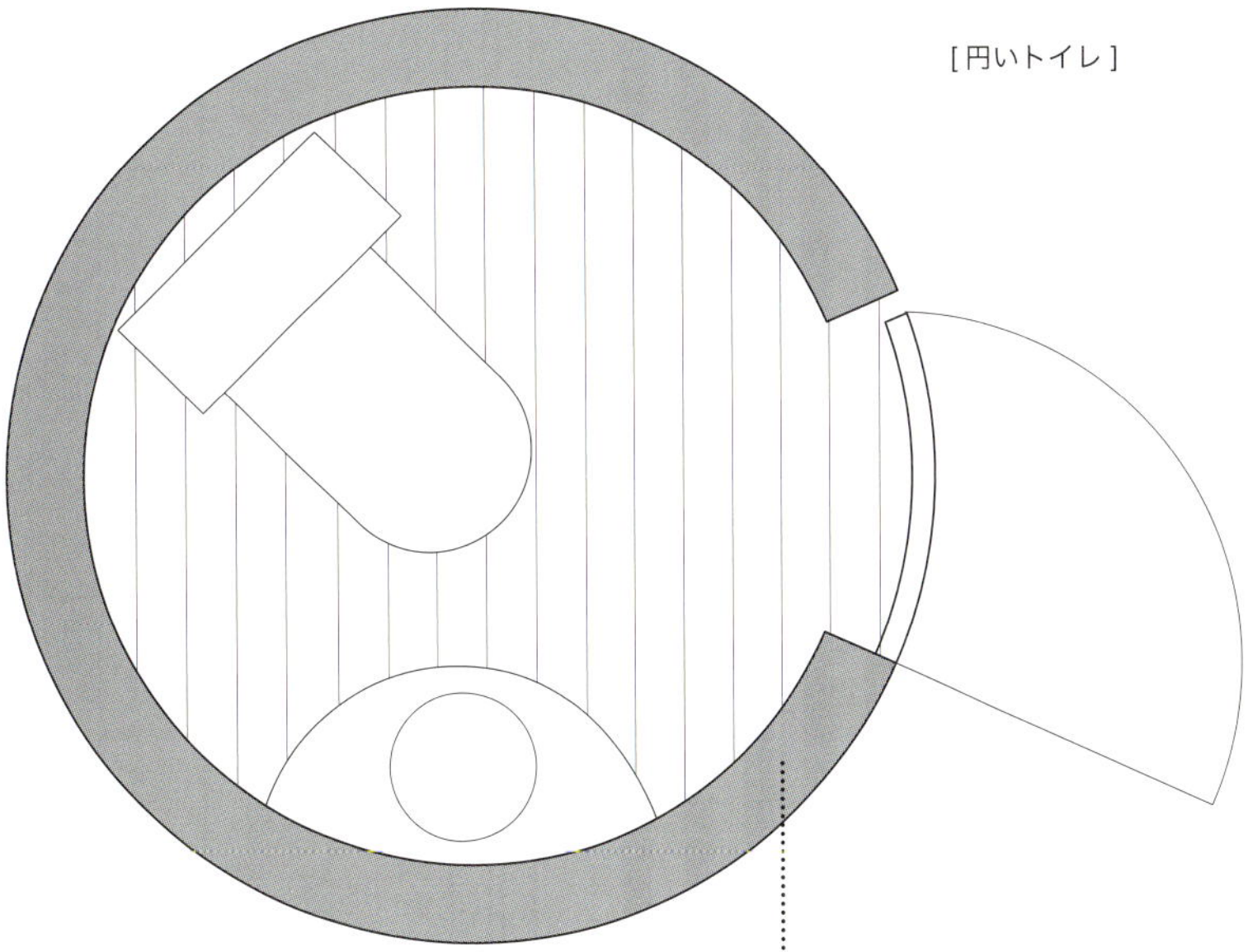

シンボリックな円柱の中にトイレを囲い込み、リビングの中央に配置している

大泉学園の家

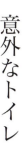

リビングが広くなる家具デザイン

壁に沿った曲線ソファがゆとりを生む
曲線ソファは適度な距離感でコミュニケーションが取れる。珪藻上の壁・天井、竹の集成材の家具など、さまざまな素材の風合いも楽しい

リビングのスペースがそれほど広くないときには、壁面に沿ってソファを設けるとよい。建物の形に合わせて設置するために、どうしても既製品だとうまく納まらない場合もあるので、この事例では特注でソファをデザインした。曲線的なデザインとすることで変化をもたせ、さまざまなくつろぎ方ができるようにしている。また、ソファに合わせてテーブルも製作している。この事例はリフォームである。コンクリートのテラスハウスの1階部分をスケルトンにして、すべてを更新し、新たな命を吹き込んだ。

[家具もデザインしたリフォーム]

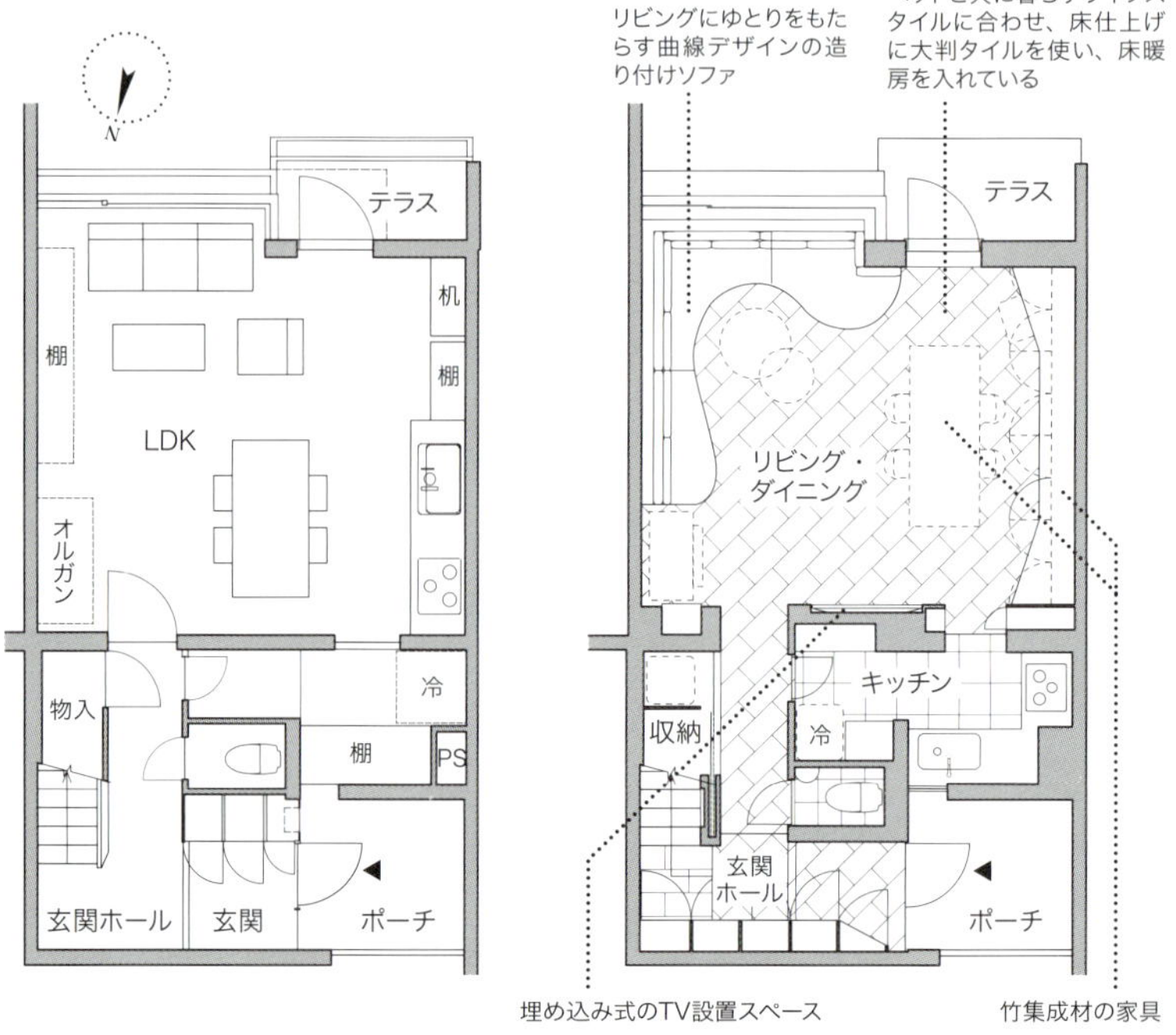
改修前
N
テラス
机
棚
棚
LDK
オルガン
冷
物入
棚
PS
玄関ホール
玄関
ポーチ
改修後
リビングにゆとりをもたらす曲線デザインの造り付けソファ
ペットと共に暮らすライフスタイルに合わせ、床仕上げに大判タイルを使い、床暖房を入れている
テラス
リビング・ダイニング
キッチン
収納
冷
玄関ホール
ポーチ
埋め込み式のTV設置スペース
竹集成材の家具

上池台の家

図

家の特徴を取り入れた家具デザイン

家具も斜めのパターンで
斜め張りの床、壁に合わせ、椅子やテーブルをデザイン。インテリア全体で動きを表現した

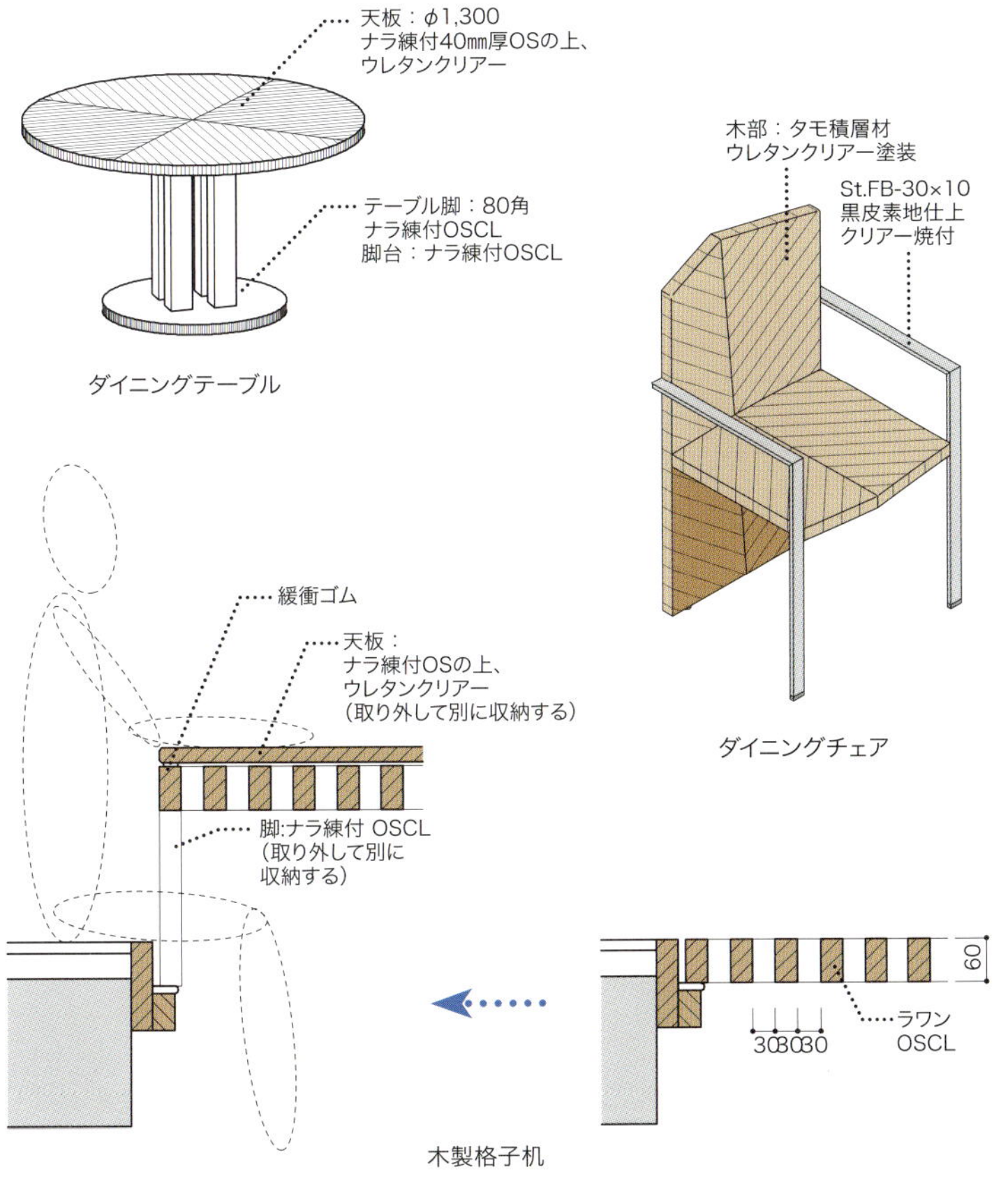
天板：φ1,300
ナラ練付40㎜厚OSの上、
ウレタンクリアー
テーブル脚：80角
ナラ練付OSCL
脚台：ナラ練付OSCL
ダイニングテーブル
木部：タモ積層材
ウレタンクリアー塗装
St.FB-30×10
黒皮素地仕上
クリアー焼付
ダイニングチェア
緩衝ゴム
天板：
ナラ練付OSの上、
ウレタンクリアー
（取り外して別に収納する）
脚:ナラ練付 OSCL
（取り外して別に
収納する）
60
303030
ラワン
OSCL
木製格子机

［素材感にこだわった木製家具］

この住宅は、フローリングや壁の小幅板を斜めに張ることで、上昇感や動きを表現している。食堂の椅子やテーブルといった家具もデザインを起こし、同様のコンセプトで製作した。集成材の目の方向を組み合わせることで動きを表し、かつ重量感の安定した家具になった。木の部分は集成材ではあるが無垢の材料にこだわり、かつ鉄部の仕上げは黒皮仕上げとして素材感を出した。床にはめ込まれた丸い格子は、地下室への採光と通風のためのものだが、脚を取りつけ、掘り炬燵のように利用することも可能である。

辻堂の家

ミニマルデザインの玄関収納

多機能をしまった玄関ホール
右手の壁面の中にさまざまな機能が備わっている。扉を閉じればあくまでもシンプル

[多くの機能をもたせた便利収納]

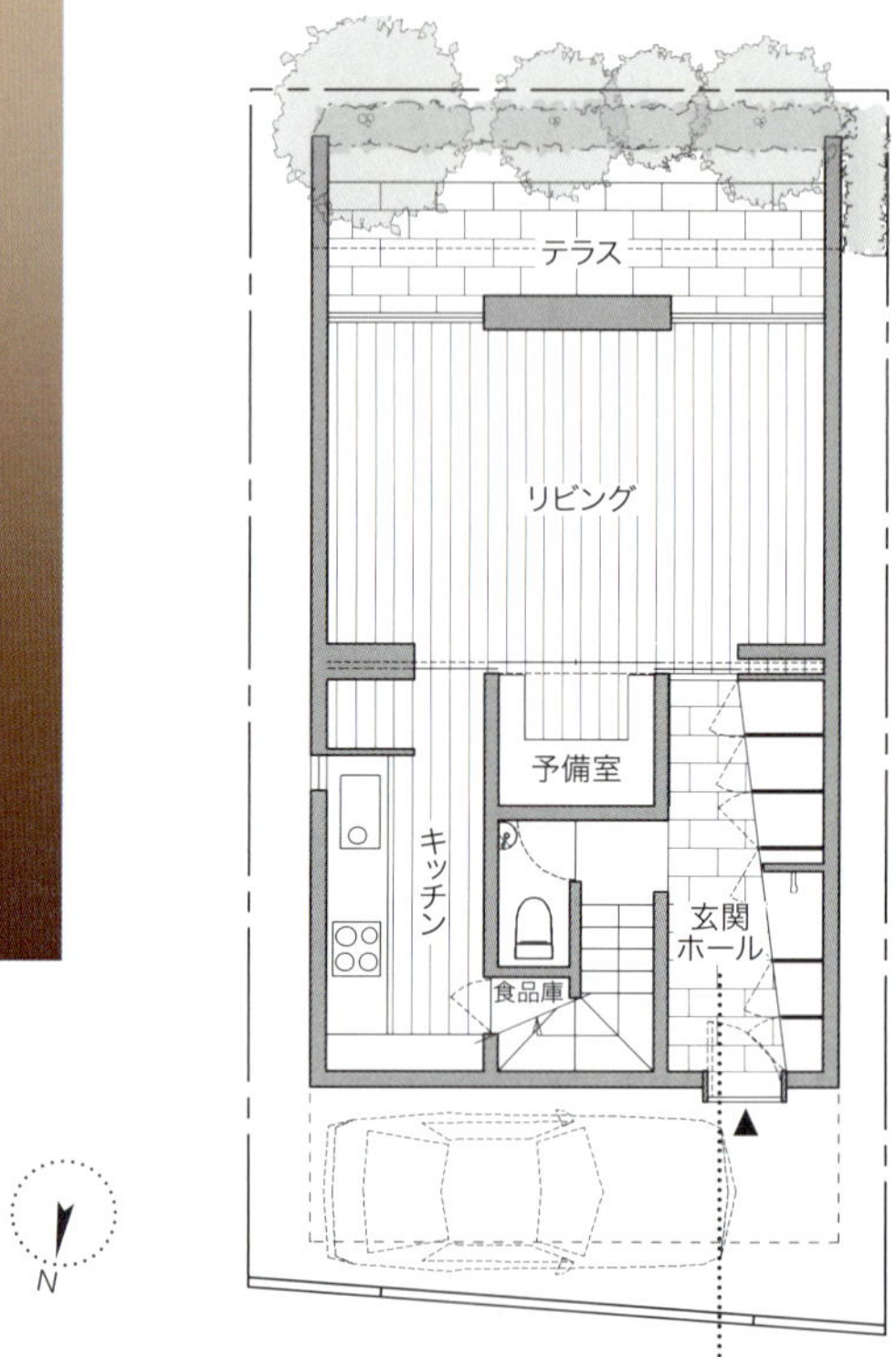

シンプルなプランをもつ家の特性に合わせて玄関ホールも収納・照明などミニマルなデザインでまとめている

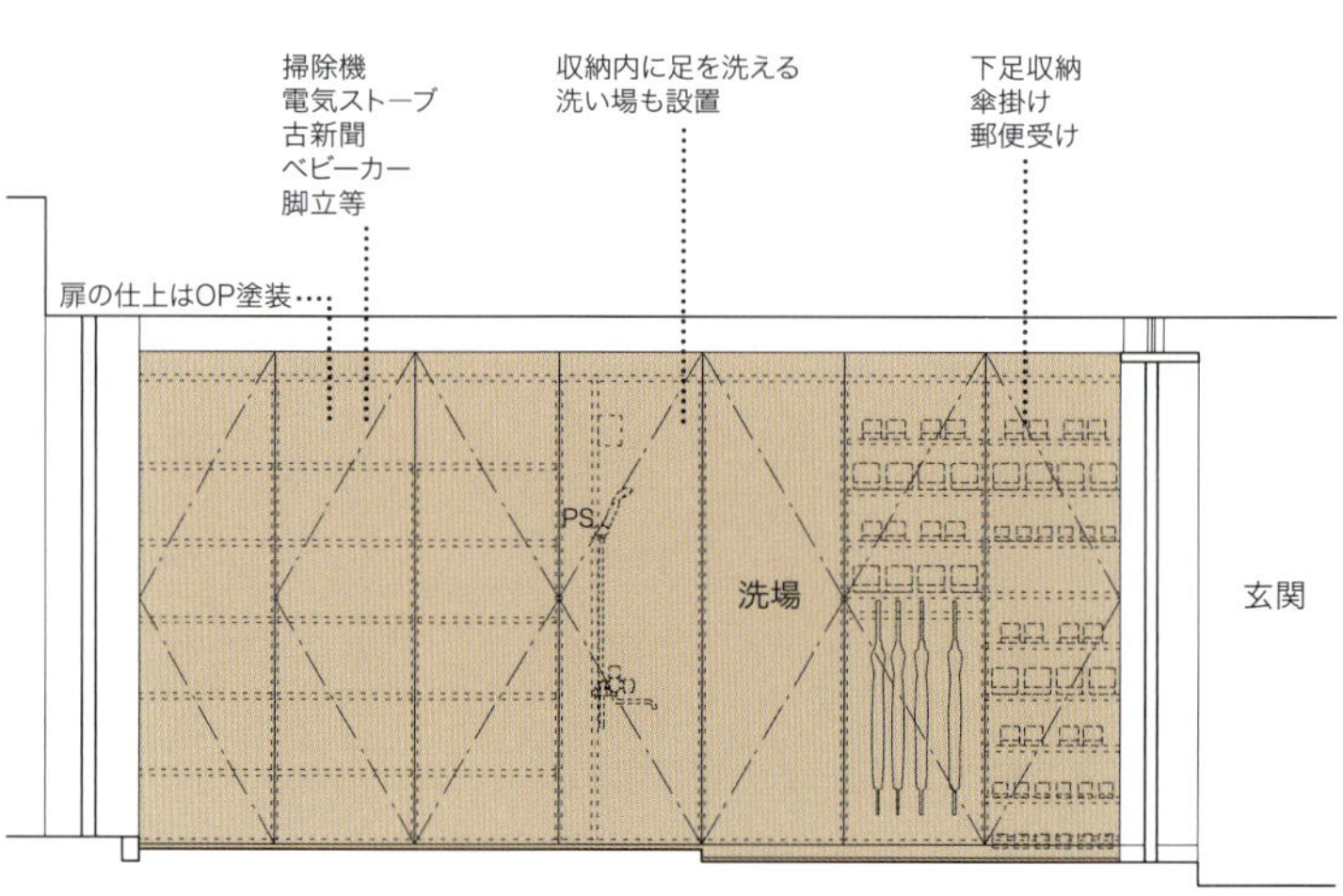

玄関収納

玄関は最初に人を迎え入れるスペースだから、雑然とした雰囲気になることは何としても避けたい。整理する心がけの問題もあるかもしれないが、ある一定量以上の収納が玄関には必ず必要である。よく考えると、玄関に置いておくと便利な物は意外に多いのである。この事例では、斜め形状の収納を玄関ホール脇に設け、等ピッチで扉をつけ、なおかつ上部を間接照明としてシンプルなインテリアにした。内部にはその部分の奥行きに応じてさまざまな機能を入れ込んでいる。

蒲郡の家

キッチンの上にもロフト収納

置き家具のようなキッチン
天井とキッチンの間のスペースをロフトにしている。箱階段にも収納力がある

[ロフトがつくれるボックスタイプ]

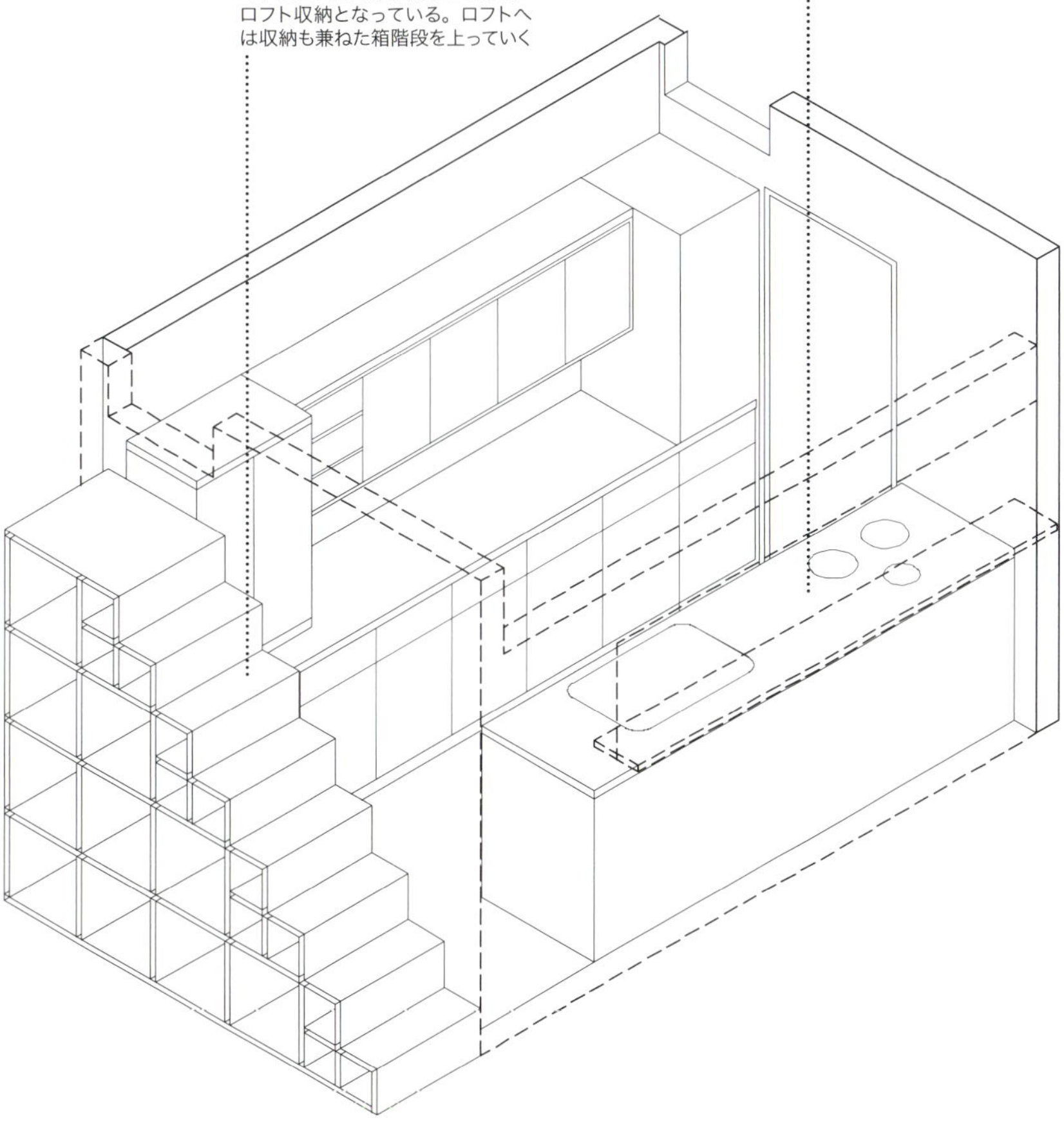

キッチン上に天井が張られており、ロフト収納となっている。ロフトへは収納も兼ねた箱階段を上っていく
箱型の内部にキッチンが収められている

面積が限られている場合、天井の高さを確保し、床面積に参入されないロフトをつくることで、広いスペースを手に入れることができる。この事例では、部屋全体の天井高さを高くして、中央に大きな家具のようなキッチンを置いた。キッチンの上部はロフトとして、収納やプラスαのスペースに利用することができる。ロフトに上がるために、階段状の家具を製作して、キッチンの側面に設置した。部屋の中に部屋があるような構成は、ダイナミックでかつ楽しく、実際の面積よりもずっと広がりを感じさせる。

沼袋FUKU

オープンキッチンに、物が隠れる引戸収納

南阿佐ヶ谷の家

キッチンには時と場合により、人の目に触れさせたくない物がある。この事例では、オープンキッチンをアイランド型とし、キッチンの背面に大きな引戸を設け、さまざまな物を隠せるようにした。この中には冷蔵庫、手持ちの食器棚、電話などがあり、通常はオープンにしているが、隠したい場合はすぐに引戸を閉めることができる。また、システムキッチンは高価なものだが、この形式にすることで、必要以上に造作家具をつくることもなくなり、コストもセーブできる。

キッチン背面が引戸ですっきり

多くの物を置いた棚を冷蔵庫ごと隠して、オープンキッチンについて回る収納問題を解決

[リビングダイニングからの視線をカット]

開放的なオープンキッチンの間取りに対して水廻りの日用品を収納し、3枚引戸でクローズできる

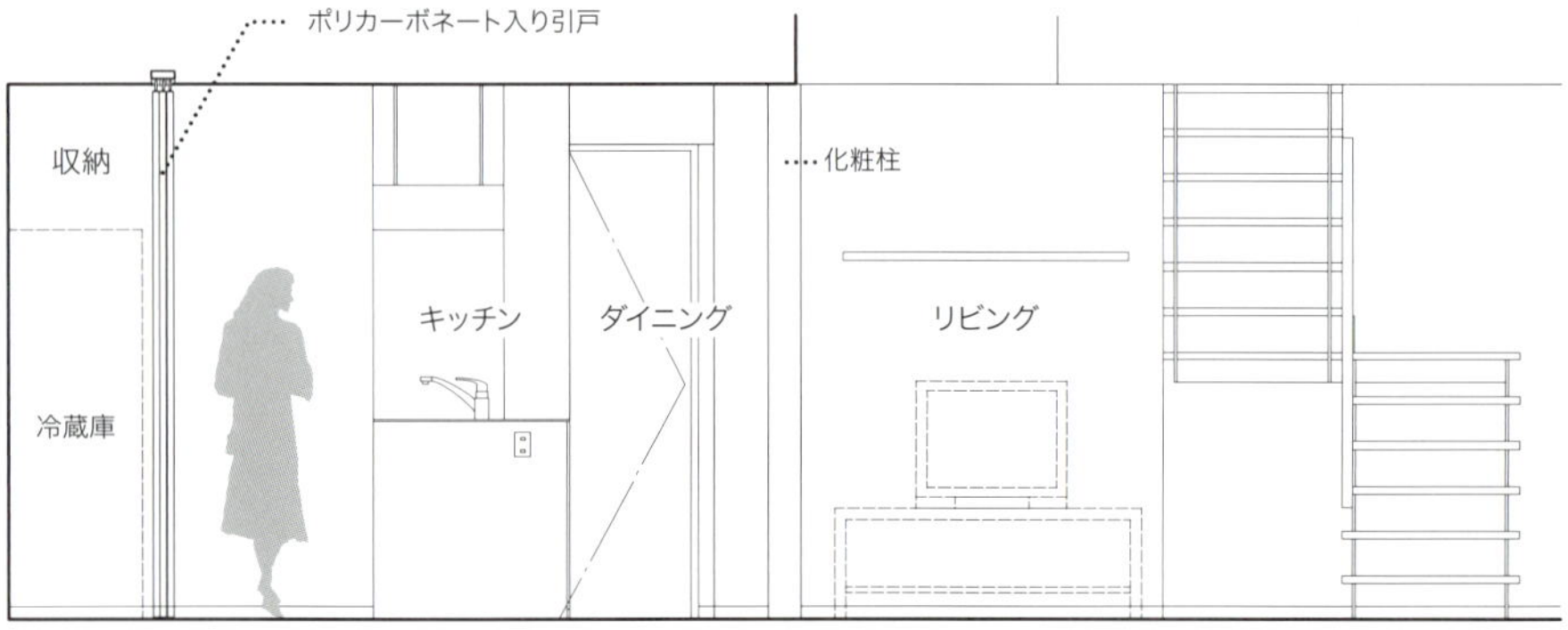

図

壁の中に扉を隠す

永福町の家

一見するとただの羽目板の壁に見えるが、実はトイレと収納の扉が隠れている。板の幅を同じピッチになるように調整し、かつ木目の模様をそろえた。目地の幅も統一し、彫り込み蝶番などを利用して、表面から金物が見えないように工夫した。トイレ部分の扉には、唯一小さな手掛けが彫り込まれている。デザインには、隠すデザインと、見せるデザインの2つがあると思うが、ともすると簡単に思われがちな隠すデザインの方が難しい場合がある。

トイレ扉 廊下側

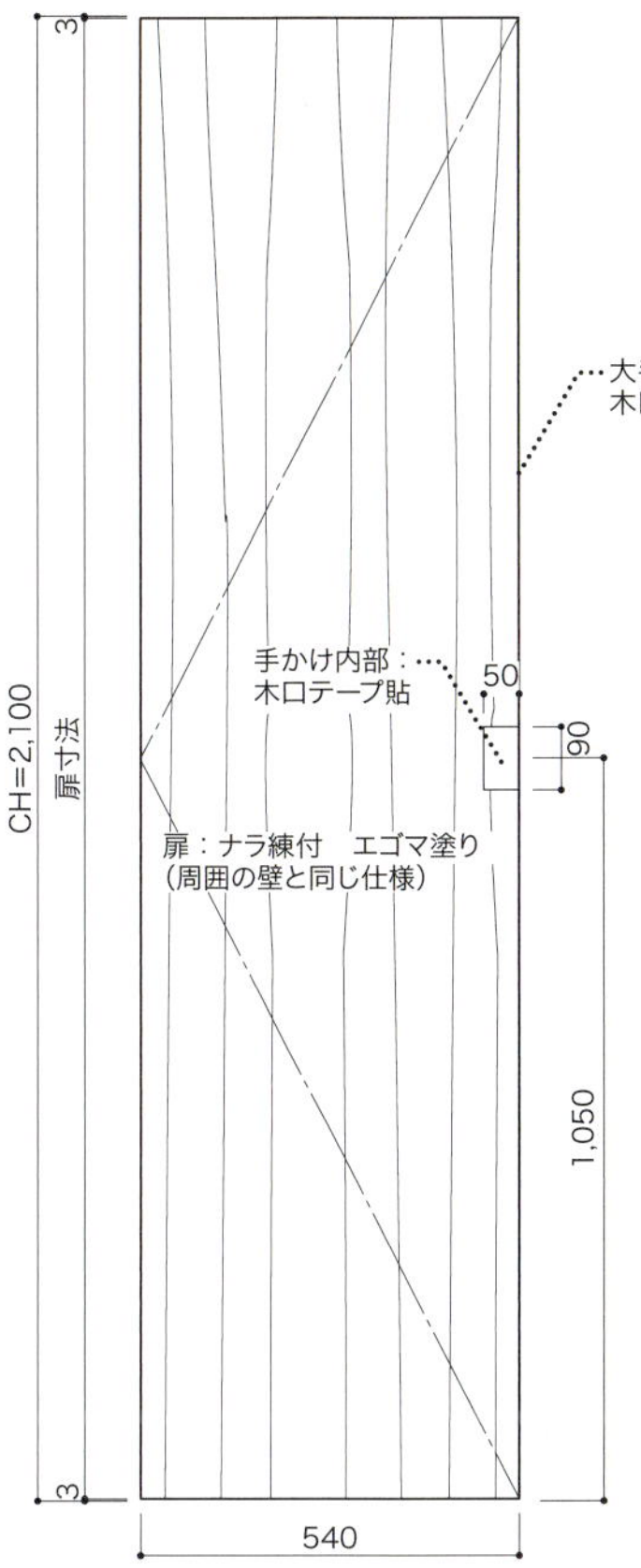

3
CH=2,100
扉寸法
3
540
大手：
木口テープ貼
手かけ内部：
木口テープ貼
50
90
1,050
扉：ナラ練付　エゴマ塗り
（周囲の壁と同じ仕様）

トイレ扉 内側

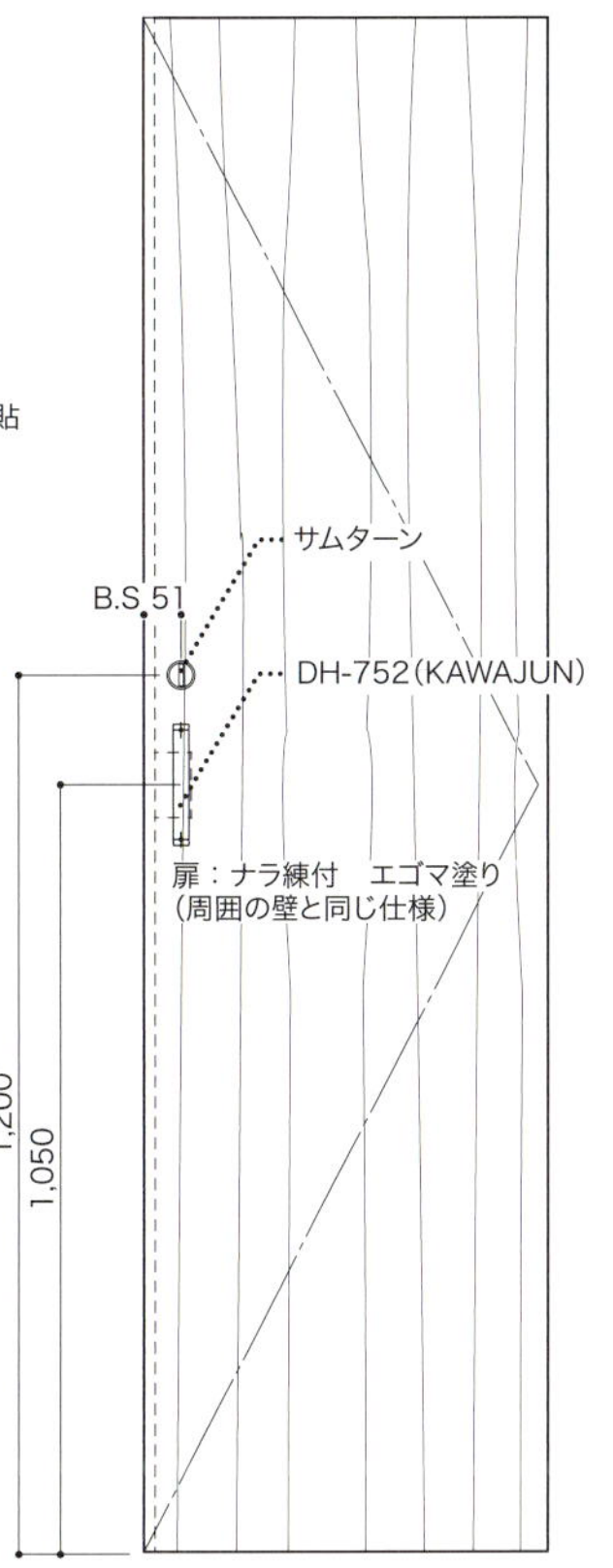

サムターン
B.S 51
DH-752（KAWAJUN）
1,200
1,050
扉：ナラ練付　エゴマ塗り
（周囲の壁と同じ仕様）

［隠すデザイン］

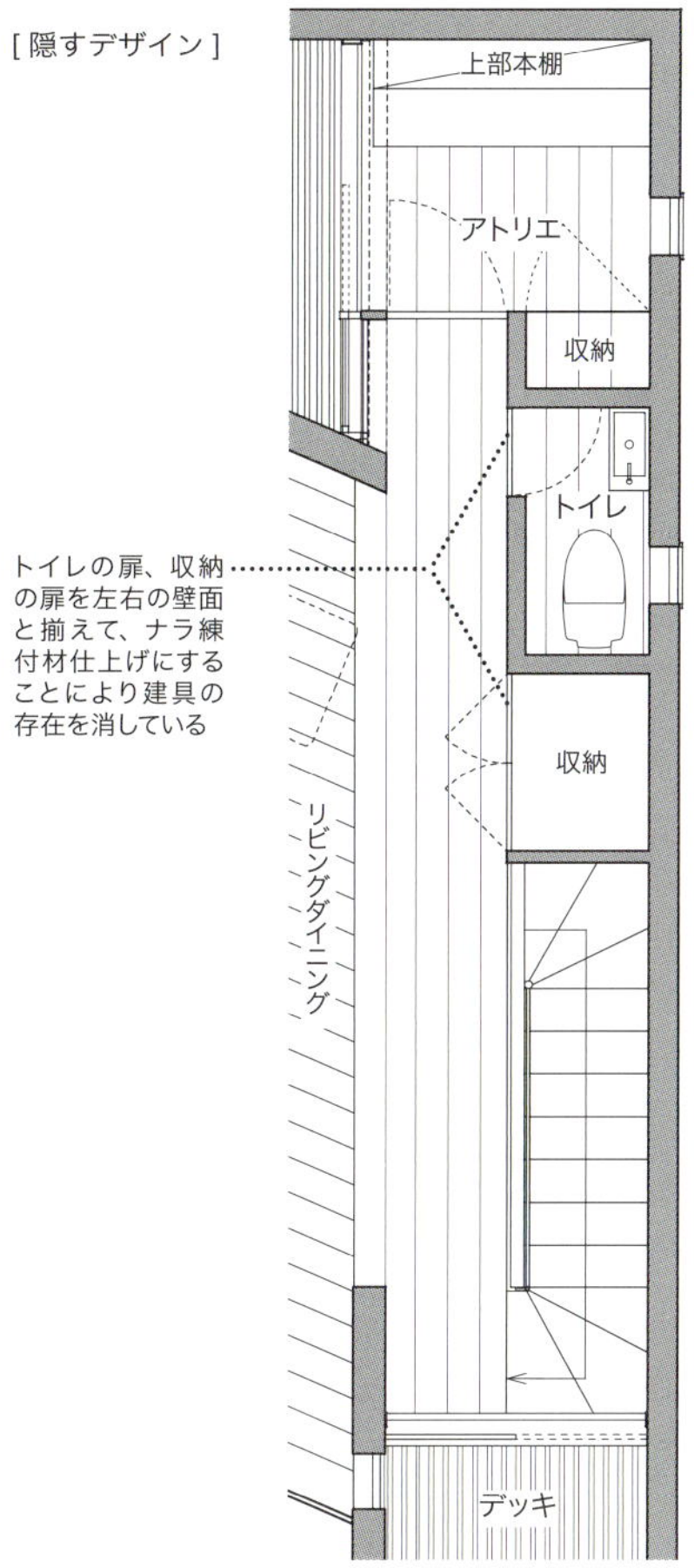

上部本棚
アトリエ
収納
トイレ
収納
リビングダイニング
デッキ
トイレの扉、収納の扉を左右の壁面と揃えて、ナラ練付材仕上げにすることにより建具の存在を消している

トイレの手掛け
外側は目立たない手掛けを彫っている

リビングに面した壁
実は壁と収納・トイレの扉が一体化

圓

タモ材をランダムにデザインした壁面収納

リビングのインテリアウォール
引違い戸の全面収納。タモ材のリブのランダムな厚みとピッチが美しい陰影をつくり、部屋を引き締める

楽しみもつくり込む
大人数の集まりに備え、内部は収納のみならず、バーカウンターも設けられている

谷中の家

リビングの壁面に全面収納をつくった。部屋は大きく、小振りな扉で構成するとうるさくなりすぎるため、一見して収納と感じさせない隠し収納とした。扉は大きな引戸形式として、閉まったときに面が揃うような特殊な金物を使用して、全体が一つの壁のように見えるようにデザインした。扉の表面には、タモ材のリブをランダムに取りつけて、視覚的な密度感を表現するとともに、開閉する場合の手掛けとしても機能している。収納の一部にはバーカウンターが隠れており、来客時にはここを開放して人をもてなすことができる。

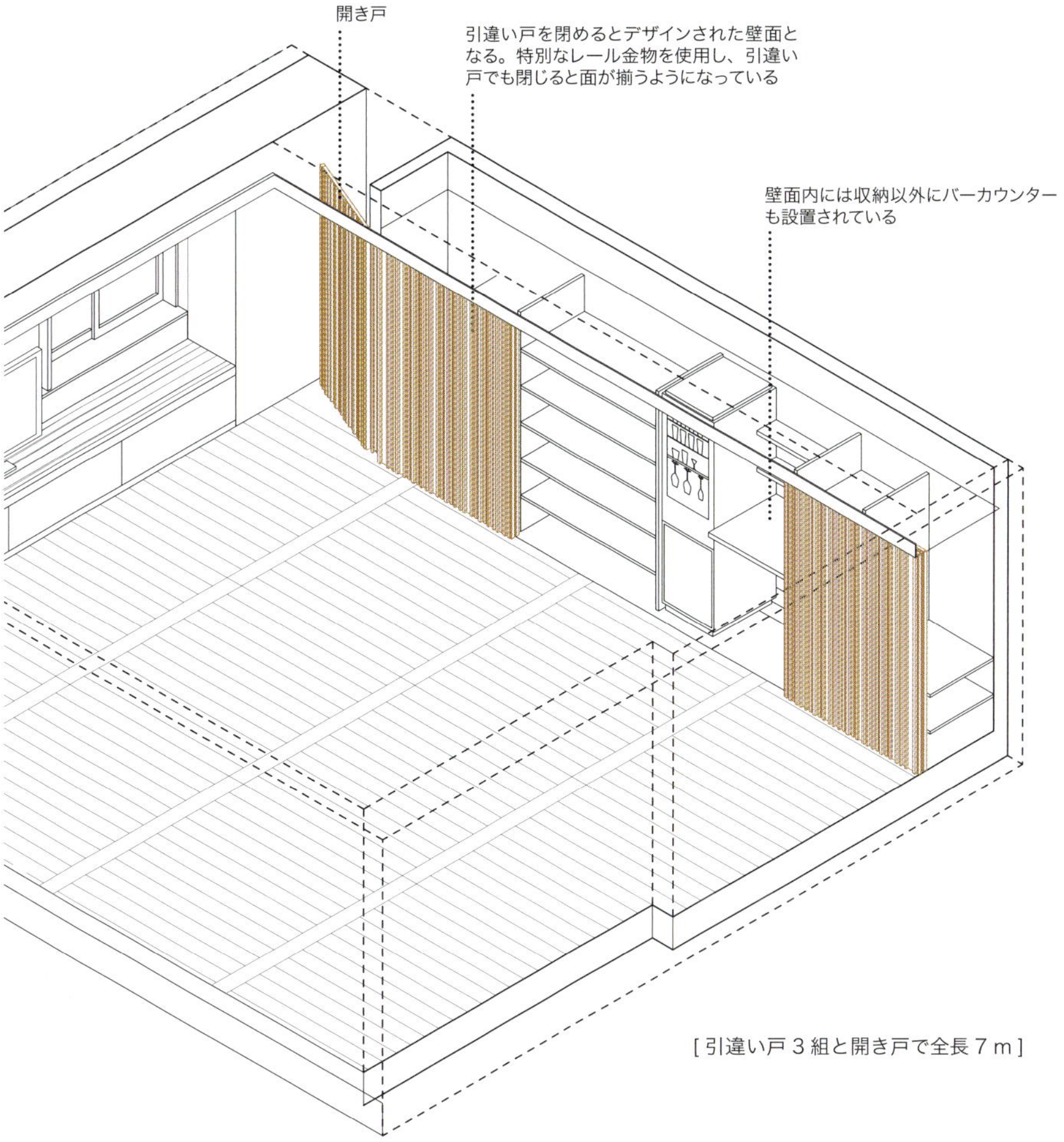
開き戸
引違い戸を閉めるとデザインされた壁面となる。特別なレール金物を使用し、引違い戸でも閉じると面が揃うようになっている
壁面内には収納以外にバーカウンターも設置されている

［引違い戸３組と開き戸で全長７ｍ］

壁面化する引違い戸

特殊な引違い戸金物を使用する事で、戸を閉めた状態でも面が揃い壁面化する。

［リブ材の割り付け］

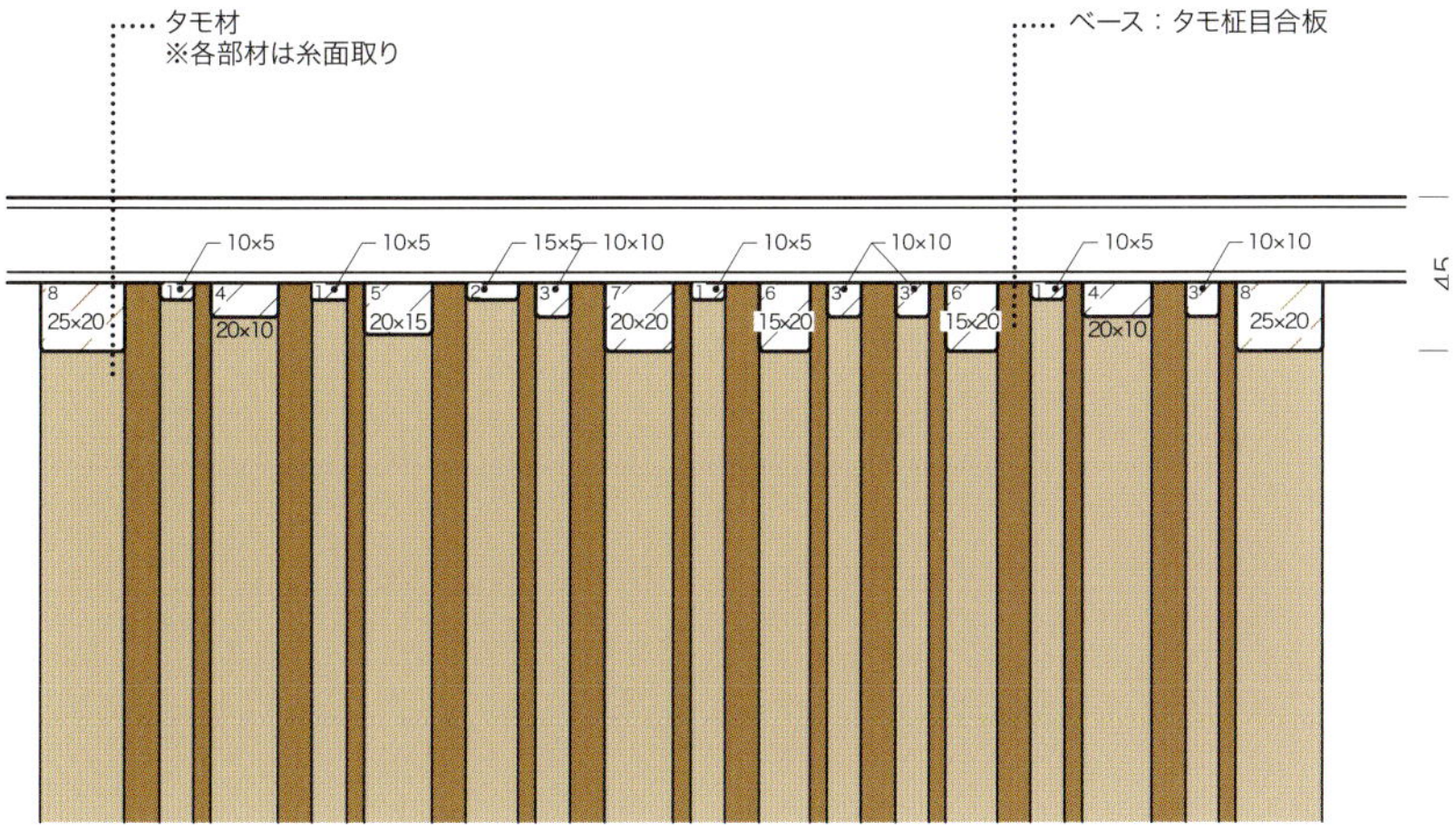
タモ材
※各部材は糸面取り
ベース：タモ柾目合板
10×5
10×5
15×5
10×10
10×5
10×10
10×5
10×10
45
8
25×20
1
4
20×10
1
5
20×15
2
3
7
20×20
1
6
15×20
3
3
6
15×20
1
4
20×10
3
8
25×20

階段とセットの壁面収納

階段脇の大きな壁面を全面収納や飾り棚として利用することを考えた。等ピッチで縦に仕切り板を設け、そこに溝を彫って自由に棚板を差し込むことで、住まい手の要望に応じた形状となる。また、棚板と扉がセットになったユニットもいくつかつくり、自由な位置に扉付きの収納を設けることもできる。階段に沿った壁面を収納として利用するのは、階段から手の届く範囲が決まってしまうので使いにくいものになりやすいが、可動棚の考え方を取り入れることで、壁全面を利用できるようにしている。

[自由に仕切れる可動棚]

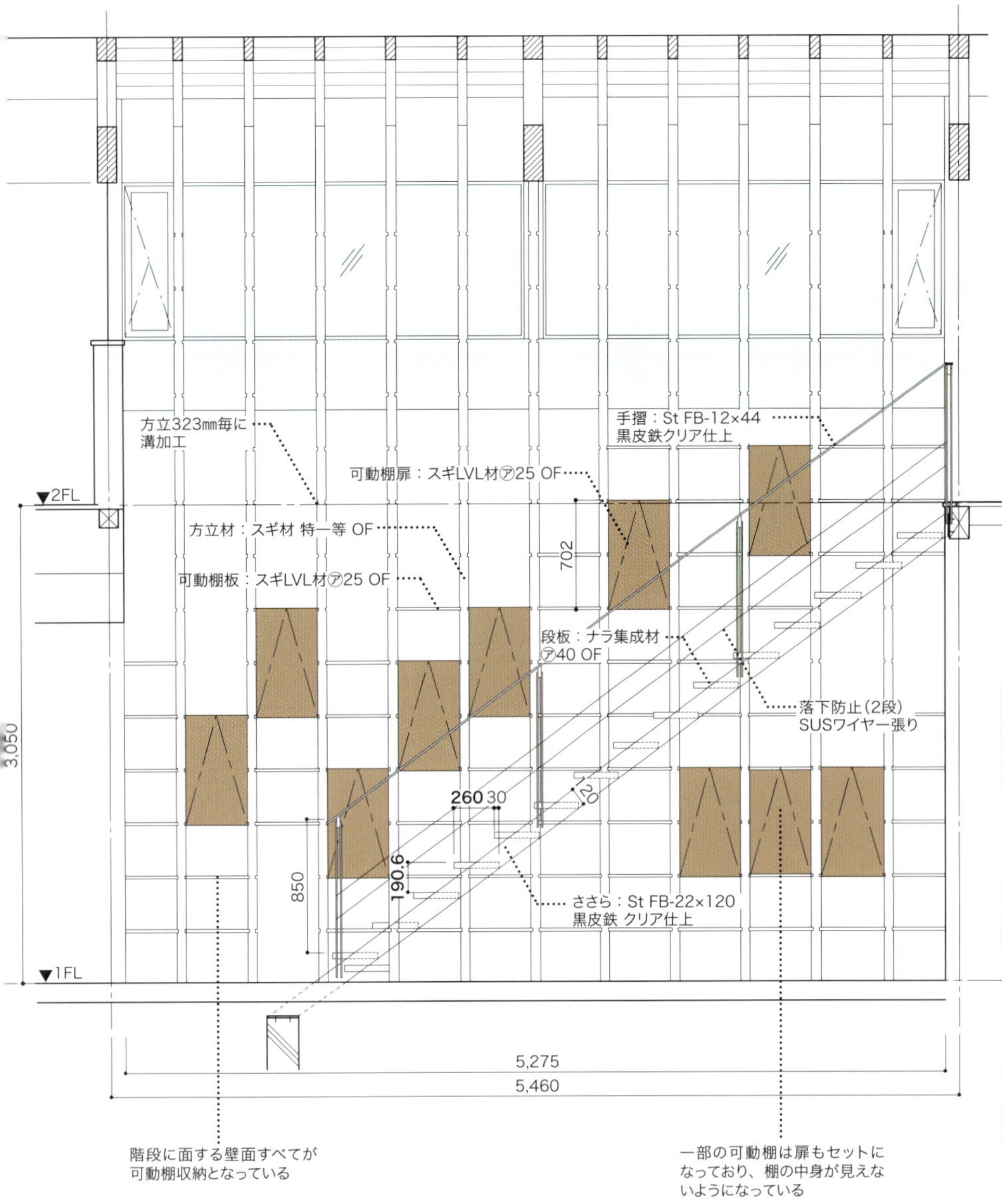

階段の吹抜けの上まで収納

スギのLVLでつくった壁面収納。棚板の位置を自由に変えられる。高さ、幅とも5mを超える

[可動棚板の仕組み]

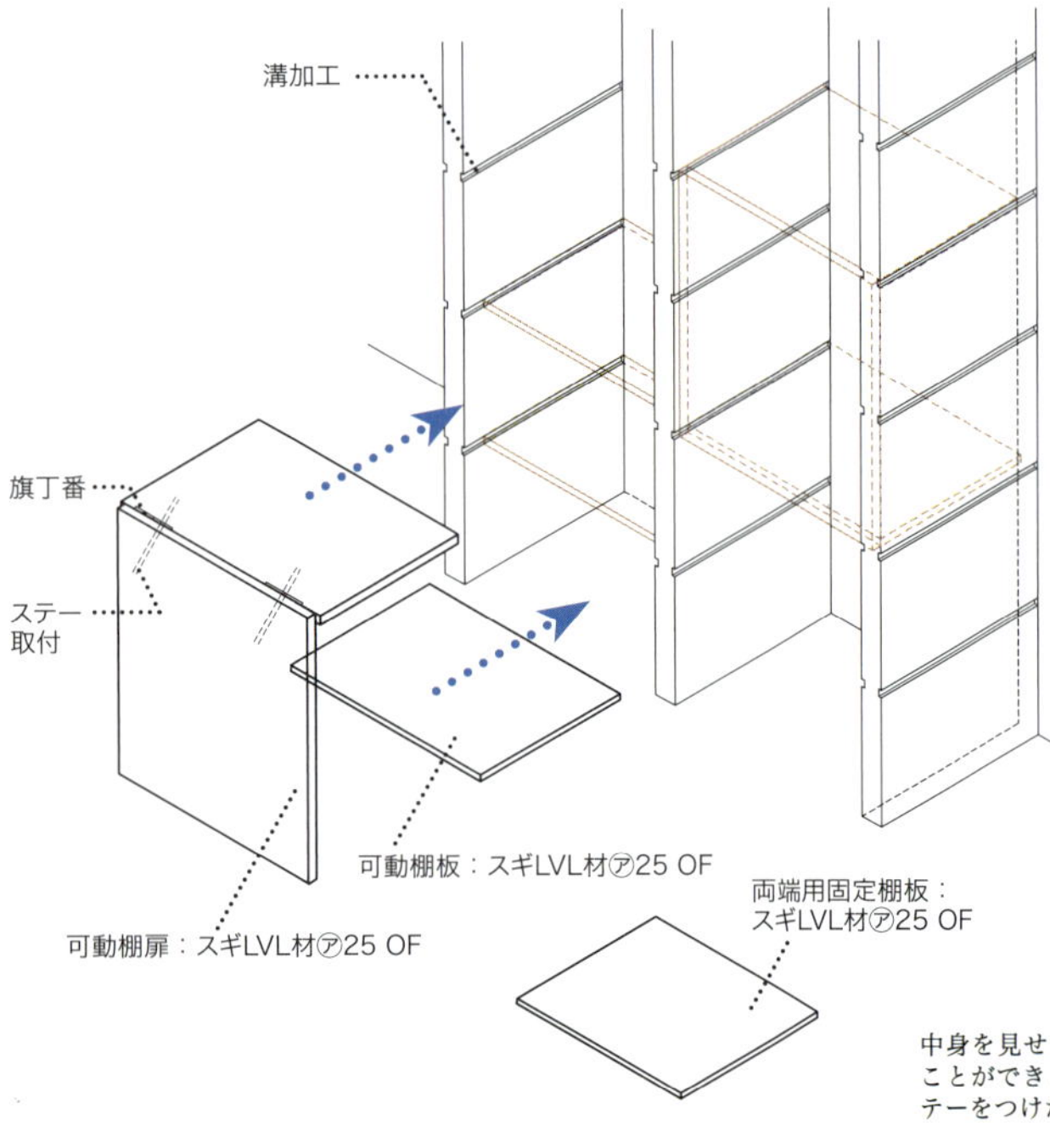

扉付きの可動棚

中身を見せない棚には扉をつけることができる(上)上部に蝶番とステーをつけた跳ね上げ式扉(下)

沼津の家

扉が目立たない階段収納

戸塚の家

階段に合わせた収納扉
階段下の収納扉が壁面のように見える。取手や金物、目地幅などを細かく工夫している

玄関の脇にある階段の下部を有効利用するために、全体を収納にした例である。すべての扉がフルオープンでき、なおかつ収納扉と感じさせない羽目板風のインテリアとするために、扉の形状を段に合わせ、さらに取手や金物などが目立たないようにした。内部は、高さの確保できる部分は服などの大きな物、中間の部分には靴や傘、低い部分には掃除機といった具合に、それぞれの場所に応じた仕切りや金物を設けて、全体としてかなりの容量の収納になっている。

[収納扉の上部と下部]

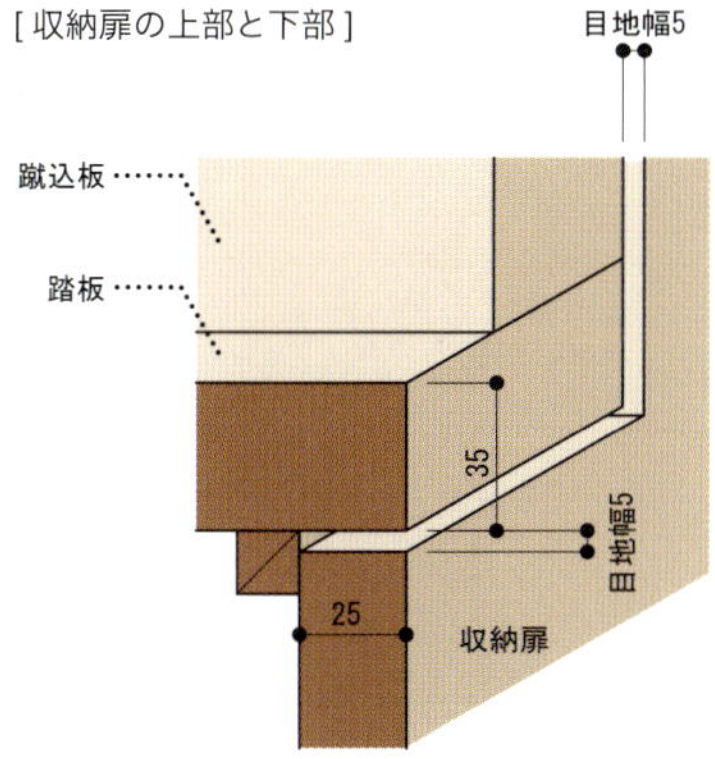

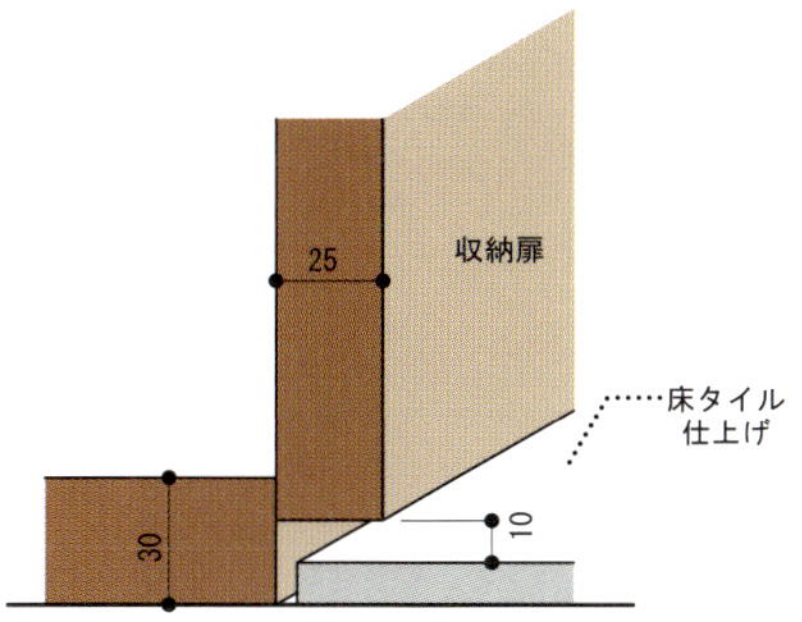

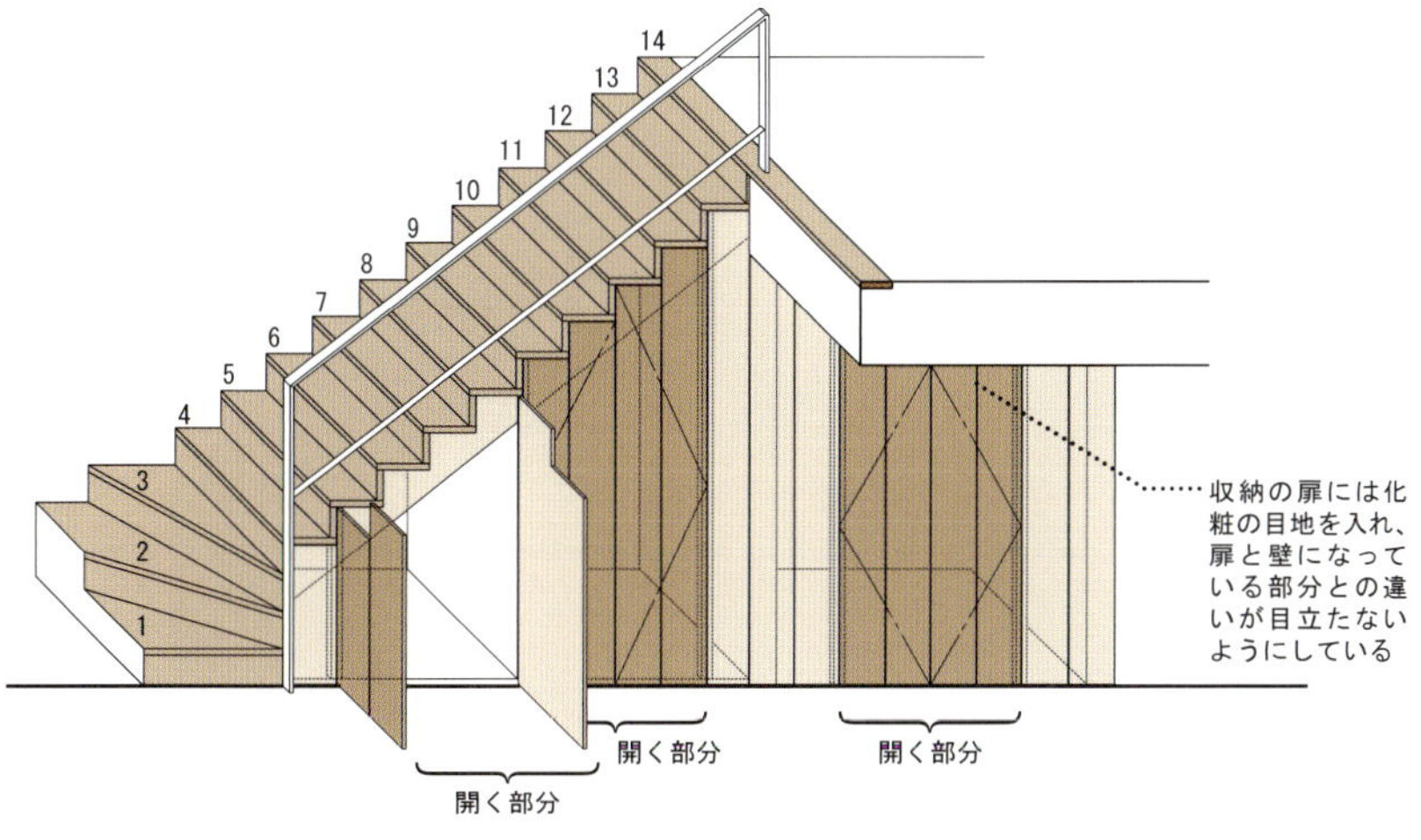

シンボルがそびえる家

丘陵地に立地する住宅で、「遠くを見たい」という建て主の要望に応えて、塔をつくることにした。塔は、1階が玄関、2階がクローゼットになっており、9つの正方形の窓は、室内が黄色く塗られているため、夜間に照明が点灯すると独特の色合いに見える。クローゼットの中にははしご階段があり、それを上って塔の上部に出ると、よみうりランドの花火がきれいに見える。初めて自分の家を訪問する客人に、家の特徴を事前に説明するときに、人は何と説明するだろうか。「塔がある家」と言えるのも洒落ているのではないか。家には遊び心のある「顔」が欲しいものである。

塔の2階はクローゼット

家のシンボルであり、上部から遠くを眺めることもできる。2階は2畳ほどの広さのウォークインクローゼット

[塔をもつコートハウス]

外観のシンボルとなる塔は、1階部分は玄関、2階は天井の高いウォークインクローゼットになっている

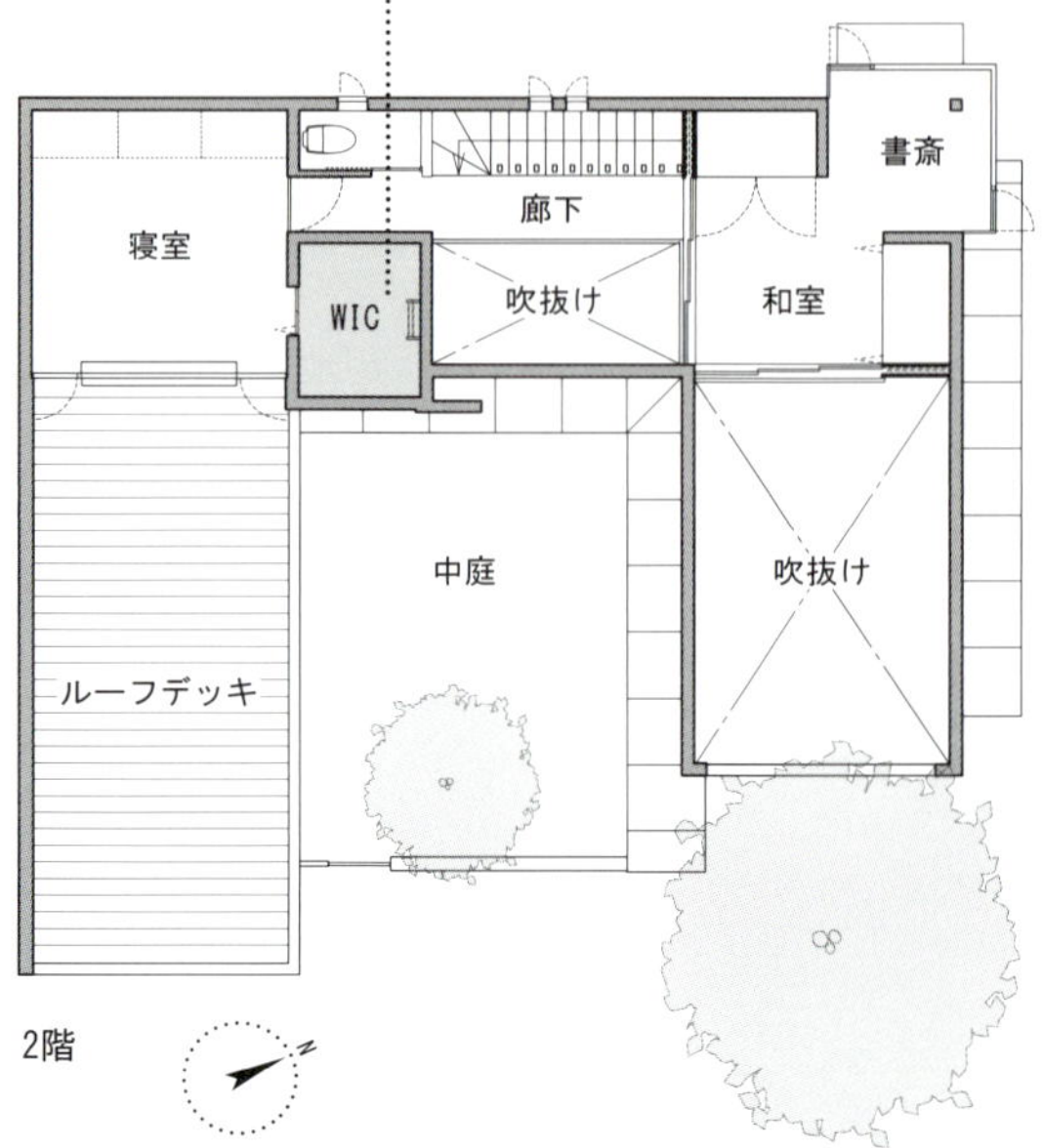

稲田堤の家

09

多世帯住宅

世帯間の距離感を大切にする

一つの敷地に2世帯、3世帯といった多世帯で住むケースは、特に土地の貴重な都市部で、より多く見られるようになってきている。

住まい手が肉親どうしで、いくら親しい間柄とはいっても、生活の時間帯も違うし、また生活そのものに対する価値観なども異なるのは当然のことである。お互いにストレスなく生活していくために、最も大切になるのは、その「世帯間の距離感」にあると考える。この距離感の取り方はケースバイケースで、どのような関係の家族が住むのか、またそこに住む人の性格によっても、「距離」をどのように設定するかは異なってくる。始めから、こうすればよいといった正解はなく、いわば無数の答えが存在するのである。

家族の関係はとてもデリケートなものだと思うが、よくその部分を読み解いて、設計の中に生かしていくことが重要である。

独立しながら向かい合う

「双子の家」というコンセプトで設計された。大きさこそ多少異なるが、2つの相似形の「田の字プラン」の家をつくり、開口部のつくり方も同じ、屋根の掛け方も同じにして、その2軒が寄り添って向かい合うことで全体が構成されている。2軒をつなぐ部分の水廻りとルーフテラスは両方の世帯で使用するゾーンとなっている。2つの棟の中間部分はシンボルツリーのある中庭で、2軒の距離感を確保しながら、隣地などからプライバシーの守られた外部スペースとなっている。

子と親の2つのリビング
手前は子世帯、向こうは親世帯。共有する中庭に樹木がいきいきと繁る(左)。中庭の緑はそのままアプローチの緑も兼ねている(下)

[親子世帯ともに田の字プラン]

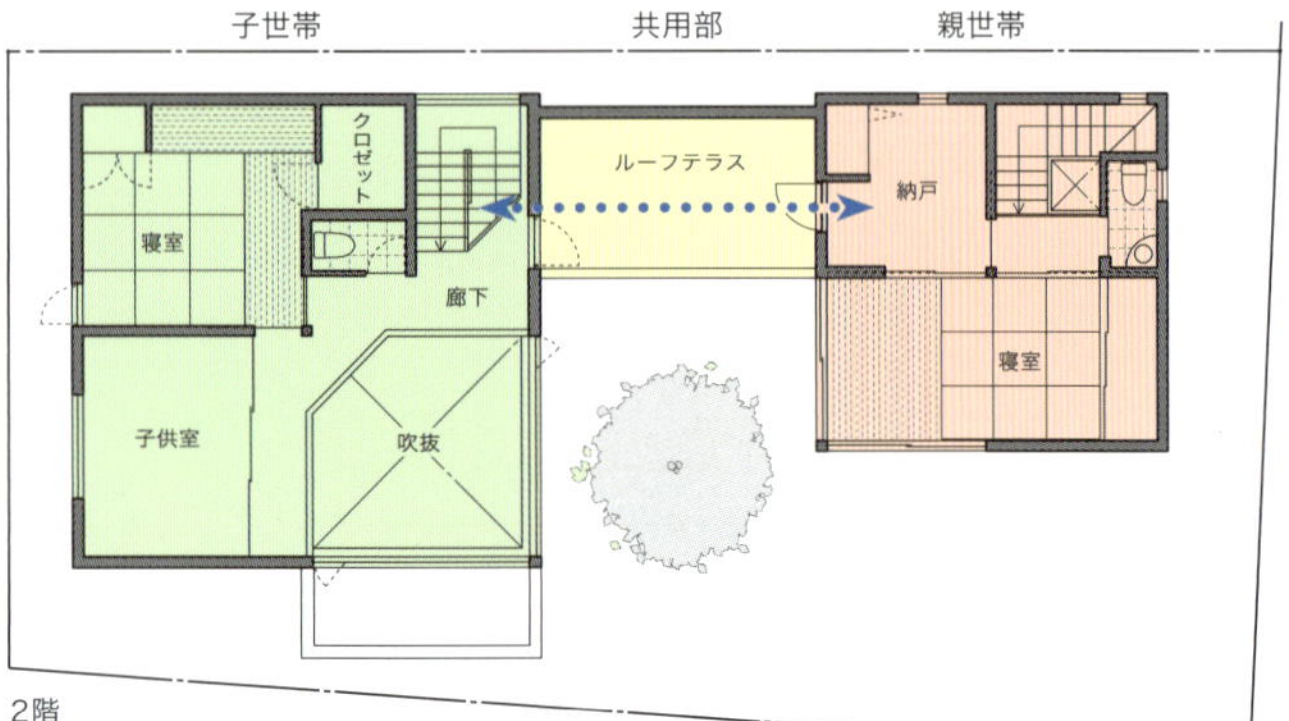

子世帯と親世帯は、ともに田の字プランでつくられている。それぞれ独立しながらも中庭のウッドデッキを挟んで向き合っており、共用部からも中庭からも互いに往来できる

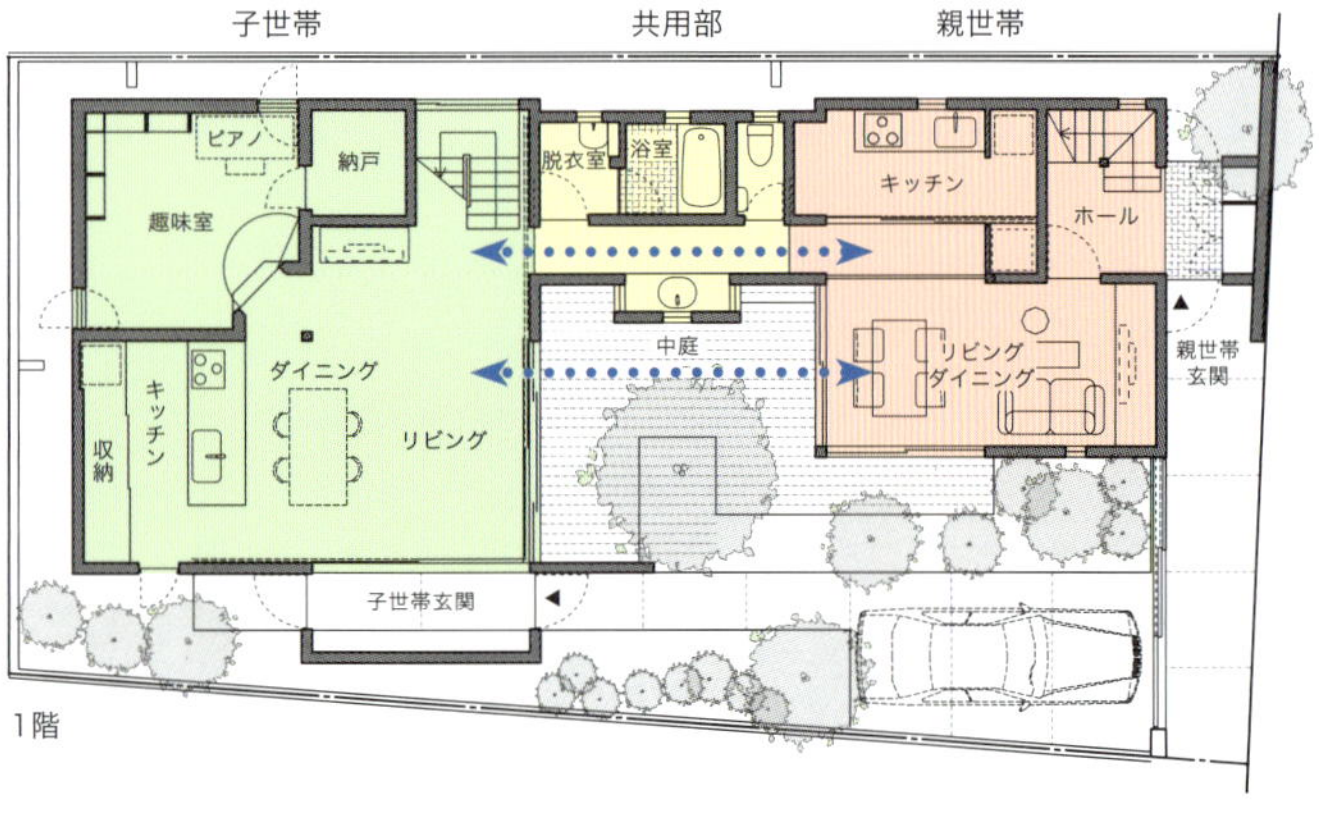

双子のようにならぶ外観
親世帯の奥に一回り大きな子世帯がならぶ。

南阿佐ヶ谷の家

離れと母屋を結ぶ2世帯住宅

中庭に面してフルオープン
母屋のリビング。離れとは、外はデッキでつながり、内はギャラリーを兼ねた廊下でつながる

母屋から離れを見る
離れは平屋のため、母屋の南からの再考は十分

[分離しながら「外の居間」がつながりを深める]

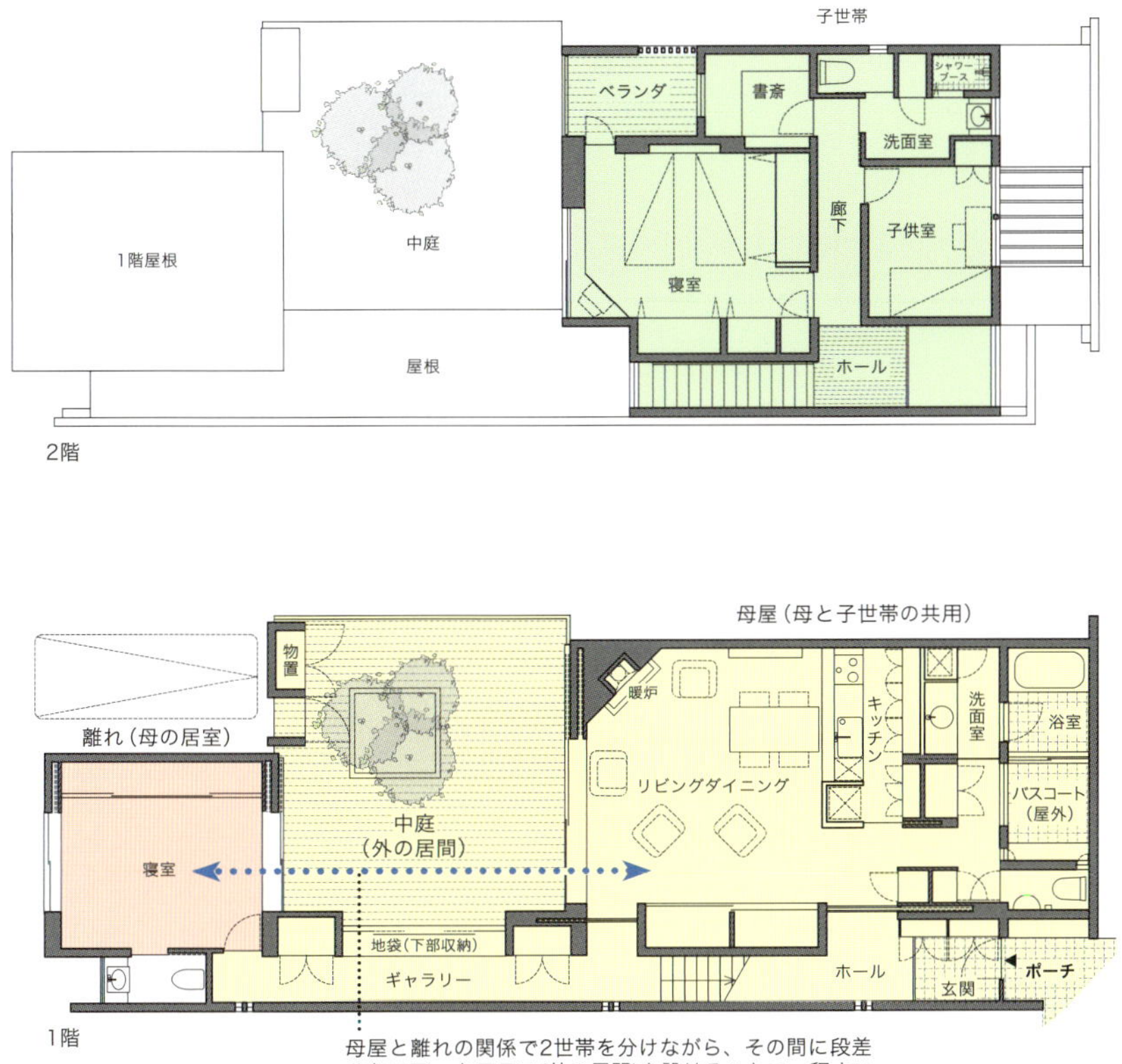

母屋と離れの関係で2世帯を分けながら、その間に段差のないデッキテラス(外の居間)を設けることで、程よい距離感を保つ住まいにしている

親が子供世帯と住む一つの形は、離れをつくることである。親にとって、いくら気兼ねのない間柄であっても、自分が一人になれる部屋というものは大切であるし、生活時間帯の違いを気にせずにすむ。この住宅では、敷地が南北に長い形状だったため、母親の寝室を離れのかたちで、敷地の南の端に配置した。母屋と離れの間はデッキで仕上げた中庭として、室内との段差をなくすことで、素足でも出られるような室内的な外部スペースとした。開口部の木製サッシュはフルオープンが可能で、連続感をより強調している。

上連雀の家

上下に住んで、ほどよくつながる

子世帯リビングダイニング
パーティーシンクとミニコンロ付きのダイニングテーブルを使い、料理教室も開いている

親世帯ダイニングキッチン
コンパクトながらも、光と緑を身近に感じて暮らせる

2世帯の独立感を高める方法で、最も有効なのは2軒の玄関の位置を離して、それぞれを独立させることである。建物自体は2世帯が近接して組み合わさっていても、玄関が離れていれば、それぞれの家が独立した顔をもつことになる。この住宅では、それぞれの玄関を敷地の両端に設け、それに車庫を組み合わせた。全体の構成は、1階が親世帯夫婦、2階、3階が子世帯夫婦の住宅となっており、1階の一部分で両世帯がつながっている。木造の家で、上階の音が下階に響きやすいため、遮音材を1階の天井裏に入れている。

[玄関を離し、世帯ごとの顔をつくる]

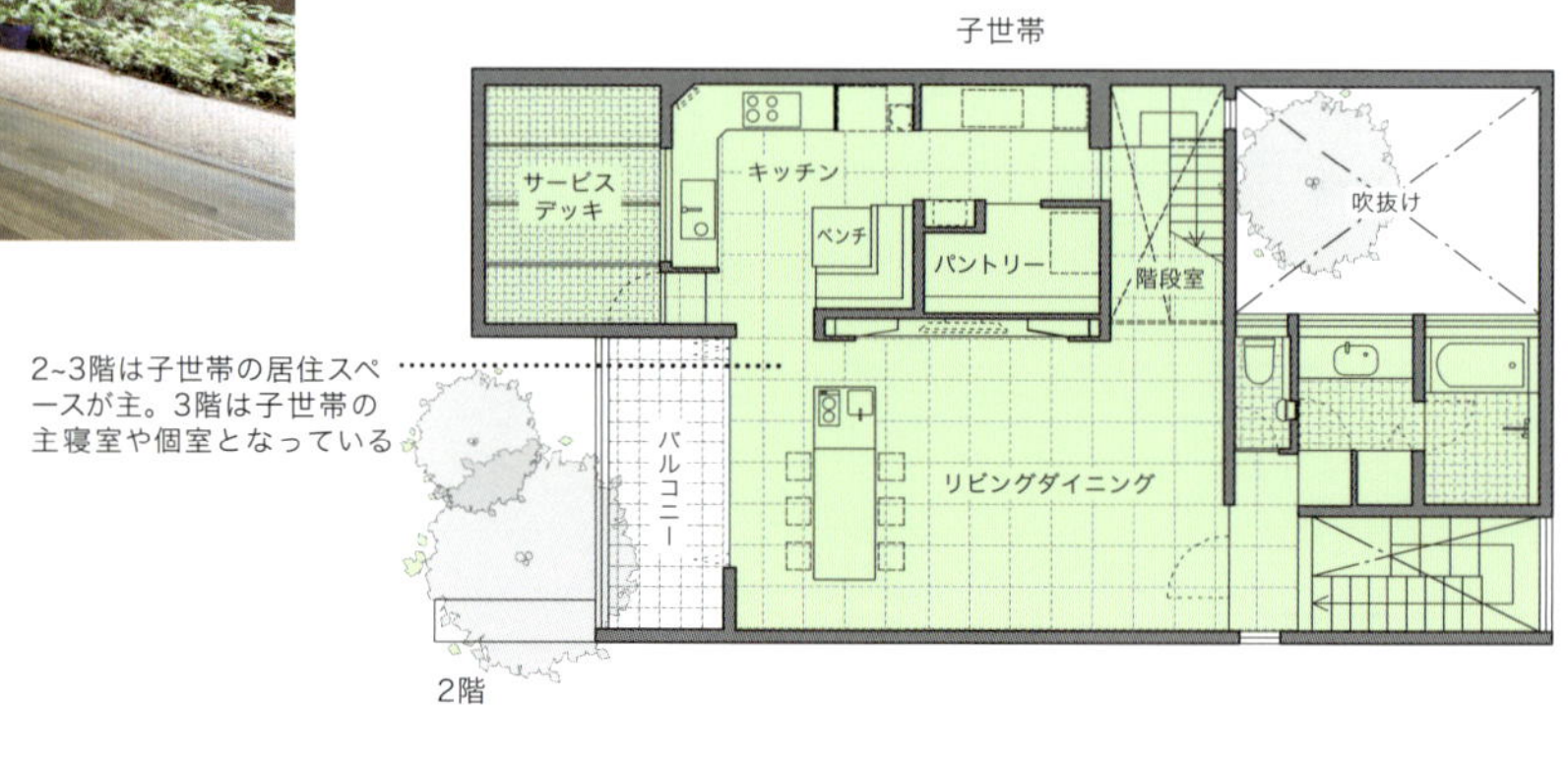
子世帯
サービスデッキ
キッチン
ベンチ
パントリー
階段室
吹抜け
2~3階は子世帯の居住スペースが主。3階は子世帯の主寝室や個室となっている
バルコニー
リビングダイニング
2階

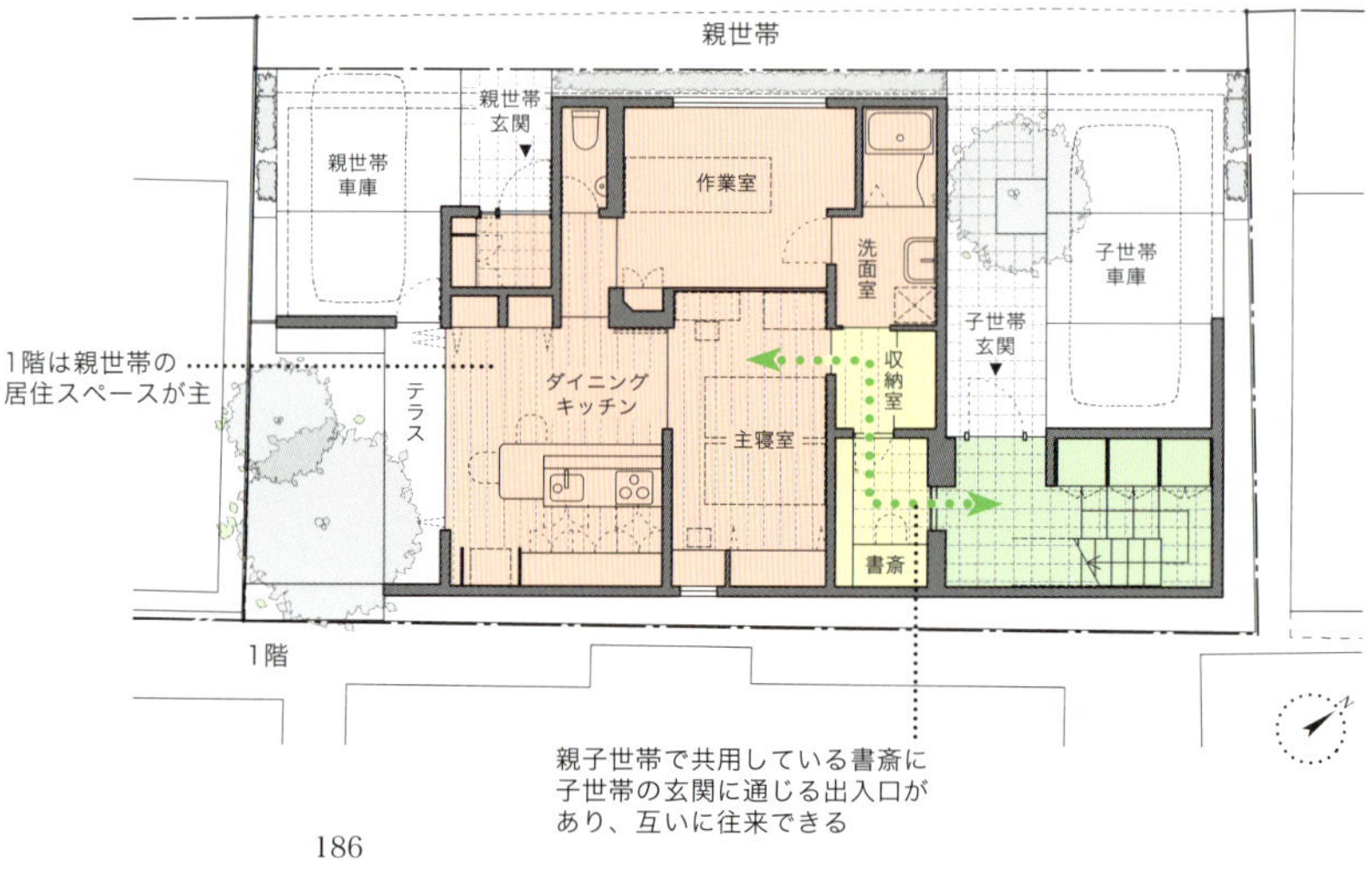
親世帯
親世帯車庫
親世帯玄関
作業室
洗面室
子世帯車庫
子世帯玄関
収納室
1階は親世帯の居住スペースが主
テラス
ダイニングキッチン
主寝室
書斎
1階
親子世帯で共用している書斎に子世帯の玄関に通じる出入口があり、互いに往来できる

中庭の空気感でつながる

上下階にそれぞれのリビング
親世帯、子世帯のリビングダイニングは中庭に面して、1、2階の同じ位置にある(右)。2つともほぼ真南に面しているので、光がたっぷり入る(左)

中庭形式の住宅は、建物全体に光が行き渡りやすく、かつ周辺からの視線に対してプライバシーを守りやすい形となる。2世帯住宅でもこの考え方は有効で、しかもこれに加えて、中庭スペースが2軒をつなぐ役割も果たす。この事例は、1階が親世帯、2階が子世帯の重層式の住宅である。中庭は庭仕事を好む親世帯のためのスペースであるが、同時にこの部分が視覚的なコミュニケーションスペースとなり、お互いの意識が適度な距離感をもってつながっている。

下馬の家

[玄関を離し、世帯ごとの顔をつくる]

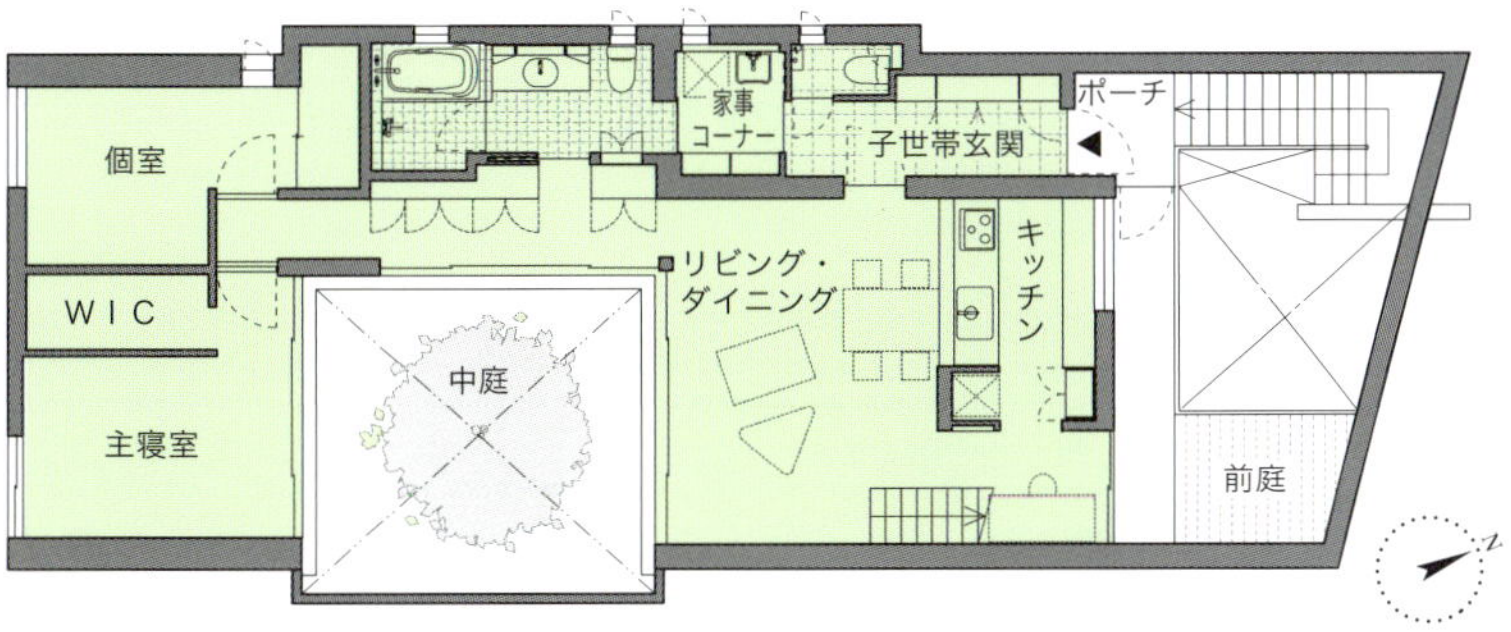

2階 子世帯の住まい

親子の住まいを1階と2階に分けて距離を取る一方で、中庭を通じてお互いの雰囲気を感じ合うことができる

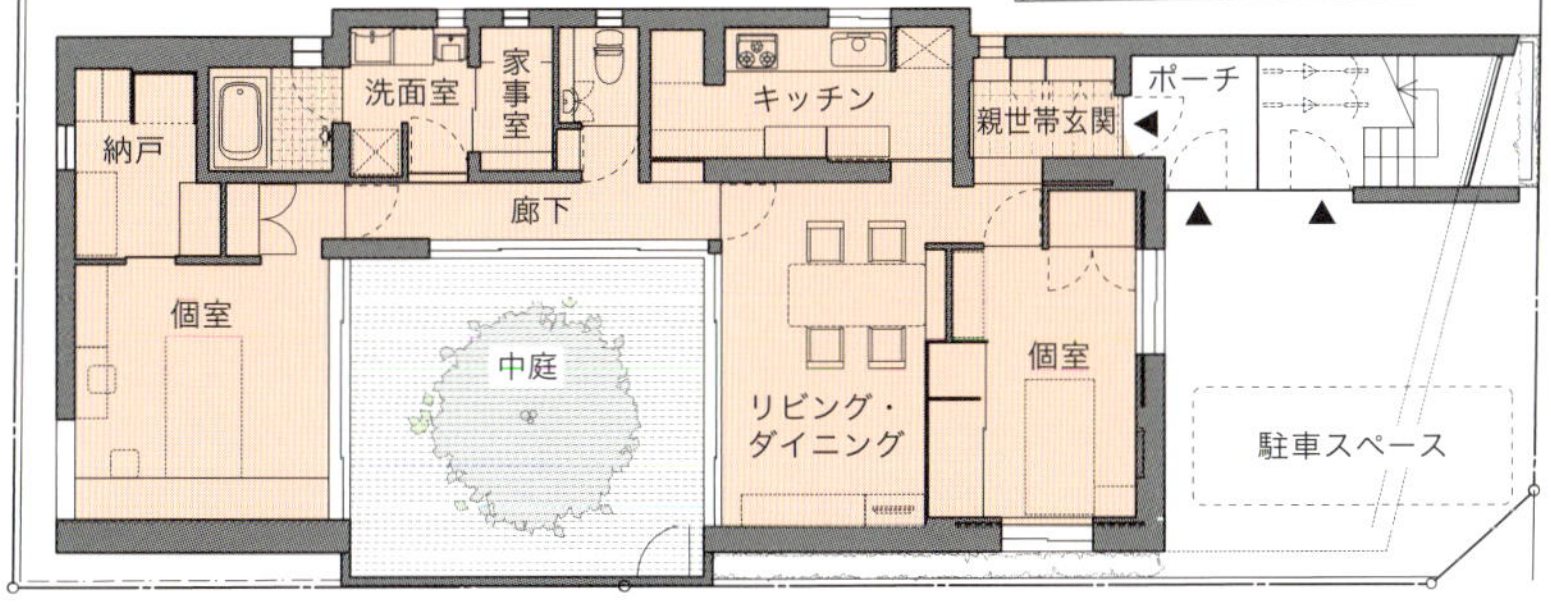

1階 親世帯の住まい

親子世帯がリビングで集合

2世帯住宅は完全分離式であれば、ケースごとの考え方に大きな差はない。しかし、実際には両世帯が使用する共用スペースを設ける場合が多く、そのあり方が2世帯住宅のバリエーションを無限のものにしている。この住宅では、普段は母親世帯と子供世帯それぞれが完全分離の形式となっているが、時と場合に応じて3階のリビングスペースや、1階の客間や応接室なども母親が利用することが前提となっている。この住宅は3階の眺望がよいため、世帯を超えた集まりのみならず、さまざまな人が集って楽しめることを意図してつくっている。もちろんこのような形式の住宅にとって、住宅用エレベーターは必須である。

眺望のよい3階に家族が集まる
親子世帯共有のリビングダイニング。右手はキッチン。鉄骨のアール屋根が両世帯の暮らしを軽やかに覆う

[分離しながら共用スペースを活用して暮らす]

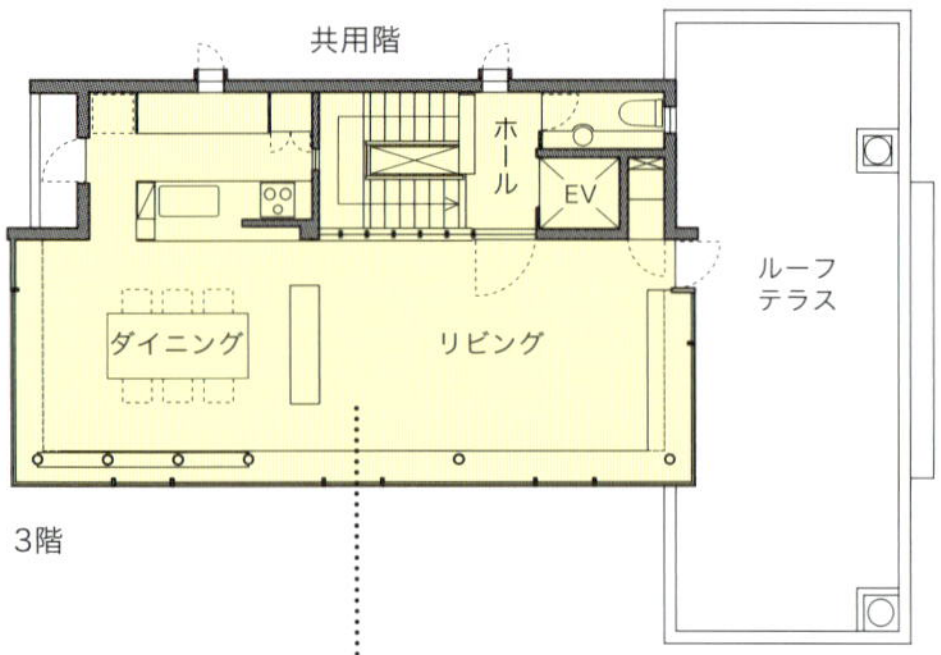

親世帯と子世帯の共通のリビング・ダイニング。家族がひとつに過ごせる

親世帯、子世帯とも同じ階に個室を設けている

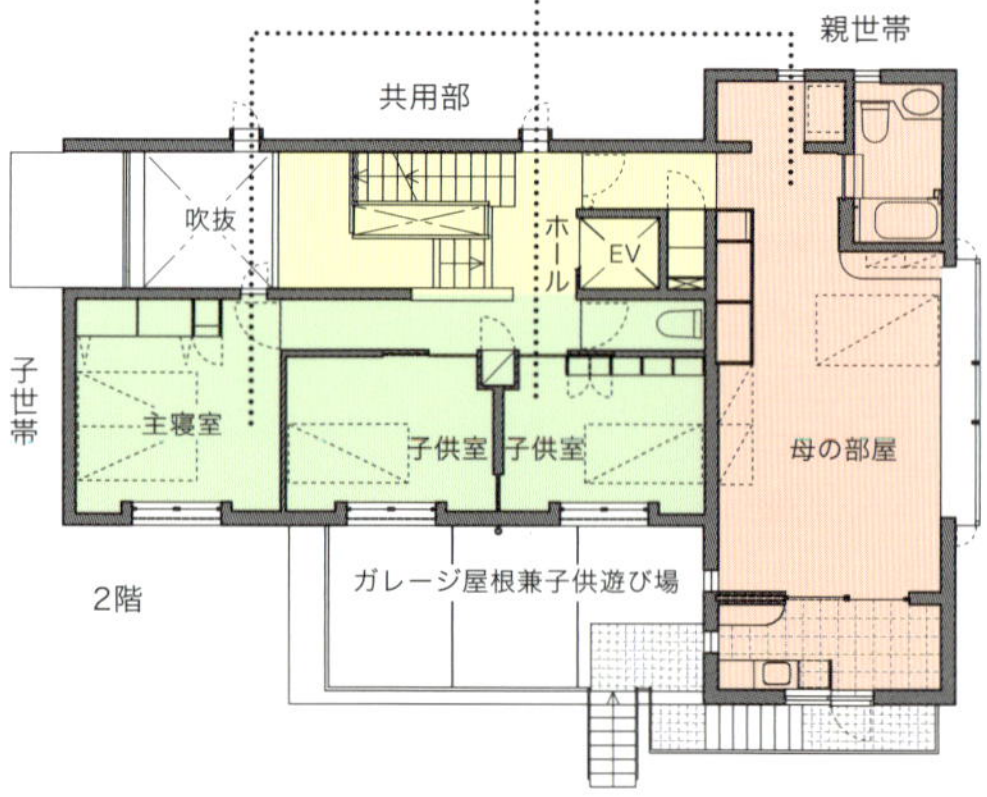

エレベーターを設置
1階の共用部の玄関ホール。吹抜けがある伸びやかな玄関の突き当りにエレベーターがある

1階に和室・書斎・サロンなどを設け、2、3階を住まいとしている

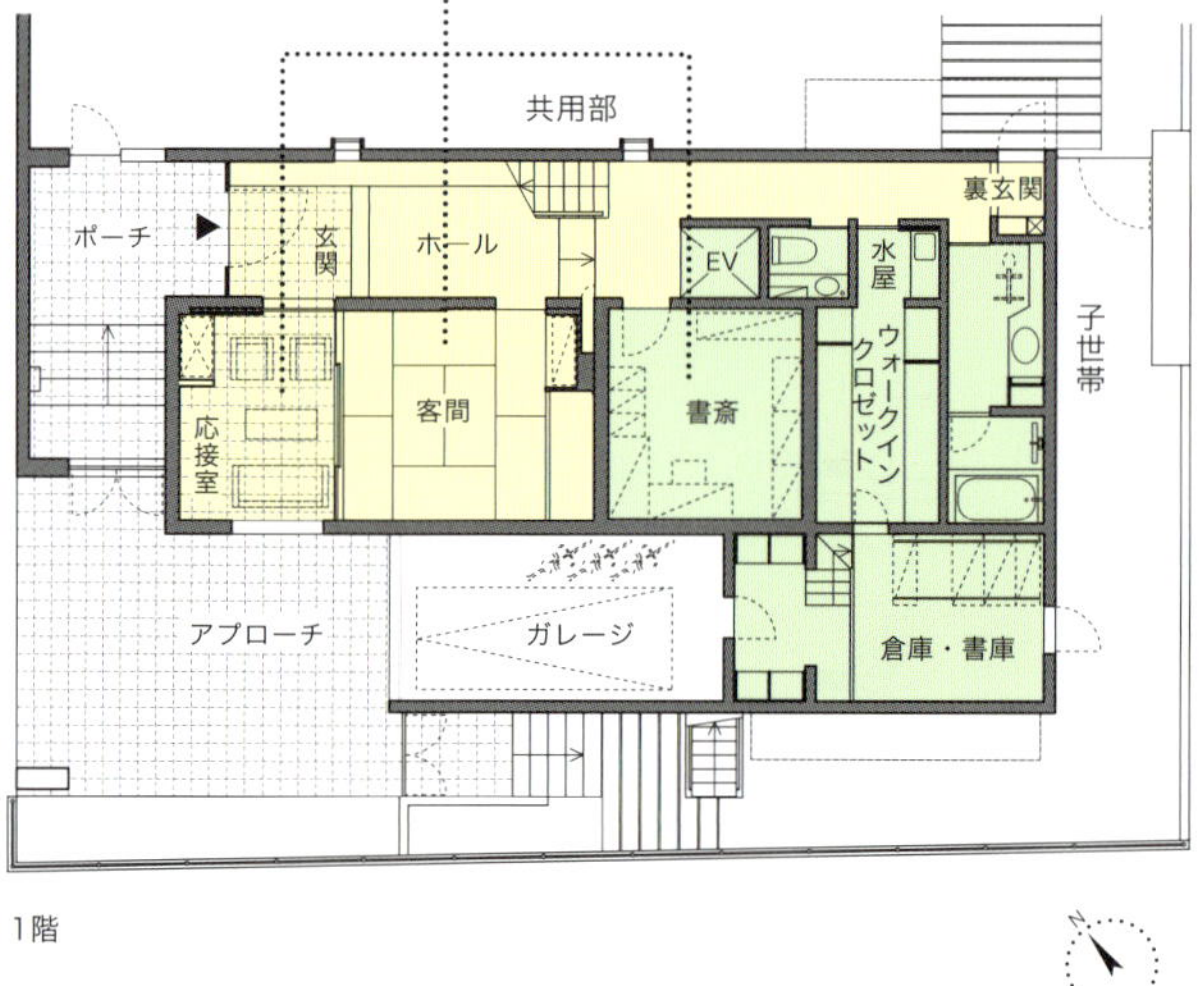

世田谷の家

2階子世帯のLDK
3階の親世帯も同様の間取り。LDKにつながる庭はルーフテラスとなっており、プライバシーを守りつつ、開放性を生み出している

陽当りのいい3階に親世帯

新井薬師の家

生活を守る重厚な外観
道路に面し、建物が隣接する。堅固に閉じた外観だが、内部は開放的。外壁のスリット窓などで堅い印象をやわらげている

[ルーフテラスの開放性で2世帯をつなぐ]

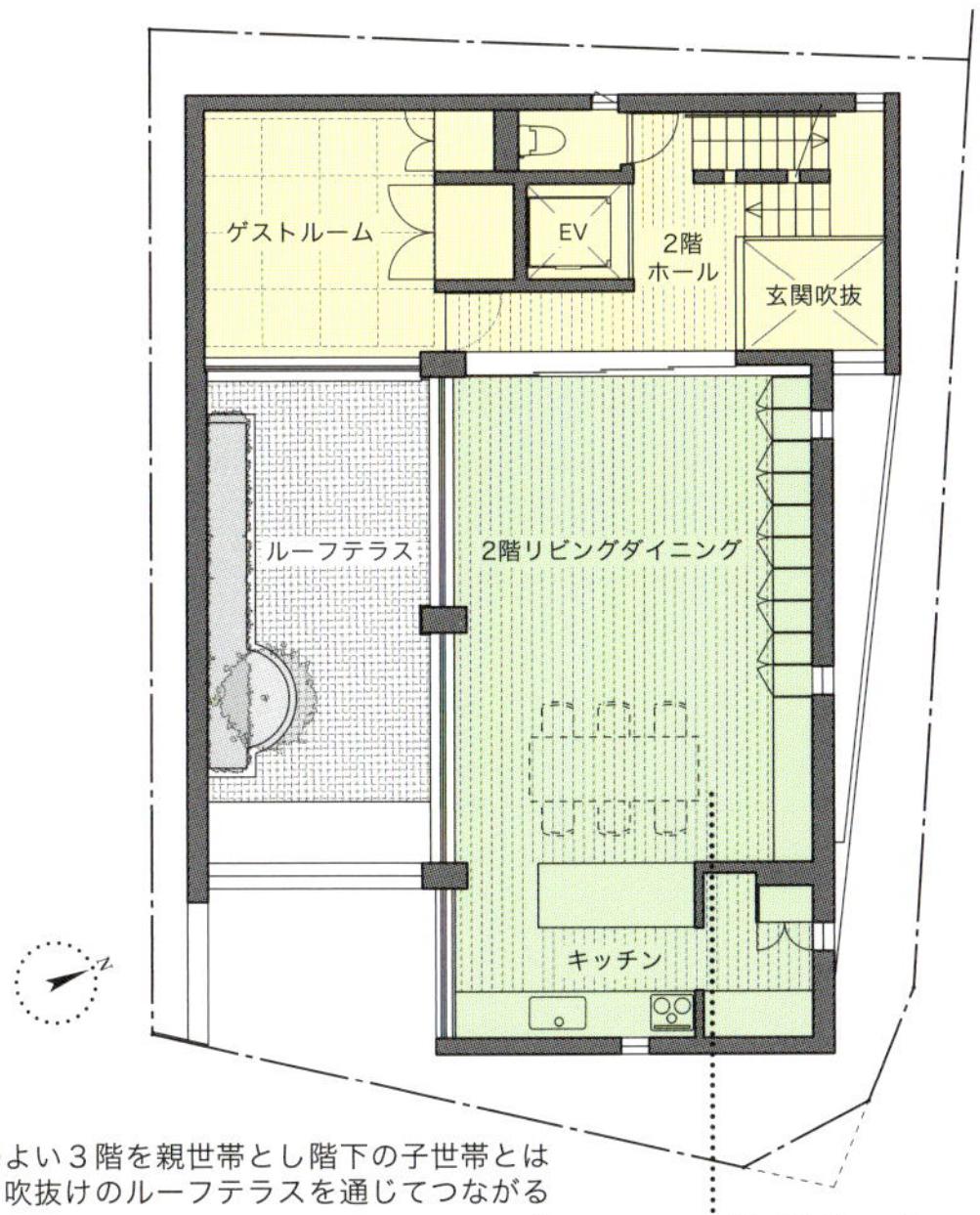

採光のよい3階を親世帯とし階下の子世帯とは吹抜けのルーフテラスを通じてつながる

2階子世帯のプラン。ほぼ似たプランで3階の親世帯も構成されている

隣地の集合住宅や道路からの視線に対して閉じた外壁としながらも、建物内部は開放的な環境にしている

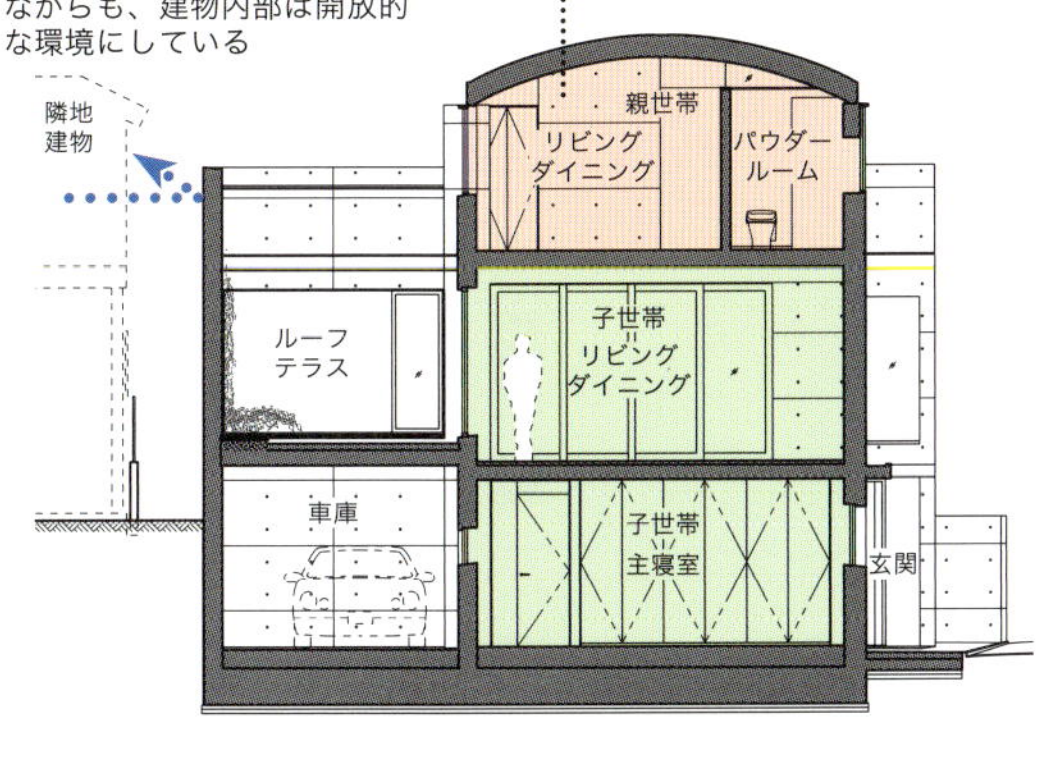

住宅用エレベーターの普及によって、上階にシルバー世帯を設けることが一般化している。市街地では当然、上階に行くほど日照条件がよく、眺望にも恵まれ、住環境として優れているので、普通に考えれば高齢者が住むことが望ましい。また、外出の機会が多い子世帯が下階に住む方が、動線にも無理がないし、日中留守にすることが多ければ、日照はそれほど重要ではないかもしれない。生活音が階下に響きやすいことを考えても、子供の世帯が下階にあることは理にかなっている。最上階特有の夏期の暑さ対策に留意し、かつ避難の安全性を確保しながら、最も長く家にいるシルバー世帯が住みやすい家をつくることが望まれている。

あとがき

これまで、住宅を150軒ほど設計してきた。いまさらながらに、ずいぶんたくさんの建て主との出会いがあり、また、たくさんの方に支えられて仕事をさせていただいたものだと思う。どの建て主の方も、それぞれにいろいろな考えを持っておられ、その要望を受けて無我夢中で設計に取り組んできた。

設計には正解というものがないが、最終的に何を基準にものを決めてきたかを振り返ってみると、第一に建て主の要望に沿うことに加え、「いま設計している住宅に自分自身が住みたいか?」ということが、ひとつの判断基準になってきたように思う。

メディアにはさまざまな価値観の建築があふれているが、やはり自分の血の通ったものにするためには、自分自身が気に入らなくては、一歩も前には進めない。

このように設計をしてきたが、自分自身もそれなりの年月の間に、若干価値観が変わってきている部分もあるかもしれない。

最近考えることは、「オーソドックス」なものをつくる難しさである。オーソドックスなものとは、単に普通のものではないと思う。奇をてらうことなく、素直なもの、ということであるが、やはりそこに、創造性であったり、先端性といったものが付加された、あたりまえを超えたものをつくりたい。「究極のオーソドックスな建築」がよいと思う。

この本は、私の事務所の住宅作品を写真と拙文でまとめさせていただいたものだが、建物には、そのどちらによっても表現できない要素があると思う。快適な温熱環境であったり、扉が閉まるときの重厚な音であったり、さまざまな要素が重なり合って、満足のゆく建築ができる。今後もそんなことを考えながら、周囲の人とともによい建築をつくり続けてゆくことを、自分の生業にしたいと思う。

末尾になるが、この出版に当たり、エクスナレッジの三輪浩之さんには大変お世話になった。この場を借りて心より御礼申し上げる。編集の清水潤さん、デザインの笠置秀紀さん、写真家の堀内広治さんを始め関わっていただいた方々、図版製作などをしてもらった私の事務所のスタッフにも感謝の意を表したい。

2013年3月　杉浦 英一

プロフィール

杉浦 英一　Eiichi Sugiura

1957年　東京都中央区生まれ
1983年　東京芸術大学美術学部建築科大学院修了
1983～93年　内井昭蔵建築設計事務所
1993年　杉浦英一建築設計事務所設立
1994年　インテリアプランナー試験委員
1996年　YMCAデザイン研究所講師
2007～09年　日本建築家協会中央地域会代表

受　賞

2000年「前橋の家」INAXデザインコンテスト金賞、ぐんまの家2000県知事賞
2002年「ライフパートナーこぶし」東京建築賞都知事賞および優秀賞
「今井町の家」奈良県景観調和デザイン賞
2004年「ライフパートナーこぶし」医療福祉建築賞
2007年「稲田堤の家」あたたかな住空間デザインコンテスト優秀賞
「今井町の家」真の日本のすまい文部科学大臣賞
2008年「MOMO」日本建築家協会優秀建築選
2011年「知粋館」グッドデザイン賞　他

写　真

堀内広治　左記以外
繁田諭(ナカサ&パートナーズ)　奥沢の家2、永福町の家(p177以外)、P125、P139
山本慶太(ナカサ&パートナーズ)　目黒の家3
中川敦玲　前橋の家、上石神井の家、上連雀の家、P83
エスエス企画　菊名の家　新建築写真部　東大泉の家
雨宮秀也　戸塚の家(p104)、P155　後藤徹雄　浜田山の家
大槻茂　代田の家(p119)　SHINWA　六甲の家
車田保　蒲郡の家　山下トモヤス　南阿佐ヶ谷の家(p176)、P69
齋藤正臣　高輪の家(p186下)　黒住直臣　P45
井尾幹太　P109
杉浦英一建築設計事務所　沼津の家、東玉川の家(p146)、永福町の家(p177)

インテリア

齊藤美紀(utide)　目黒の家(表紙)、横浜の家4、目黒の家3

本書は、杉浦英一が事務所を構えてから20年以上にわたる建築家人生の想いを形にした作品集でもあります。

この度、新しい作品も加えて出版していただく運びとなりました。

皆様の心に杉浦英一の想いが生き続けていく事を願い、著者の建築に対する夢を引き継いで今後もスタッフ一同一層の努力を重ねて参る所存でございます。

日頃一緒にお仕事をさせていただいております協力事務所及び施工会社の皆様にもこの場を借りて御礼申し上げます。

そして、出版の機会をいただきましたエクスナレッジの三輪様、編集に関わってくださった皆様に心より感謝申し上げます。

2015年3月　杉浦 美智

担当・協力スタッフ

山代 和宏
木藤 秀太郎
臼井 佑樹
鈴木 綾子
村田 暁子
又吉 健仁
島村 浩二
井上 真
丸山 日恵
能藤 貴裕

杉浦英一建築設計事務所
〒104-0061 東京都中央区銀座1-28-16 2階
tel.03-3562-0309 fax. 03-3562-0204
http://www.sugiura-arch.co.jp info@sugiura-arch.co.jp

掲載住宅INDEX（五十音順）

青葉台の家 P56
朝霞の家 P99
新井薬師の家 P189
稲田堤の家 P28・P182
今井町の家 P66
宇都宮の家 P165
浦和の家 P167
永福町の家 P72・P154・P177
恵比寿の家 P78・P124
大泉学園の家 P171
大森の家 P60
奥沢の家2 P10・P138
柏の家 P38
鎌倉の家 P161
蒲郡の家 P163・P174
上池台の家 P172
上石神井の家 P96

上野毛の家 P44
上連雀の家 P117・P185
烏山の家 P14・P43・P57・P140
川口の家 P115
菊川の家 P94
菊名の家 P30・P160・P169
北浦和の家 P166
北鎌倉の家 P31
吉祥寺の家 P62
吉祥寺の家2 P122・P169
行田の家 P88・P105・P130
経堂の家 P29・P148
久が原の家 P79
鵠沼の家 P106・P134・P158
小平の家 P34
小平の家2 P168
埼玉の家 P92・P116

鷺宮の家 P51
志木の家 P59
品川の家 P8
下井草の家 P21
下馬の家 P187
白金の家 P144
スパイラルウォールの家 P41・P112・P137・P152
スパイラルボックスの家 P40
世田谷の家 P90・P188
千駄木の家 P16・P52
祖師ヶ谷大蔵の家 P170
代田の家 P32・P103・P119
代田の家2 P22
高輪の家 P186
玉川田園調布の家 P46
辻堂の家 P36・P132・P162・P173
田園調布の家 P102・P114

戸田の家 P82
戸塚の家 P86・P104・P181
中浦和の家 P18
中目黒の家 P120
新座の家 P48
西大泉の家 P42
沼津の家 P108・P180
沼袋FUKU P175
白楽の家 P58・P98・P136
浜田山の家 P110
葉山の家 P164
早宮の家 P50
東大泉の家 P93・P142
東五反田の家 P84
東玉川の家 P146
本郷の家 P80
前橋の家 P26・P68・P76・P128・P159

前橋の家3 P64
松ノ木の家 P33
南阿佐ヶ谷の家 P39・P176・P184
南麻布ハウス P55
武蔵浦和の家 P150
目黒の家 P61・P70
目黒の家2 P20
目黒の家3 P6・P145
MOMO P54
谷中の家 P178
柳窪の家 P12
八柱の家 P169
横浜の家2 P74
横浜の家4 P24・P126
ライトウェルのある家 P100
re-composition P156
六甲の家 P118

最新版

美しい住宅をつくる方法

2015年3月26日　初版第一刷発行

著　者　杉浦英一

発行者　澤井聖一

発行所　株式会社エクスナレッジ

〒106-0032

東京都港区六本木7-2-26

http://www.xknowledge.co.jp/

問合せ先

編集 Tel03-3403-1381／Fax03-3403-1345／info@xknowledge.co.jp

販売 Tel03-3403-1321／Fax03-3403-1829